미군 위안부 기지촌의 숨겨진 진실

미군 위안부
기지촌의
숨겨진 진실

김정자 증언 | 김현선 엮음 | 새움터 기획

한울
아카데미

추천사

권인숙(명지대학교 교수)

이런 증언록도 가능하구나! 『미군 위안부 기지촌의 숨겨진 진실』을 읽으면서 당연히 동반될 슬픔, 분노, 가슴 아픔 이전에 놀람이 컸다. 모든 것이 새로운 처음 해보는 경험이었기 때문이다.

그동안 기지촌여성에 대한 많은 책과 자료집을 읽고 영상을 보았다. 석사논문에서 미군 병사에게 살해당한 윤금이 씨 사건을 분석한 적도 있고, 수업시간에 교재로 많이 이용했기에 모든 자료를 십여 차례 읽거나 시청한 편이었다.

하지만 단 한 번도 기지촌여성들의 이야기를 숨소리, 울음소리, 담배 빼는 소리까지 생생한 본인의 목소리로 들어본 적은 없었다. 늘 다큐멘터리, 논문, 소설, 자료집에서 지식인이 인터뷰나 참여관찰, 촬영을 하여 자신들의 시각으로 충분히 거르고 다듬은 내용만을 접했다. 그런데 이 책은 다르다. 김정자 씨의 이야기를 일부도 아니고 일생을 다루고 있다. 그것도 그냥 한두 번의 술자리에서 나눈 대화가 아니고 고통스러운 과거로의 여행을 병행하면서 쏟아낸 말들이다. 여기에는 이야기, 감정, 행동, 반응 그 모든 것이 다 담겨 있다. 그래서 거칠고, 생생하고, 부담스럽고, 힘겹다.

그리고 처음으로 듣는 미군 위안부의 목소리다. 그동안 내가 들어온 이야기는 기지촌 성매매여성의 이야기였다. 일반적으로는 양공주, 양색시로 알려진 여성들의 이야기였다. 그런데 명칭이 바뀌었다. 2008년 어떤 학회에서 여성사학자 이임하 씨가 우리가 기지촌여성이라고 불렀던 미군기지 주변 성매매여성도 한국전쟁 이후부터 공식적으로 위안부라고 불렀다는 논문을 발표했을 때 무척 놀랐던 경험이 있다. 군위안부 제도를 도입한 일본 군부를 비판해왔지만 그 제도는 그대로 이어져 한국정부와 미군에 의해서 유지되어왔다. 김정자 씨가 풀어놓은 미군 위안부의 첫 목소리는 일본군 위안부였던 정신대 할머니들의 목소리와 결이 같다. 다만 정신대 할머니들은 온 사회가 포용하고 있지만 미군 위안부는 이제 존재조차 집단기억 속에서 가물가물하게 되어가고 있다.

이 증언록을 읽으면서 계속 들었던 의문은 기록에 대한 의무감이 무엇이기에 김정자 씨는 이렇게나 힘든 과거 여행을 떠날 수 있었을까였다. 반복되는 인신매매, 성병, 성폭력, 폭력, 임신과 유산, 아이와의 강제 결별, 약물중독, 주변 여성의 자살과 타살, 국가와 사회의 배신으로 점철된 이런 경험을 다시 돌아볼 용기는 어떻게 만들었을까? 그 이전에 김정자라는 한 사람이 살아가는 힘은 어디서 나올까? 김정자 씨의 무엇이 자신을 미군 위안부라며 정확하게 정치적으로 올바른 용어로 부르고 역사적 책무까지 다하게 하는 힘을 만들어냈을까? 선하고 헌신적인 새움터의 김현선, 신영숙과 같은 활동가들의 노력이 결실을 본 것일까? 아니면 최초로 자신의 존재를 알렸던 일본군 위안부 고 김학순 씨 같은 무언가 특별함이 있는 것일까? 정말 끈질기다 싶게 삶을 이어오고 사회에 자신의 존재를 알려온 이 여성들의 기적 같은 힘이 많이 놀랍다.

여기 한 미군 위안부가 피를 토하는 심정으로 우리 사회에 바친 증언록이 있다. 국가폭력의 실상을 알리고 미군 위안부에 대한 정당한 평가가 이루어져 일본군 위안부와 함께 우리 사회가 진심으로 이들에게 사과하고 포용하도록 이끄는 제물로 제대로 쓰일 수 있기를 바라는 마음 절절하다.

증언록 소개

    대학교 4학년이었던 1990년 봄, 나는 우연히 한겨레신문 사회면 한 귀퉁이에서 미군 기지촌여성에 대한 기사를 보게 되었다. 그 짧은 기사에서 눈을 떼지 못하고 그만 학교를 지나쳐버렸던 아침을 잊을 수가 없다. 그때까지 미군 기지촌과 기지촌여성들의 존재조차 몰랐으면서도 그냥 외면할 수가 없었다. 되돌아온 학교 앞 전철역 공중전화에서 전화를 걸었고, 문혜림[선교사. 문익환 목사의 친동생 문동환 목사의 배우자이기도 하다] 선생님을 만났다.

    문익환 목사님이 감옥에 갇힌 바람에 빌려 쓸 수 있었던 문 목사님의 포니투 승용차는 창문도 안 열리고 난방도 되지 않았다. 하지만 왠지 핸들만 잡고 있어도 용기가 솟는 것 같았다. 문혜림 선생님과 함께 그 고마운 차를 타고 기지촌여성들이 만든 빵을 팔러 전국을 다니면서 선생님께 많은 것을 배울 수 있었다. 분단, 전쟁, 미군기지, 미군 기지촌여성, 사회복지서비스, 그리고 연애와 제빵의 기술까지. 상상조차 할 수 없었던 또 다른 세상을 알게 되었다.

    그때 문혜림 선생님을 통해 기지촌여성 몇 분을 만났다. 그리고 그 후 20년간 먼저 만난 분들의 소개로 또 다른 분들을 수없이 많이 만났다. 나는 그분들을 '언니'라고 불렀다. 기지촌언니들은 한국정부와 미국정부가 한미동맹이라는 명

분으로 기지촌여성들에게 어떤 짓을 저질렀는지 내게 가르쳐주었다. 정치적 정통성이 없었던 군사정부들이 정권을 유지하기 위해 기지촌여성들을 어떻게 동원하고 관리했는지 알려주었다. 그 기지촌에서 언니들이 어떠한 고통을 받았으며, 얼마나 억울하게 죽었는지, 어떻게 서로를 살렸고, 얼마나 악착같이 살아남았는지 이야기해주었다.

1990년, 이화여자대학교 학생들을 중심으로 '기지촌활동'이 시작되었다. 이후 기지촌활동은 전국의 대학으로 확대되어 기지촌여성들의 실태와 미군범죄의 심각성을 알리는 역할을 했다. 기지촌활동에 참여했던 여성활동가들과 기지촌여성들이 함께 '새움터'라는 기지촌여성운동조직을 만들었다. 새움터는 1996년 10월 동두천 기지촌에 첫 센터를 개원했고, 2001년 6월 송탄 기지촌에도 센터를 개원했다. 그리고 군산과 의정부, 파주, 광주 등의 기지촌(혹은 옛 기지촌) 지역을 방문해 기지촌여성들을 지원하는 활동을 해왔다.

기지촌여성들의 문제를 해결해야 하는데, 언니들의 표현대로 '기지촌여성들의 한'을 풀어야 하는데, 우리가 놓여 있는 현실은 여전히 쉽지 않다.

아직도 미군이 주둔하고 있는 상황에서 기지촌의 우리들에게 미군으로 상징되는 미국정부를 상대로 문제를 제기하고 싸운다는 것은 공포에 가까운 두려움이다. 한국정부와 한국사회에 '한미동맹을 유지하고 달러를 벌어들이기 위해 기지촌여성들을 이용한 것에 대해 사과하고 책임져라'라고 요구하는 것은 앞에 나서서 싸울 기지촌여성들에게는 원치 않는 공개와 낙인, 위험을 의미한다. '반미'로, '빨갱이'로 몰아붙여질 수도 있다. 엄마들이 당한 일을 듣고 상처받을 우리 아이들에게도 마음이 쓰인다.

이 외에도 수많은 불안과 두려움이 있다.

그렇게 20년이 흘렀다. 비록 한국정부와 미국정부를 상대로 한 번도 제대로 사과와 보상을 요구해보지 못했지만, 단 한순간도 포기한 적은 없다. 끊임없이 좌절하고 한탄해야 했지만, 그래도 그동안 우리는 생존했고, 서로를 지켜냈으며, 성장했다.

그런데 드디어 기지촌여성들이 나서기 시작했다. 한국정부와 미국정부의 범죄를 끝까지 밝혀내고야 말겠다는 결심들이다. 자신이 살아온 삶을 드러내 말함으로써 기지촌의 실상과 기지촌여성들의 고통을 알리겠다는 언니들도 있다. 어떤 언니들은 양국 정부에 집단소송도 불사하겠다고 말한다. 이 증언록은 바로 그분들 중 한 분의 이야기이다.

정자 언니와의 만남

정자 언니와 처음 만난 건 1990년대 초반 '의정부 뺏벌 기지촌'에서였다. 정자 언니는 '양귀비 언니'의 친구였다.

가족을 부양하기 위해 밤낮없이 미군 전용 클럽에서 일하며 많은 미군을 상대해야 했던 언니를, 동료들은 '양귀비'라는 이름으로 불렀다. 언니의 힘겨운 삶을 '인기 있는 여자'라고 불러주면서, 부르는 언니들도 불리는 언니도 서글펐을 것 같다. 돌아가시는 날까지도 우리와 연대하고 우리를 보호해주었던 양귀비 언니의 곁에서 정자 언니는 우리들의 활동을 지켜보고 있었다.

정자 언니와의 두 번째 만남은 1990년대 후반 '동두천 보산리 기지촌'에서였다. 새움터의 공동작업장에서 일하던 숙희 언니가 미군에 의해 살해당한 후 목격자를 찾아 매일같이 기지촌을 헤매던 어느 날, 욕하는 기지촌의 포주들과 상인들에 맞서서 새움터 활동가들을 감싸는 한 언니를 만났다. 거의 10년 만에 다시 만난 정자 언니였다.

정자 언니가 없었다면 지금의 새움터는 없었을지도 모른다. 기지촌활동을 하러 왔던 대학생들은 정자 언니가 그 작은 손으로 맛난 것들을 얼마나 많이 만들어냈는지, 그 음식들로 우리를 어떻게 먹여 살렸는지 기억할 것이다. 어디선가 우리에 대해 듣고 찾아와서는 따뜻한 연대의 손을 내밀던 그 학생들을 보면서 정자 언니는 참 고마웠다고 한다. 그리고 지금도, 언니의 음식이 담긴 그릇을 맛있게 비워내던 그 학생들을 기억한다. 언니가 만든 거라면 무조건 두 그릇씩 뚝딱 해치우던 지은이, 골뱅이무침을 유난히 좋아하던 종성이, 매일 김치찌개 하나만 먹고도 살 수 있다던 정현이, 밥보다 떡볶이를 더 좋아하던 주혜⋯⋯.

'성매매방지법'을 청원하기 위해 실태조사를 할 때도 정자 언니는 직접 설문지를 옆에 끼고 언니들을 만나러 다녔다. 기지촌언니들을 지원해달라며 의사단체에 정자 언니가 직접 편지를 보냈던 일도 잊을 수 없다. 그 단체는 지난 10여 년간 기지촌언니들을 꾸준히 지원해왔다. 정자 언니와 새움터의 연대는 이렇게 지금까지도 지속되고 있다.

그런데 정자 언니가 "이제는 기지촌여성들이 직접 나서야겠다"라고 한다. "그러지 않으면 아무것도 바뀌지 않을 것 같다"라고 한다. 그리고 당신이 먼저 "기지촌여성으로 살아온 수십 년간의 경험을 이야기하겠다"라고 한다.

이 증언록은 1960년대부터 1990년대까지, 즉 '박정희 정권에 의해 한국여성들이 미군의 위안부로 동원되고 관리되었던 1960년대와 1970년대' 및 '박정희 정권의 미군 위안부 정책이 전두환 정권에 의해 유지되었던 1980년대'를 거쳐 '기지촌을 중심으로 국가 간 인신매매가 확대되었던 1990년대'까지의 수십 년간 기지촌에서 기지촌여성으로서의 삶을 살아낸 여성이 들려주는 이야기이다.

바로, 최초의 기지촌여성 증언록인 것이다.

국가폭력

정자 언니는 증언을 통해 자신과 동료들이 국가로부터 피해를 입었다고 주장한다. 이제는 고령이 된 피해자들이 모두 사라지기 전에 한국정부와 미국정부의 범죄를 역사에 남기고, 국가로부터 사죄를 받아내겠다고 말한다.

인신매매나 성매매로 인해 여성과 아동들이 폭력과 착취의 피해를 입는 것은 지금도 일어나고 있는 중대한 인권 문제다. 그럼에도 불구하고 우리가 특별히 국가의 '군위안부 제도'에 초점을 맞추는 이유는 그것이 국가의 폭력이기 때문이다. 국가폭력의 심각성은 체계성을 갖는 국가의 행위가 정당화되고 제어가 불가능하다는 데 있다.

국가가 법률과 제도로서 성노예 제도를 합법화하면 피해여성들은 매우 잔인한 상황을 겪는다. 그 체계적인 착취구조와 강제성은 다른 범죄와 비교할 수 없다. 국가제도가 갖는 정당화로 인해 피해자들은 광범위한 사회적 낙인과 분리를 경험한다. 피해자 홀로 그 거대한 국가폭력에 대항해 자기 자신을 지켜낼 수 있는 방법은 없다. 피해자가 그 제도의 지역적·실질적 영향권에서 벗어나지 못하는 한 착취로부터의 탈출은 불가능하다. 그래서 그렇게 수많은 기지촌여성들이 미군과의 결혼을 희망했던 것일까?

증언의 이유

정자 언니는 "기지촌언니들의 삶을 알리기 위해 증언을 결정했다"라고 말한다.

지금까지 기지촌에 대한 자료나 서적들이 없었던 것은 아니다. 오히려 그 자료들은 역사의 기록과 해석으로서 객관성과 보편성을 인정받는다. 기지촌여성에 대한 언론보도도 적지 않다. 특히 기지촌여성이 매우 잔혹한 미군범죄의 피해자가 되었을 때, 언론은 더욱더 적극적이다. 물론 정자 언니도 이것을 잘 알고 있다. 기지촌이 언급된 책이나 기사라면 며칠이 걸리더라도 돋보기를 쓰고 읽어내곤 했다.

그런데 정자 언니는 "기지촌의 문제가 아직도 알려지지 않았다"라고 말한다. '내가 이해하는 정자 언니의 생각'은 다음과 같다.

첫째, 미군 위안부의 존재를 알려야 한다.

"일본군 위안부 언니들이 겪은 일은 정말 끔찍해. 그 언니들 일이 꼭 해결됐으면 좋겠어. 그런데 왜 사람들은 미군 위안부에 대해서는 이야기하지 않는 거야? 미군들 위해서, 그리고 외화획득 시키려고 우리를 희생시킨 거 다들 알고 있을 텐데, 왜 아직 아무도 말을 안 하는 거야? 그래도 일본군 위안부 언니들은 외국 정부에 당했지. 물론 우리도 미국정부에 당한 것이지만은, 더 기가막힌 것은 우리 정부에도 당했다는 거야."

이것은 왜 증언을 하는가에 대한 정자 언니의 첫 번째 대답이다.

둘째, 기지촌의 역사를 기록한 사람들은 기지촌여성이 아니다.

기지촌여성들의 입장에서 기지촌의 역사가 제대로 기록되지 않았다. 이는 계급, 성별, 권력에 대한 문제제기다. 따라서 정자 언니의 증언은 기지촌여성의 역사에 대한 기록일 뿐만 아니라 갈등과 차별에 맞서는 '기지촌언들의 투쟁'이기도 하다.

셋째, 기지촌여성들에게 세상은 아직도 바뀌지 않았다.

역사가 제대로 알려지지 않았기 때문이다. 정자 언니가 말하는 '알린다'는 행

위는 단순히 역사를 기술하는 것이 아니고 세상을 바꾸는 정치적 행위, '변혁' 그
자체다.

넷째, 연대가 잘 이루어지지 않고 있다.

기지촌언니들과 새롭게 연대하겠다는 사람들은 잘 나타나지 않고, 기존의 활
동가들과 조직들마저 나서려고 하지 않는다. 정자 언니는 그 이유가 언니들의
이야기를 직접 듣지 못해서, 잘 알지 못해서라고 말한다. 정자 언니는 어떠한 문
제에 대해 '잘 안다'면 그 사람은 그 문제를 해결하기 위해 나설 것이고 기꺼이
연대할 것이라고 믿고 있다.

'정자 언니'와 '정자 언니 동료'들의 고통은 지금도 계속되고 있다. '일본군 위
안부', '기지촌여성', 그리고 '성매매피해여성'에게 고통은 현실이다. 이 고통을
멈추기 위해서 정자 언니는 일단 언니들이 말하고, 국민들이 듣고, 언니들의 고
통을 인정받는 것부터 시작해야 한다고 생각한다. 그 과정에서 언니들 스스로
치유할 수 있으며, 또한 그 과정에서 바뀌는 사람들과 세상이 언니들의 치유를
도울 것이라고 믿는다.

이러한 이유로 정자 언니는 자신의 기억을 되살려 사회에 알리겠다고 결심했
고, "일단 내가 앞장서서 나갈게"라고 외쳤다. 그리고 말로는 표현할 수 없는 증
언-재경험의 고통을 묵묵히 견뎌냈다. 증언을 마치고, 정자 언니는 과연 언니가
바라던 변화가 시작되는 것을 볼 수 있을까?

나는 정자 언니가 증언의 과정에서 이러한 변화를 목격했다고 생각한다. 또
증언을 들은 청취자인 나 역시 증언을 듣는 과정에서 변화했고, 언니들과 끝까
지 연대하겠다고 결의했다. 그리고 정자 언니의 용기를 본 동료들, '명순 언니,
영희 언니, 옥자 언니, 정숙 언니, 혜란 언니, 희경 언니'도 행동을 하기 시작했

다. 이 과정을 목격한 새움터의 활동가, '옥경, 선영, 민옥, 강실, 지수'도 이 문제를 해결하기 위해 힘을 다하겠다는 뜻을 밝혔다. 전국을 다니며 기지촌여성 관련 자료들을 수집하고 분석하느라 수도 없이 밤을 샜던 신영숙 선생님, 이금실 선생님, 고미라 선생님께는, 특별히 정자 언니의 감사의 말씀을 전한다.

우리는 과거에 기지촌여성들을 만나고 그들과 한마음으로 뜻을 합쳤던 많은 분들, 문혜림 선생님, 문형선 선생님, 박혜정 감독님, 문정현 신부님, 장필화 교수님, 김은실 교수님, 권인숙 교수님, 배금자 변호사님, 이강실 목사님, 이찬진 변호사님, 이정희 변호사님께서도 기지촌여성들의 투쟁에 기꺼이 힘을 보태주시리라 믿는다. 그리고 더 많은 분들과의 새로운 연대도 기다려본다.

증언의 방법

증언 작업에서 가장 중요한 원칙은 정자 언니의 말을 '그대로' 옮기는 것이었다. 여기에서 정자 언니의 '말'은 단순히 언어적 표현만을 뜻하는 것은 아니다. 기술할 수 있는 모든 '비언어적 표현'과 '상황적 의미' 등을 포함한다.

그런데 증언을 시작하기 전, 우리는 몇 가지 고민에 직면했다. 첫째, '정자 언니의 말'을 그대로 옮길 경우 글의 흐름이 자연스럽지 못하고, 읽는 사람의 집중과 이해를 방해한다. 둘째, 정자 언니가 '기억하고 있었던 것'뿐만 아니라 '기억해내고자 하는 것'이 있었다. 그것을 어떻게 되살려낼 것인가? 수십 년 전의 일인 것을!

그래서 정자 언니와 나는 증언을 시작하기에 앞서 '정자 언니는 어떻게 말하고, 나는 어떻게 들을 것이며, 우리는 어떻게 상호작용할 것인가'에 대해 많은 의견을 나누었다. 그리고 수차례의 회의를 거쳐 증언 방법을 함께 결정하고 구조화했다.

우리는 그것을 '증언 여행'이라고 부른다. 정자 언니가 당시 살았던 장소들을 찾아다니면서 그곳에서 일어난 일들을 되살려내는 것이다. 이런 방법을 선택한 이유는 다음과 같다.

첫째, 정자 언니의 기억은 시·공간에 따라 되살려지지 않고 지난 세월 자신의 경험에 부여한 의미와 해석에 따라 재구성돼 되살려진다. 따라서 우리는 정자 언니의 기지촌 경험을 시간적으로 배열한 후, 그 지역을 직접 방문해 대화를 나누기로 했다. 그럼으로써 증언이 시·공간에 따라 자연스럽게 진행되도록 했다.

둘째, 증언 여행은 기억을 촉발할 수 있는 계기를 제공한다. 비록 '그곳'을 방문하는 것은 트라우마를 '재경험'하는 일이지만, 정자 언니는 이 방법이 최선이라 여겼고 그 고통을 감내해내기로 했다. 실제로 '그곳'을 방문하거나 방문하려고 하자, 잊혔던 혹은 잊힐 수밖에 없었던 고통스러운 기억들이 저절로 되살려지곤 했다.

셋째, 정자 언니는 자신의 증언이 주관적이거나 특수한 것, 특히 허구로 읽혀지는 것을 반대했다. 그래서 스스로 기억 속의 장소를 찾아내 기록하고 사진 자료를 남기고자 했다. 이로써 사건이 실재했음을 증명하고자 했다. 또 객관성을 인정받을 수 있는 다양한 자료를 첨부함으로써 자신의 기억을 보편적 역사로 인정받고자 했다.

넷째, 정자 언니는 증언 여행이야말로 기지촌여성과 연대한 사람들을 확실하게 교육하고 행동을 촉발시킬 수 있는 방법이라고 생각했다. 정자 언니의 이야기를 들으면서, 그리고 정자 언니가 고통을 '재경험'하고 충격을 받는 모습을 지켜보면서 '나'는 그 경험이 어떤 것이었는지, 그 고통이 지금도 어떻게 지속되고 있는지 생생하게 느낄 수 있었다. 이것은 '나'에게도 충격적인 사건이었다. 정자 언니의 생각이 맞았고, 나 역시 우리들의 몫을 다시 확고히 다지게 되었다.

기술적 방법

녹음

증언자와 만나서 헤어질 때까지 전 과정을 녹음했다. 기지촌에 대한 기억뿐만 아니라 현재의 경험과 생각도 증언의 중요한 부분이기 때문이다.

녹취

녹음된 내용은 모두 녹취하는 것을 원칙으로 했으나 증언자가 반대한 부분은 녹취에서 제외했다. 제외된 내용은 주로 생존해 있는 '일본군 위안부' 여성들과 다른 기지촌여성들의 삶에 대한 이야기, 증언자의 가족에 대한 이야기 등이었고, 여성단체 활동가나 사회복지시설 종사자, 관련 연구자와의 만남에서 느꼈던 실망감 등도 일부 포함돼 있다.

증언록 구성 방법

• 가명의 사용

증언자의 안전과 비밀 보장을 위해 증언자와 증언자의 가족일 경우 가명을 사용하고 가명임을 표시했다.

• 의미가 분명하지 않은 표현

증언자의 표현 중 의미가 분명하지 않은 것들도 그대로 녹취하고 그 의미를 괄호 안에 최대한 부연해두었다. 이유는 다음과 같다.

- 기지촌에서 사용되는 은어: 기지촌여성들은 외국어, 특히 일본어나 영어에서 비롯된 여러 은어를 사용한다. 이러한 은어는 역사적 상황과 의미의 상징들이기 때문에 그 자체가 기지촌 역사의 기록이다.
- 사투리: 증언자의 말에는 전국 각지의 사투리가 섞여 있다. 인생 대부분을

기지촌에서 살아온 증언자의 언어는 다른 기지촌여성들과의 관계와 소통의 역사를 반영한다.

- 반복되는 접속어나 지시어, 말 흐림: '인제', '그거, 그거', '……' 등의 표현이 반복적으로 쓰인 부분은 읽는 데 방해가 되거나 이야기의 흐름을 끊을 수도 있다. 그러나 이러한 표현은 증언자의 말을 듣고 있는 '나'를 계속 대화에 집중시킴으로써 대화를 주체적이고 효과적으로 이끌어나가는 증언자의 이야기 능력과 방식을 드러내주기도 하고, 때로는 고통을 언어로 재구성하는 것의 어려움을 표현한다는 의미를 갖기 때문에 최대한 그대로 녹취했다.

- 몸짓, 표정 등: 언어로 표현되지 않는 기억이나 고통을 증언자는 몸짓과 표정, 한숨, 울음, 악 쓰기, 침묵 등으로 표현했다. 이것을 모두 기록하는 것은 불가능했지만 몸짓이나 표정, 감정, 분위기 등의 중요한 변화에 대해서는 엮은이의 진술로써 가능한 기록했다.

• 기호

- : 대화

! : 강조하거나 힘주어 말함.

…… : 말 흐림 표시. 감정이 격해지거나 표현 방법을 찾지 못해 말을 흐리는 경우, 또는 한탄.

( ) : 대화에서는 생략됐으나 맥락상 들어가는 말.

[ ] : 본문의 용어 또는 내용을 보충하거나 의미 설명.

○ : 숨김표

부탁 말씀

이 증언록을 읽는 분들께 부탁드리고 싶은 것이 있다.

정자 언니가 이 증언록에서 말하고 있는 것은 지난 수십 년간 우리 사회에서 금기시되어 있던 이야기다. 그래서 어떤 분은 해방 이후에도 위안부가 있었다는 사실을 받아들이기 힘들 수도 있고, 또 어떤 분은 특수한 한 여성의 이야기일 뿐이라고 생각할 수도 있다. 예전에 영화나 소설에서 봤던 그냥 뻔한 이야기라고 미리 짐작하는 분도 있을 수 있다고 생각한다.

그러나 정자 언니의 증언은 양국 정부가 그동안 은폐해왔던 사실, 바로 그것이다. 어쩌면 영원히 묻혀버릴지도 모르는 진실이다. 정자 언니가 말하고 있는 언니의 고통스러운 삶 속에, 그 증언의 행간에, 언니의 눈물과 울음소리, 한숨에 담겨 있는 역사적 진실을 읽어주시기를 부탁드린다.

이제 우리는 '미군 위안부 제도'를 실시했던 대한민국과 미국정부에 의해 자신의 인생을 통째로 빼앗겨버리고 지금까지도 고통 속에 살고 있는 우리 언니들의 이름으로 그 진실과 책임을 따져 묻고자 한다. 일본군 위안부 문제의 연속선상에 기지촌 문제가 자리하고 있다는 뼈아픈 진실을 한 여성의 생생한 증언을 통해 폭로하고자 한다. 이 증언 여행을 통해 우리 사회가 외면하고 싶어 했던 진실에 용기 있게 직면하게 되기를 간절히 희망한다.

2013년 5월 김현선

차례

❝ 내가 앞장서서 나갈게 ❞

들어가며

김정자가 자신의 결심을 새움터에 알려왔다. "오랫동안 고민하고 결정내린 거야. 니네가 나를 좀 도와줘." 증언을 하겠다는 뜻을 밝혔다.

증언에 앞서 김정자는 이미 출판된 증언록들을 한번 보고 싶다고 했다. 특히 '일본군 위안부'의 증언록을 궁금해 했다. 그녀에게 보여주기 위해 나는 국내외의 다양한 증언록을 수집했다. 책을 전달하고 증언 계획을 세우기 위해 그녀의 집을 방문하겠다고 전화를 걸자, 내 전화를 기다리고 있었다는 그녀의 목소리가 긴장한 듯 떨렸다. "인제 시작이구나." 한숨 소리가 들렸다.

그녀의 작은 방 안, 우리는 서로 상을 마주하고 앉았다. 나는 준비한 책들을 모두 꺼내놓고 증언자와 증언의 내용들을 소개했다. 그녀는 내 설명을 유심히 들으면서 증언록들을 하나씩 들춰보았다.

- 정: 뭐가 이렇게 많아? 책들이 많네?

- 현: 언니들하고 증언록 사업을 하기로 약속하고 나서 언니들께 보여드리고 싶었던 책들. 이거 말고도 보여드리고 싶은 책들이 많아. 요즘에 나오는 책들 내용이 참 좋아. '위안부' 할머니들이 어떻게 살고 계시는지, 여생을 어떻게 마무리하고 계시나, 이것도 일종의 증언이야. 현재의 나의 삶, 현재의 나의 고통에 대한 증언.

- 정: 우리가 여기까지 가려면 아직 멀었지. 우린 그리고 인제 시작이지.

- 현: 그렇지. 이건 처음 시기에 나온 '위안부' 할머님들의 증언록. 연구자들이 할머니들 한 분씩 증언을 받은 거지. '일본군 위안부'의 역사, 피해. 할머니 한 분, 한 분의 증언들을 15페이지 정도씩 실은 거지.

- 정: 으이구⋯⋯. 돌아가셨지, 이 할머니도⋯⋯.

- 현: 응⋯⋯. 그다음에는 또 다른 할머니.

- 정: 이 할머니! 박두리 할머니!

- 현: 응. 박두리 할머니.

✱ **일본군 위안부**

일본군 위안부는 중일전쟁(1937~1945년), 또는 아시아태평양전쟁(1941~1945년) 중에 구일본군에 의해 '성적 위안'을 강요당했던 여성들이다. 위안부는 군마(軍馬)보다도 못한 취급을 당했고 행동의 자유는 없었으며, 말 그대로 노예나 마찬가지였다.(池田惠理子 外, 1997: 8)

✱ **'위안부'**

국내에서 사용되는 용어인 '위안부'와 해외에서 사용되는 용어인 'comfort-woman'은 모두 일본에서 사용되는 '이안후(慰安婦)'를 그대로 옮긴 것이다. 용어의 사용은 가치판단을 내포하므로 '기지촌여성들'을 비롯한 '군사적 성노예제의 피해자들'은 자신들을 '위안부'로 부르는 것을 반대했고, 최근에는 '위안부'보다 '성노예(sex slave)'가 문제의 본질과 실태를 더 적절하게 표현하는 용어로서 사용되고 있다. 새움터도 이에 동의하지만, 본 증언록에서는 작은따옴표를 사용하여 '위안부'로 표현하고자 한다. 일본군대와 한국정부에 의해 '위안소'와 '위안부'라는 용어가 법적으로 규정돼 공식적으로 사용되기 때문이다.

- 정: 거진 거기 있던 할머니들 다 돌아가셨지……. (할머니들이) 새움터에도 왔
  었잖아? 동두천에?
- 현: 응. 이런 증언록은 일본정부를 상대로 소송을 할 때도 중요한 자료가 돼.
  그런 의미는 있지만 이걸 가지고 사람들이 비판을 했어.
- 정: 그렇지! 맞어!
- 현: 할머니들이 정말 그렇게 얘기한 것이 맞아? 할머니들이? (라고 하면서)
- 정: 응. 할머니들이 말한 대로 쓴 거가 아니라고 인식을 하는 거지.
- 현: 듣고 쓴 사람의 생각이 들어가 있다는 거지.
- 정: 증언에 가면이 있다는 거지.

　　김정자는 박두리 할머니의 사진을 손바닥으로 한번 쓸어내리고는 조용히 책
을 덮었다. 다른 책을 열어보던 그녀의 시선이 한곳에 멈췄다. 나는 소리 내어
그 부분을 읽었다.

- 정: 이건 할머니 이야기를 그대로 냉긴 거야, 중간 중간 설명을 하면서. (우리
  책도) 이렇게 해야지.
- 현: 그리고 우린 책을 내기 위해 하는 게 아니고, 언니들 문제가 해결될 때까지,
  책도 내고, 토론회도 하고.
- 정: 맞어!
- 현: 내가 언니의 삶을 함부로 옮겨서 다른 사람들에게 말하는 게 아니라.
- 정: 응. (내가) 돌아다닌 데가 많은데. 용주골도 갔었다가……. 얘기해줄 데가
  많아.
- 현: 나는 증언록을 떠나서, 언니가 어떻게 살아오셨는지, 그동안 쭉 언니한테
  얘기도 많이 듣고 그랬지만, 사셨던 곳을 같이 가보고, 말씀도 듣고, 그렇게 하

고 나면, 우리 정자 언니가 이렇게 살아오셨구나, 언니 인생을 더 이해하게 되고 많이 배우게 될 거 같아.

- 정: 그래. 그러자! 어쩔 때 손이 저리고 다리가 막 쑤시고 아플 때는 그냥 다 때려치우고 어떨 때는 그냥 죽고 싶은 생각밖에 없는 거야. 그러다가도 어떻게 해서 기지촌언니들 이렇게 보면, 내가 저 사람보담은 낫지, 건강하지, 저 사람보다는 건강한데……. 나는 내가 살아온 생활이 너무 허망하고 험악하게 살아왔기 때문에, 언니들을 보면은 내 일 같고 내가 쫙 앞장서서 나오고 싶고, 그렇게 살고 싶어.

- 현: 그래, 언니. 근데 그건 알아줘. 언니 같은 사람 정말 없고, 언니가 우리한테 가르쳐준 게 많고, 언니가 사는 모습 자체가 우리한테는 이런 선생님이 없어.

- 정: 그래도 아직까지 내가 언니들한테 해준 거는 아무것도 없어.

- 현: 언니가 있어서 기운 내고 희망 갖고 그랬던 사람이 한둘이 아냐. 그런 소리 말어.

- 정: 그래도 내 업보로 내가 베풀려면 아직 멀었어.

- 현: 우리가 언니 그런 마음을 배워야 하는데. 그래야지 새움터 일 더 잘 할 텐데……. 앞으로 언니랑 나랑 열흘을 다닐지, 한 달을 다닐지 모르지만, 언니, 나랑 다니면서 두고두고 내가 살면서 꼭 기억하길 바라는 거 있어?

- 정: 인제는 내가 나이가 먹었어. 언니들을 도와주고, (포주들) 단속도 좀 해주고, 어린애들 낳고 언니들이 먹을 거 없으면 너네들이 좀 도와주고…… 딴 거 없어. 그리고 (기지촌에) 발 들여놓기 전에 언니들 도와줘. 딴 건 바랄 게 없어. 왜냐면 인제는 나 같은 사람들이 더 안 나타나야 돼. 나보담 연세 잡순 그 언니들이 나를 가르쳐줬어. 난 그 언니들 보면 후회돼. 그 언니들이 나한테 야! 여기 생활 관두고 도망가라! 시골 같은 데서 숨어 살어! 넌 충분히 그럴 수 있어! 그때 도망쳤으면 여기까지 안 왔어. 그게 너무 후회스러워. 내 시대에 이게 끝

나고 다음 시대에는 없었으면 좋갔어.

- 현: 응…….
- 정: 우리 잘 해보자! 그래갖고 아픈 언니들도 어떻게 좀 정부에서 도와주든지, 몇 개월이라도 보름이라도 일주일이라도 보상을 받고 언니들이 돌아가셔도 돌아가셔야지. 그런 것도 하나도 받지도 못하고……. 그래서 (미군)부대 앞에서 사는 언니들이 집값이 싸기 때문에 거기를 못 떠나는 거여. 이런 데는 비싸잖아. 그놈의 부대 앞에는, 옛날에 자기가 살아왔던 요만한 하꼬방집[판잣집: 상자를 의미하는 일본어 하코(箱)에서 유래된 말] 같은 데, 고런 데는 집이 싸니까는, 그런 데 사는 거지. 맨날같이 거기를 돌아가실 때까지 떠나지를 못하잖아. 떠나고 싶기는 싶은데 못하는 거 오죽할 거야. 집세는 비싸고…….
- 현: 언니들이 정부에 안 당한 걸 당했다고 하는 거 아니니까, 우리가 열심히 노력해서 조금이라도 언니들께 해드릴 수 있는 기회가 있으면 정말 좋겠어.
- 정: 한국정부가 한 게 뭐 있는데? 미군들을 왜 일루 들여보내. 미군들 철수하라고 얼마나 데모했어. 왜 철수 못 시켜? 그 사람들이 여기 와서 도와준 것도 있겠지만, 그마만큼 언니들이 희생을 한 거지. 뭘 도와줘? 난 그렇게 생각해. 여기도 기지촌언니들, 장날 같은 날 보면은, 나 아는 언니는, 그 언니 UN클럽에서 일했었거든. 근데 서울로 병원에 댕기는데, 뭐라구 그러더라? 방사선! 그거 맞으러 다닌대. 지팽이 짚고……. 언니 어디 가세요? 응, 서울 병원에 가. 이렇게 일찍 가요? 저녁에 와, 방사선 맞으러……. 그런 언니도 있더라구. 지금은 그 언니가 육십 일곱? 여덟? 방사선 맞으러 간다고 해서 나는 처음에 방사선이 뭔가? 뭔가? 했지.
- 현: 아휴…….
- 정: 내가 죽고 나서야 해결될지도 몰라.
- 현: 죽긴 왜 죽어? 그 얘긴 왜 나와?

- 정: 하하. 나이가 먹은 사람은 언제 어느 시절에 갈지 몰라. 내가 오늘 자다가 갈지도 모르는 거야. 영숙(새움터의 활동가)이 말도 있잖아. 내가 언니보다 젊었어! 그러니까 걱정하지 마! 기지촌여성운동 지팡이 짚고라도 댕길게!
- 현: 하하하.
- 정: 그래서 그 말이 나온 거야, 그래!

김정자가 자리에서 벌떡 일어났다. 허리를 숙여 지팡이 짚는 시늉을 하다가, 이내 미간을 찌푸리며 신영숙의 표정을 흉내 냈다. 그녀의 자연스러운 연기를 보며 나는 배를 잡고 웃었다. 그녀가 손가락으로 하늘을 가리켰다.

- 정: 나는 이 위에 가서 하마! 너는 여기서 해라, 살아 있을 때!
- 현: 언니는 위에 가서 뭘 한다고?
- 정: 나는 조직을 맹글어서 나도 운동을 하겠다, 위에 가서.
- 현: 어어.
- 정: 기지촌(여성)운동을 하겠다, 위에서.
- 현: 어떻게? 어떻게?
- 정: 하하. 내가 기지촌(여성)운동을 한다고. 박정희가 죽었는데, 우리 언니들이 고통받을지도 모른다. 얼른 거기서 구해내야 한다. 노무현? 감방생활 할지도 모른다, 지금 죽었어도. 왜? 박정희가 있기 때문에. 그러니까 그 박정희 밑에서 끄집어내야 한다, 노무현을. 그래서 우리 운동권에다 갖다 집어넣자. 우리 언니들 다 일어날 거다. 해고 싶어도 그런 거 할 사람이 없어서 지금 못 할 거다, 지금.

✻ 박정희 정권의 미군 위안부 사업

5·16 군사쿠데타 직후, 미국과의 우호적 관계 유지가 중요하다고 판단한 '국가재건최고회의'는 미군 주둔 지구에 대한 실태조사를 실시하고 관계 부처에 '위안부의 교양 향상과 보건진료소 확대 설치'를 포함하는 주요 조치사항을 지시한다. 관계 법령을 재정비하고, 위안부 등록과 교육을 실시했으며, 보건소의 성병 검진을 강화하고, 낙검자수용소를 설치한다는 내용이었다. 그러나 미군 위안부들에 대한 성병 통제에 어려움을 겪고 있던 미군당국은 이 조치만으로는 만족할 수 없었다. 결국 미국은 1970년대 초반, 한국정부로부터 적극적인 기지촌 관리 정책을 이끌어내는 데 성공한다.

1969년 '닉슨독트린'과 이에 따라 1970년대 초반까지 이루어진 주한미군의 2만 명 감축은 박정희 정권을 위기에 빠뜨린다. 철수하는 미군을 붙잡기 위해 박정희 정권은 필사적으로 노력했는데, 그중 가장 중요한 전략이 '기지촌정화사업'이었다. 막대한 기금을 쏟아부어 각 기지촌에 성병진료소를 설치하고 미군의 '위안시설'들을 재정비했다.

1960년대와 1970년대의 기지촌 경험이 있는 고령의 기지촌여성들은 박정희 정권이 추진한 '미군 위안부 사업'에 의해 정부로부터 직접 관리되었던 것을 기억한다. 국가폭력의 피해자인 기지촌여성들이 기지촌의 착취로부터 안전하게 탈출할 방법은 없었다. 그 절망감을 기억하고 있는 기지촌여성들은 '박정희 전 대통령이 저승에서도 기지촌언니들을 착취하고 있을지 모른다'라고 풍자한다.

기지촌정화사업에 대해 캐서린 H.S. 문은 자신의 책에 다음과 같이 기록했다.

미 군대는 1971년 12월에 박 대통령이 1군단 그룹 본부를 방문한 직후 "기지 지역 사회와 관련한 가장 시급한 문제를 강력하게 다루기 위한 행동 프로그램을 개발하도록 한국 '기지촌정화위원회(BCCUC)' 설립을 요구했다"고 기록했다. 정화운동 책임자인 전직 청와대 비서에 따르면, 박 대통령은 이러한 기지촌 문제들이 곪아 터지도록 방치한 내무부 장관 및 그밖의 관계자들을 불러 그들의 태만한 대응을 "꾸짖었다"고 한다. 그는 이 문제들을 하위직 관리자들에게 맡겨서는 해결하기 어렵고 청와대가 직접 관리할 필요가 있다고 판단했다.

1971년 12월 22일, 박 대통령은 먼저 기지촌정화위원회 제정과 미군 기지촌들에 대한 '정화정책'의 공식화를 명령했다. 그러고 나서 고위급 관계자, 즉 대통령 행정비서(장관급), 각 부처의 차관(외무부, 내무부, 법무부, 국방부, 보건사회부, 교통부, 체신부)과 국세청 국장, 국무총리 행정비서, 경제기획원 차관보, 그리고 경기도 지사가 참여한 최초의 정화회의가 1971년 12월 27일 청와대에서 4시간 동안 열렸다.

1972년 7월 박 대통령은 기지촌정화위원회 종합 프로그램을 승인했는데 그 지출예산은 11억 5,000만 원이었고, 기지촌에서 시작된 작업의 완성을 위해 1973~1975년 사이에 위원회로 하여금 종합적이고 지속적인 프로그램 기획을 촉진하도록 지시했다.

기지촌정화위원회의 실질적인 활동을 감독한 박 대통령의 정치비서는 대통령이 기지촌의 정화 과정에 지속적인 관심을 보이며 명령을 내리고 보고를 요구했다고 밝혔다. 기지촌정화운동은 국가안보 방위라는 점에서 청와대의 최우선 순위가 되었다.(캐서린 H.S. 문, 2002: 120~122, 171)

[✎ 관련 기사] • "박 대통령의 기지촌 주변 정화지시에 따라 정부 관계 부처와 미군 관계자 합동회의를 열어 ① 성병 예방과 치료 사업을 벌이며 ② 습관성 마약거래 단속 및 군수품 도난 예방, 군표의 부정거래 방지를 위해 강권을 발동하며 ③ 인종분규에 의한 폭행 사건이나 탄피 등을 줍기 위해 사격장 내에 출입하는 민간인을 엄중 통제토록 외무, 내무, 국방, 보사부 등 관계부처가 강력한 대책을 세웠다."(≪경향신문≫, 1972년 2월 1일자, 7면)

• "국방부가 마련한 기지촌 정화대책에 의하면 수시로 정부 관계 부처와 미군의 합동회의를 열며 외무, 내무, 국방, 보사부 등의 관계자들로 '기지촌 정화대책위원회'를 구성, (중간 생략) 정화대책위원회는 성병 진료를 위해 현대식 병원의 건립과 마약의 원료인 대마초의 생산거래행위 및 흡연기구의 법적단속을 위한 규제조항을 제정하고 미 군사우편을 통한 밀수 및 군수품 도난 방지를 위해 한미합동단속반을 강화하는 등 전반적인 대책을 강구하기로 했다." (≪동아일보≫, 1972년 2월 1일자, 7면)

• "기지촌환경정화, 내무부, 1억 6천만 원 풀어. 해당 기지촌지역은 다음과 같다. 서울/부산/인천/의정부/파주/부천/춘천/원주/진천/대덕/천원/서산/홍성/당진/서천/보령/군산/김제/광산/대구/창원"(≪경향신문≫, 1973년 2월 5일자, 7면)

✲ 노무현과 기지촌여성

기지촌여성들은 지금까지도 노무현 전 대통령에 대한 고마운 추억을 떠올리곤 한다. 기지촌여성들에게 사회적 반향을 일으킬 만한 중대한 미군범죄가 발생한 경우를 제외하고는 기지촌여성들의 삶에 대한 사회적 관심이 전무했던 1990년대 중반, 노무현과 관계된 소수의 법률전문가들만이 기지촌여성들을 위해 무료법률지원을 제공하고 있었다. 법적 지원의 내용은 미군범죄 피해구조부터 선불금 무효소송, 미군과의 이혼소송 등에 이르기까지 다양했다. 2002년 대통령 선거 당시 경기도 지역의 기지촌여성들은 적극적으로 투표에 참여했다. 기지촌여성들을 지원했던 사람이 대통령이 된다면 기지촌여성들의 삶이 바뀔 수도 있다는 희망

- 현: 하하하. 하늘나라에서?

- 정: 응응. 못 할 거다. 그러니까 내가 만약 하늘나라에 가면은 거기서 운동을 할게. 그러면 너는 여기서 운동을 해. 지팽이를 짚든가 뭘 짚든가. 그래갖구 니가 또 그쪽으로 와라, 그러면 밑에 있는 친구들이 또 하겠지. 그럼 우리는 거기서 계속 하면서, 아래에서 하고 위에서 하고, 그렇게 하자!

- 현: 하하하하.

- 정: 그랬더니 웃겨 죽겠대잖아.

- 현: 아이구, 참. 하하.

- 정: 계속 하자, 우린! (영숙이가) 죽어서도 해요? (내가) 어! 죽어서는 왜 못 해? 혼끼리 뭉쳐서 댕기면서 해야지! 저쪽에서 지금 난리 날 거야. 그쪽 언니들이 이거 다 듣는다구, 이 언니들이. (그러니까 영숙이가) 맞어! 맞어!

- 현: 하하하.

- 정: 하하. (증언록은) 우리 계획이 젤 난 거 같아. 내가 다 더듬어야 하는데 더듬는 게 잘 안 되더라구. 몇 년부터 어디에서 뭘 하고…….

- 현: 어머니랑 같이 살았다는 부평부터 시작해서 쭉 가보자. 갈 수 있는 데까지 가보고 지치면 집에 오는 거고. 언니 가슴 아픈 이야기 들으면서 함께 가는 거지만 또 여행 떠나는 맘으로, 언니에게 배우러 가는 맘으로, 가는 데까지 가자,

이런 맘으로 해보려고.

- 정: 그래, 그러자. 근데 난 부평은 잘 못 찾을 것 같애……. 명자 언니[가명, 김 정자의 친언니. 김정자가 어렸을 때 헤어져 최근에 다시 만났다]랑 엄마부터 찾아 보자. 속초라 그러더라구. 의붓오빠한테 물어보면 돼. 엄마 어디서 살았는지, 어디다 뿌렸는지, 물어보고 가면 돼. 언니도 돌아가신 엄마 어디 모셨는지 몰 라. 우리 언니가 술을 먹어서…… 살았던 동네야 알겠지만……. 언니도 아마 엄마 보러 한 번 가자고 하면 좋아할지도 몰라. 여수로 데리러 가야 하는데, 언 니가 아니까, 그 동네 아니까. 그 근처에 가서 엄마랑 제일 친했던 사람이 누구 냐? 물어보면 알겠지. 그 사람들도 언니 보면 알 거야. 찾을 수 있겠지.

- 현: 그러면 어머니 먼저 뵈러 가자.

- 정: 우리 간다고 하면 샘내는 애들 있을 텐데? 우리 영숙이 또 쫓아간다고 할 텐데? 잘도 안 따라오겠다. 당연히 같이 간다고 하지. 하하하.

- 현: 나도 못살겠다니까. 하하.

- 정: 우리 책을 먼저 만들고 나서, 언니들한테 가서, 상담하러 가면, 또 얘기가 나오잖아. 그럼 슬슬 인터뷰를 해서 이런 책이 또 나올 수 있는 거고. 새움터 애들 모여놓고 이런 거 하겠다 얘기도 하자. 근데 다른 데서 만나지 말고 우리 집에 와서 얘기하자. 딴 데서 만나면 또 돈이 드니까, 일루 와. 여기 앉아서 얘 기들 하고, 반찬도 저렇게 있고, 반찬도 잔뜩, 밥도 지금 한 솥 해놨어. 하하하.

- 현: 하하하하.

- 정: 다 오라 그래. 다 모여서 먹고 얘기하자고.

- 현: 그래, 언니. 그런데, 알지?

- 정: 알긴 뭘 알아? 하하.

- 현: 그렇게 (다른 언니들) 열심히 도와드리고 살려면, 언니가 어떻게 해야 한다 고? 제발 건강해야 된다고!

- 정: 건강하겠지…….
- 현: 제발 건강해야 한다고……. 부탁이다. 아프다는 얘기 들리기만 해봐라, 잔
  소리 벅벅 할 거니까.
- 정: 그건 장담을 못 하겠는데?

　김정자는 다리를 펴고 앉아 아픈 곳을 연신 손바닥으로 문질렀다. 걱정하는
내게 바지를 걷어 보여주는데, 아픈 무릎은 이미 벌겋게 부어올라 있었다.

- 정: 여기가 이렇게 아픈데, 지금도 이렇게 있으면 콕콕콕콕 쑤셔.
- 현: 언니, 그런데 나랑 같이 다니면서, 이렇게 여행 다니면서 증언을 해도, 담
  배는 안 피면 안 되겠지?
- 정: 나 조금 펴야 돼, 쪼금. 많이는 안 피고 쪼금만. 한 갑 가지면은 며칠씩 펴.
- 현: 무리해서 하지 말고, 쉬엄쉬엄 하면 되잖아.
- 정: 쉬엄쉬엄 해도.
- 현: 그러다가 쓰러지면 어떡해?
- 정: 아냐, 안 쓰러져. 그거 조사했어. 동맥증? 동맥경화? 그거 조사했어.
- 현: 아이고, 내가 봤거든? 결! 과!
- 정: 아니, 저번엔 그랬는데 이번엔 그게 없어졌대.
- 현: 담배 끊으니까 좋아지는 거지. 그런데 그 담배를 또 피면 어떡해?
- 정: 괜찮아, 쪼금만 피는 거는.
- 현: 뭐가 괜찮아?
- 정: 아이, 쪼금은 괜찮아. 쪼금씩 핀다고, 한 갑 가지고 이거 끝날 때까지 내가
  핀다고. (한 갑) 사면 증언 다 끝날 때까지 (필거야), 그리고 안 핀다고. 피워야
  된다고, 내가. 그러고 얘기를 하고 나면 속이 답답하니깐 한 모금 피고서 또 이

렇게 하고 그래야지. 그리고 내가 그 목적지를 도착하면 확 떠오를 텐데, 어디 가서 한 모금 펴야지 내가 낫지.

그녀가 또 담배를 꺼내 물었다. 속상해하는 나를 보며 빙긋 웃고는, 한숨과 같은 담배 연기를 길게 내뿜었다.

" 우리 엄마 왜 때려 "

어린 시절

중언 여행의 계획을 세우기 위해 김정자와 다시 만났다. 열려 있는 현관을 들어서는데 방에 앉아 있는 그녀의 표정이 좋지 않았다. 그녀는 아침에 김명자에게 전화를 걸겠다고 했었다. 나는 조용히 앉아 그녀가 말하기를 기다렸다.

- 정: 아휴…… 지금까지도 술을 먹고 있어. 밤새도록 마신 거야. 새벽까지도 목소리가 이랬어.
- 현: 내일 가도 술 안 깨실까? 내일 또 여행 안 가신다고 하진 않으실까?
- 정: 그러지도 않아. 히히. 내가 또 달래야지. 히히히.
- 현: 하하하하. 그럼 언니는 달래, 내가 요거 치울게. 언니는 달래. 하하.

나는 일어나 점심상을 치우고 설거지를 했다. 김정자는 돋보기를 쓰고 수첩을 뒤적이며 김명자의 전화번호를 찾았다.

- 정: 여보세요? 언니? 내일 갈게……. 난 언니 보고 싶어. (언니가 나를) 생각 안
  한다고 해도…… 언니가 그럴 수 있수? 동생인데? 우리 피는 물보다 진한데?
  여행도, 언니랑 나랑 한 번도 가본 적 없잖아, 어렸을 때부텀. 여행도 댕기면서
  사진도 찍고…… 엄마한테 우리 손 붙잡고 가면 엄마가 제일 좋아할 거야, 우
  리 둘이 만나서 왔으니……. 응…… 응…… 그래……. 아무것도 하기 싫어도
  나는 만나줘야지, 내가 거까지 가는데……. 만나! 괜히 그러지 마, 언니! 언니,
  나 속상하게 하면, 나 하루 종일 울고 이러고 있어, 언니 자꾸만 이러면…….
  왜 없어? 언니 혼자 살아도 언니 뒤에는 동생이 있어!
- 현: 나도 있다고 해줘.
- 정: 우리 현선이도 있대, 현선이가. 응…… 그러니까 내일 가면서 전화 걸을
  게. 응응…….

　　방 안에서 김정자의 한숨 소리가 들렸다. 담배 한 대를 다 피우고 나서야 부엌
으로 나오는 그녀가 나와 눈이 마주치자 씩 웃었다.

- 정: 아휴…… 아직도 술……. 울어, 지금. 우는 거야. 그러면서 자기 혼자래. 안
  만날 거거덩? 나는 나 혼자거덩? 내가 이제 늙었거덩? 누가 지보러 늙으래!
- 현: 언니, 이거 '찌끄러기'는 어디다 버릴까?
- 정: 찌끄러기? 내가 다 버리는 곳이 있지용. 걱정마시지용. 하하…… 왜 술을
  그렇게 먹어대는데? 술을 먹고, 한 말 또 하고, 한 말 또 하고 하는 사람, 정말
  진절머리가 나. 나 진짜야…… 그래서 우리 엄마하고도 싸움 많이 해(했어).
  우리 엄마도 술 먹으면 어떨 때 한 말 또 하고, 한 말 또 하고, 시팔! 좀 자! 좀!
  열 살까지 나 엄마랑 같이 있었잖아. 우리 엄마도 술 먹으러 댕기는 바람에 미
  쳐 죽어. 그러면 가, 쫓아가.

- 현: 그래도 언니는 알코올중독이 안 돼서 다행이야.
- 정: 내가 그런 거를 배워갖고서 술은 아주 석 잔이면, 석 잔 요것만 마시면, 앉은 자리에서 딱 중단을 하잖아. 아주 질색을 하잖아, 난 아주 우리 엄마한테 질려갖고…….

내가 그릇들을 정리하는 동안 김정자는 선반에서 컵을 내렸다. 좀 전에 타준 커피가 그대로인데 그녀는 나를 위해 새로 커피를 탔다. 우리는 다시 작은 상을 마주하고 앉았다.

- 정: 그 바람에 더 맞았지, 엄마가 그 새끼한테……. (의붓아버지가 엄마를) 때리면은 막 대들어갖고, 내가 왜 때리냐고 (의붓아버지를) 잡아댕기면 (의붓아버지가) 언니도 한 대 때리고……. 그 남자한테 얻어맞을 때 엄마 한마디도 못하고 맞았어. 우리가 달려들어서 말렸지만…… 왜 때리냐! 우리 엄마! 우리 엄마가 그랬어. 뚜들겨 패면 그냥 맞아. 그리고 그 자리에 쓰러져 자. 그냥 쓰러져 자는 게 아냐. 기운에 못 이겨서 쓰러져 자는 거여. 그러면 자는 거 그냥 내비두냐고. (의붓아버지가) 발길로 막 차는 거지. 그럼 내가 막 소리 지르고, 왜 때리냐고, 니가 먹이기를 잘했냐? 입히기를 잘했냐? 왜 때려! 왜 때려! 내가 막 소릴 지르는 거지. 저 쌍년! 죽여버린다고, 각목 들고 나오지. (의붓아버지가) 목수여서 이런 장작들이 많아. 난 그러고 살았어. 나 살아온 거 책으로 쓸려면, 진짜야, 말도 못 해, 난. 내 살아온 거, 기맥혀…….
- 현: 근데 명자 언니도 술 드셔서는 막 그러시지만 그날 딱 봤는데 너무 예의 바르시고 조용하시고…….
- 정: 똑같애, 우리 엄마랑.
- 현: 그럼 언니는 아빠 닮은 거네?

- 정: 난 아버지 성격! 완전히!

- 현: 어머니는 인텔리셨다며? 공부도 많이 하시고?

- 정: 옛날에 고등학교 나왔대, 우리 엄마. 불쌍해……. 우리 엄마네 집에서 반대를 많이 했었어, 우리 아버지를. 그래갖고 거기서 군대를 간 거지. (우리 아버지) 헌병한테 끌려가서 맞아 죽었다고 했거덩, 우리 이모는. 자기가 (아버지가) 다락 속에 있는 걸 헌병이 찾아왔길래 헌병한테 말해서 끌려가서……. 6·25때 쯤 돼서 나를 낳고 얼마 안 돼서 아버지가 나를 낳(았)다고 하니까 보러 와서, 안 간다 해서 탈영병이 됐다구. 헌병이 찾아온 걸 가르쳐줬대, 다락 속에 숨었다고. 그래서 바로 끌려가서 맞아서 죽었다고 했어. 그런데 나는 어디 가서 아버지를 집어넣으면 피 토해서 죽었다고 나와. 피를 토하고, 맞아갖고, 군대에서 맞아서 죽었대, 피 토하고……. 우리 이모가 그러더라구.

- 현: 어디 가서 뗐는데 그런 게 나와?

- 정: 점쟁이한테 집어넣으면 다 그런 데(그렇게) 나오더라구.

- 현: 아아…….

- 정: 근데 나를 그냥 내비뒀으면 괜찮았어, 고아원에 가서 버렸을 때. 외국 사람이 나를 데려갔대, 부잣집에. 무슨 군장교래나봐. 근데 업고 있더래. 식모들도 많더래. 그럼 거기서 찾아오지를 말아야지. 자기네들이 버려놓고, 그 고아원 3일 돼서 엄마랑 외할머니랑 가보니까는 내가 없대. 그래서 그 원장한테 어디 갔냐고 그러니까는 남의 집 딸로 들어갔다고. 그래서 그 집을 외할머니가 가르쳐달라고. 그래서 막 울면서 그 집에 가서 한 보름을 빌었대, 나 달라고. 업고서 있더래, 주인이. (주인은 나를) 업고 있고, 식모들이 왔다 갔다 왔다 갔다 하고. 내비두지. 그럼 내가 이 꼴 안 됐잖어. 보름 동안 빌어가면서…… 할머니랑 엄마랑 빌어가면서 찾아왔대, 나를. 우리 엄마도 살아온 생활이 굉장히 힘들어, 미군부대에서……. 그건 내가 생각나. 다섯 살, 여섯 살쯤 돼갖고, 엄마

가 양키 물건 장사, 거기 부평의 양색시들 있는 데서 물건 받아다가 팔다가…… 그거 (단속반에) 걸리면은 이런 지하실이 있어, 방바닥에. 그럼 문을 열어. 그 뒤에를(그 방바닥 밑에 공간에) 군대 침대 있지?

- 현: 응응.

- 정: 국방색 된 거, 그걸 깔아두고, 거기에들 아가씨들이 와서 다 숨어 있는 거야. 지금 생각하면 나이 어린 사람, 나이 많은 아줌마들, 다 거기 들어가서 숨었어. 거기다가 양키 물건 팔러 댕기는 우리 엄마까지 들어가 숨어 있는 거지. 그러다가 그게 갔다 그러면 또 나오는 거지. 그래서 그런 생활을 엄마가 살고, 안 해본 짓이 없으니까는, 고만 좀 그러고 댕기라고 이모가 (의붓아버지를 소개)해준 것이지만은…… 내 생각엔 왜 좀 더 알아보고 소개하지, 왜 그런 사람이냐…….

- 현: 그러게…….

김정자가 돌아앉았더니 서랍에서 돋보기와 전화번호부를 꺼냈다. 한참 수첩을 뒤적이다가 의붓오빠에게 전화를 걸었다. 어색한 인사가 오가고 나서 그녀는 그에게 엄마가 살았던 동네에 대해 물었다. 대화가 쉽지 않은 것 같았다. 그녀가 연신 인상을 찌푸렸다.

김명자를 찾고 있었던 몇 년 전, 김정자는 의붓오빠의 이름만 가지고 전화국을 통해 그의 전화번호를 알아낸 적이 있다. 그 긴 세월 동안 그들의 이름을 어떻게 기억하고 있었는지 묻자, 그녀는 울먹이며 "그들의 이름은 절대 잊을 수 없었다"라고 말했다. 그 후 잊고 지냈는데 어머니의 기일과 유골 뿌린 장소를 묻기 위해 어쩔 수 없이 다시 전화를 걸게 된 것이다. 전화를 끊자마자 그녀는 담배부터 찾았다.

- 정: 우리 엄마가 어떻게 죽은 걸 내가 알을까봐 그 동네가 없어졌다, 그러는 거 같애. 다 죽었다, 그러고. 지금 그러네. 그 동네가 왜 다 없어지고 다 죽어? 그걸 안 가르쳐주려고⋯⋯. 내가 (엄마) 사진 가져가서 다 물어볼 껀데⋯⋯. 두 부부가 어떻게 살았습니까? 다 물어볼 건데⋯⋯. 비참하게 죽은 거 같애, 우리 엄마⋯⋯. 엄마 시영동생[친동생은 아니지만 의(義)로 맺은 동생]이 이모한테 얘기를 하더래. 그 남자는 일 나가고 누구 하나 와서 밥 한 끼도 안 해줬대, 아파 누워 있는데. 그 남자가 일 갔다 왔는데 엄마는 벌써 이렇게 쪼그리고 죽었다고 그러더라구. 우리 엄마가 어떻게 알뜰하게 살았냐면, 난 아직도 안 잊어버려. 쌀바가지에 (쌀을) 뜨잖아? 그럼 한 주먹씩 다른 항아리에 부어. 오늘 아침거리 중에 한 주먹, 그걸 모여. 그리고 이 의붓아버지한테 쌀 없다고 그러고 쌀값을 받고, 모은 건 자식들한테 쓰고. (밥할 땐) 밑에다 보리를 얹어. 밑에는 깡보리밥이야. 그리고 위에 요만큼만 쌀을 얹어. 고거는 의붓아버지, 아들들, 둘 다 퍼주고, 그 나머지는 대소쿠리에다가 쓱쓱 담아서 놔둬, 우리 먹으라고. 우리는 보리밥만 먹는 거지. 지금은 가만히 생각해보면 그게 전부 다 내가 박복하고⋯⋯ 내가 살아온 게 너무나⋯⋯ 엄마가 그냥 나 데리고 시집만 안 갔

어도, 나 데리고 그냥 양키 물건 장사나 하고 그냥 살았으면, 우리 형제도 이렇게 안 됐고…… 난 어떨 땐 우리 엄마 많이 원망해. 시집만 안 갔어도, 언니도 의붓아버지한테 머리를 빡빡 깎여서 내쫓기지 않았고, 나 역시도 몸 뺏겨서 나오지 않았고. 그거를 생각해보면 어떨 땐 미워, 엄마가, 진짜…….

김정자의 눈에 눈물이 고이더니 이내 흐느끼기 시작했다. 하지만 그녀는 곧 마음을 진정시켰고 손바닥으로 쓱쓱 눈가를 훔치며 이야기를 이어나갔다.

- 정: 흑흑…… 하늘이나 알고 땅이나 알지 아무도 몰라. 내가 집을 나와갖구, 그 개새끼 때문에…… 의붓아버지 새끼 때문에……. 내 몸만 안 건드렸으면은 아마 거기 그냥 살았을 거야, 그 의붓아버지 밑에서. 너, 엄마한테 얘기하면 죽여버린다구.
- 현: 미친 새끼! 죽일 놈!
- 정: 니네 엄마 지금 (나랑) 사는데, 너 데리고 당장 나가면 뭘 먹고 살 거냐고. 어린 마음에 무서웠지. 나는 어린 마음으로 우리 엄마가 양키 물건 장사 하면서 도망 댕기는 걸 굉장히 무서워했었어. (엄마가) 그 물건을 가지고 숨잖어, 뺏길까봐. 지금은 이런 뭐 수입 코너가 있지만, 옛날에는 그게 없었어. 양키 물건 장사, 잡혀가면서 장사를 했지. (엄마는) 그게 싫었기 때문에 이 남자한테 시집가는 걸로……. (의붓아버지가) 니네 엄마 또 너 데리고 그런 장사 하면 좋으냐고. 그러면 그게 겁이 난 거지. 지금 같으면, 아, 괜찮다고, 뭐 어떠냐? 이럴 건데……. 그래, 또 우리 엄마가 양키 물건 장사 하다가 경찰서 가면은…… 경찰서에서 또 하루 이틀 살다 나오면…… 그런 게 싫은 거야, 난.
- 현: 언니, 어머니가 알았어? 의붓아버지하고 의붓오빠들한테 언니가 당한 거 알았어?

- 정: 난중에 알았지. 그러고 나서 (엄마가) 술을 더 먹고 그러다가 돌아가신 거지. 우리 엄마 앉혀놓고 그랬어. 나 서른하난가? 그때 만났을 때, 당신은 남자가 그리워서 시집갔다! 자식들을 위해서 시집 안 갔다! (엄마가) 울더라구, 말도 안 하고……. 내가 지금 몸을 뺏겼다고 그러면 엄마는 나와야 된다! 그런 집에서 그 남자하고 사냐? 난 이해 못 하겠다, 우리 엄마! 근데 나이가 마흔이 들어가고, 내가 나이를 먹어가니까, 아, 우리 엄마가 스물아홉에 시집을 가서, 오십 넘도록 그 집에서 고생을 해서, 이제 나오면은 자식들한테 피해가 갈까봐, 그래서 눌러앉아서 살았나보다…… 이해를 해서 그렇지, 지금도 어떻게 문득문득 미워. 우리 엄마 미워……. 우리 엄마 죽고 났는데, 그 의붓아버지 새끼가 (내가) 의정부 사는 데 왔어, 주민등록 하라고, 나한테.
- 현: 치!
- 정: 얼마? 130만 원 달래, 그 새끼가. 의붓아버지 새끼가 와서, 내가 살아 있을 때 주민등록을 얼른 해가래. 내가 웃었지. 웃으면서 주민등록(증)을 까 보이면서, 김! 정! 자! 내 아버지 김 씨로 했소! 나 필요 없습니다! 내가 언제 정정자로 해달라 그랬어? 엄마 죽었는데 왜 그 집 걸로? 왜 해? 나가라구! 그랬더니 너한테 마지막 얘기할 말이 있대. 무슨 얘기요? 내가 이렇게 서 있고, 그 새끼는 앉았는데, 방문 확 열어놓고, 안집 아줌마 있고, 니가 니 엄마한테 그런 얘기 안 했으면 니네 엄마 빨리 안 죽었대. 그래서, 무슨 얘기? 모른 척하고, 어떤 얘기? (의붓아버지가) 나한테……. 당신한테 당한 거? 왜 얘기 못 해? 당신하고 빨리 헤어지고 나하고 같이 있었어도 우리 엄마 안 죽었어! 당신 밑에서 살다가 죽은 거야! 막말로 당신이 죽였는지도 몰라! 꽃가마? 꽃가마 같은 소리 하고 있네. 누가 그래? (엄마 장례식을) 꽃가마로 했다고? (의붓아버지가) 절에다 모셨는데……. 절에다 모셨는지 안 모셨는지 가봐야 알아. 몰라, 지금은! 그러고 났는데 가더라구. 가거나 말거나 내버려뒀어. 그러고 한 달 만에 죽은 거야,

그 큰아들 (집) 골방에서. 우리 엄마 스물아홉에 그 집에 시집가서 쉰아홉에 죽은 거야. 우리 엄마는 환갑도 못 하고…… 불쌍한 우리 엄마만 외롭게 죽은 거지, 고생만 신나게 하고. (이모가) 난중에 알았으면 이혼을 시켜야지. 언니, 여기서 있지 말고 그냥 가자고 하고 데리고 왔어야지. 참고 살으라고 해갖고서 참고 산 사람이나, 참으라고 하는 사람이나…… 그걸 눈으로 다 보면서도……. 엄마 뿌린 데 가서 하얀 꽃이나 좀 사다가 던지고, 그러고서 엄마, 우리 왔어요, 언니랑 같이 왔다고 인사하고……. 그 자리를 알아두면 또 갈 수 있으니까. 엄마 보고 와서, 용주골부터 쭉 다니자!

- 현: 응, 그러자! 근데 우리가 다녀야 하는 데가 거리가 멀어서, 언니 다리가 정말 걱정이야.

김정자는 손을 휘휘 내젓더니 서랍에서 압박붕대 두 개를 꺼내 무릎에 두르는 시늉을 했다.

- 정: 이거 하면 돼!
- 현: 내가 언니랑 다녀봐서 아는데, 이거 하고 가도 다리 절뚝이더라고. 언니 다리가 괜찮을까, 내가 지금 걱정이야.
- 정: 오늘 저기 가갖고서 약을 탈게, 내가.
- 현: 응.
- 정: 너 몇 시에 갈 건데?
- 현: 병원 어딘데? 여기서 멀어?
- 정: 여기! 바로!
- 현: 내가 병원에 데려다줄게. 그래도 이렇게 다니고 나면 언니 무릎이 정상이 아닐 거 같아.

- 정: 괜찮아. 그렇게 돌아댕거야 돼, 우리. (증언록) 저거 다 할 때까지는 무릎이 아플 요량[각오]해야 돼. 용주골, 문산은, 거기는 금방금방 할 거야. 다 할 수 있을 것 같애, 나는. 용주골이 지금 많이 없어졌어. 그런데도 고런 데는…… 전번에 누구 땜에 용주골을 내가 갔는데? 그 집단['조마마상 클럽'과 '포주집' 집결지] 안은 그대로 있더라구. 여기가 한국호라[술을 판매하는 성매매업소. 홀(hall)의 일본어 발음인 호르에서 유래된 말]면, 이쪽에 집단이 있어. 고기는 있더라구. 문산도 만남의광장 못 미쳐서 시골 동네 있잖어? 거기도 있더라구. 거기 두 군데하고, 그러고서 의정부 오면 되지. 만약에 시간이 있다면, 의정부 와서 만가대하고 뺏벌하구. 그렇게 두 군데 가면 되지. 나는 될 것 같애. 동두천은 거기가 거기니까. 군산 '(아메리칸) 타운'하고, 왜관하고, 부산 하야리아 부대하고…….
- 현: 쉬면서 해야 돼. 안 그러면 언니 정말 쓰러진다.
- 정: 하여튼 우리가 하기만 하면 돼!
- 현: 못 찾진 않겠지?
- 정: 찾기는 찾어, 내가. 그런데 많이 없어졌을 거야. 사람도 없구. 대춧벌도 금방 찾더라구, 부대 앞이니까. 그리고 사진 찍고. (내가 살던 기지촌을) 차례대로 하자. 안 그러면 뒤죽박죽될 것 같애.
- 현: 그럼 언니, 지금 병원 가자. 병원 안 닫았어?
- 정: 어, 안직 안 닫었어.
- 현: 얼른 가자!

우리는 병원에 가기 위해 서둘러 그녀의 집을 나섰다.

" 아버지가 나를 빼앗을려 그래서 "

엄마를 만나러 가는 길

첫 증언 여행을 떠나는 날 아침, 김정자는 한껏 멋을 내고 나타났다. 그녀의
두 손에는 무거워 보이는 보따리들이 잔뜩 들려 있었다. 앞으로 2박 3일간 내가
먹게 될 김치와 떡, 과자들이 분명했다. 나는 뛰어가 보따리들을 받아들고 차에
실었다.

- 현: 어서 와, 언니. 염색했네?
- 정: 어. 히히.
- 현: 갑시다. 수고하셨습니다!
- 정: 하하하하. 수고는 니가 하지, 내가 해? 하하.
- 현: 헤헤헤. 명자 언니는 술 좀 깨셨나요?
- 정: 깼겠지, 자니까. 자라고 내가 해긴 했는데, 잘지 안 잘지는 그것이 알고 싶
  다지. 근데 이거는 언제 먹었던 거야?

- 현: 내가 휴게소에서 버릴게. 근데 언니한테도 언니라고 하고, 명자 언니한테
  도 언니라고 하면, 명자 언니가 이상하게 생각하실까?
- 정: 아니야, 그럼 좋아해.
- 현: 내 언니의 언니니까, 언니지 뭐.
- 정: 하하. 큰언니지 뭐.
- 현: 응, 큰언니.
- 정: (의붓오빠) 그 남자는 왜 날 안 만날려고 그럴까? 전화가 왔어, 어제, 언제
  내려오냐고. (그래서 내가) 오늘 못 갈 것 같다고, 내일 낮에는 도착한다구, 여
  수를 거쳐서 언니를 모시고 가야 된다고 내가 그랬어. 그랬더니 나보고 오늘밤
  에 시간이 없는데 (하길래) 왜요? 그러니까 내일 자기가 서울을 간대. 아들 집
  에서 내일 자고 모레 병원에 들렀다 오는 거래. 엄마 돌아가신 날짜 알려줄까?
  그래서 네, 그러니까, 1983년도 11월 6일날 돌아갔대. 낮 두 시에 돌아가셨대.
  그 대신 (엄마 유골을) 엇따 뿌렸는지만 확실히 알려달라고 하니까, 동해 바다
  에 배 타고 중간쯤 돼서 뿌려줬다고 하더라구, 속초에……. (우리 꽃은) 동해
  바다면 아무 데나 뿌리면 되지…….
- 현: 응…….

김정자는 김명자와 함께 지내면서 내가 힘들어질까봐 벌써부터 걱정이었
다. 김명자가 술을 마시려고 할 때 그녀를 어떻게 말릴지, 이것저것 작전을 짰
다. 그러다가 김명자가 살아온 기막힌 세월에 대해 긴 이야기를 시작했다.

김정자에게 여수까지 한 시간 남았다고 알리자 그녀는 김명자에게 전화를 걸
었다. "한 시간 쪼끔 넘으면 도착할지 몰라." 하지만 대화는 더 이상 진행되지 않
았고, 그녀는 전화를 끊자마자 담배부터 물었다. 속상한 표정이었다.

- 정: 오질 말래. 또 먹었어. 저러다 쓰러지면, 지 무덤 지가 빨리 파는 거야. 어쩔 거야…… 아휴…….
- 현: 아이구…….
- 정: …….
- 현: 언니 애기였을 때 얼마나 명랑하고 귀엽고 그랬을까? 언니를 이렇게 보면 상상이 돼.
- 정: 내가 살아온 게 너무 험악하게 살아서 성질이 그렇게 되더라구. 내가 이래야지 여기서 살아남겠다는 거를 생각하니까, 사람이 독종이 되더라구. 하지만 그런 독종이 누가 배고픈 거를 보지를 못하는 거지. 내가 나를 보는 거지. 나도 저랬었는데…… 나도 저렇게 안 먹고 그랬는데…… 저거 얼마나 갖고 싶었을까…….
- 현: 그건 독종이 아니지.
- 정: 그런 거는 내가 사주고 싶더라구.

　해질녘 우리는 김명자의 동네에 도착했다. 그러나 김명자가 전화를 받지 않았다. 일부러 받지 않는지, 술을 너무 많이 마셔서 무슨 문제라도 생긴 것은 아닌지, 이런저런 걱정을 하다가 우리는 그냥 김명자의 집을 찾아나섰다. 나는 처음 온 길이고, 김정자는 몇 년 전에 단 한 번 와봤을 뿐이었다. 일단 차에서 내렸지만 우리는 어느 쪽으로 가야 할지 막막했다. 김정자는 연신 주위를 두리번거렸다.

- 정: 무서운 동네야…… 이 동네가 기지촌 동네 같애. 아니면 한국호러스 동네 같애.
- 현: 여기가 바로 항구잖아? 위치가 그런 거 같아.

- 정: 여기, 버스 정거장이 어딨어? 여기? 마트는 어딨지?
- 현: 여기야?
- 정: 아니야. 저기 같다. 여기 넓은데…… 여기 들어가는 골목이 있나? 저기!
- 현: 여기?
- 정: 맞어! 맞어!
- 현: 어…… 여기 사서? 아이고…… 여기 사서?

김정자는 이제야 기억이 난다는 듯 앞장서서 걸었고 나는 말없이 그 뒤를 따랐다. 그녀는 집들이 거의 허물어져 있는 판자촌으로 들어갔고 다 쓰러져가는 어느 집 앞에 멈춰 섰다. 도저히 사람이 살고 있을 것 같지 않은 곳이었다. 문을 두드려도 인기척은 없었고, 열어보려 해도 안으로 잠겨 있었다. 우린 어쩔 줄 모르고 집 앞을 서성거렸다.

문을 이리저리 살펴보던 김정자가 깨진 유리창 사이로 아슬아슬하게 손을 넣어 문을 열었다. 그녀를 따라 집 안에 들어가니 부엌이 나오고, 그 안쪽으로 작은 방이 하나 딸려 있었다. 그 방 구석에 김명자가 웅크리고 누워 있는 것이 보였다. 김정자는 방으로 들어가 김명자를 흔들어 깨웠고, 나는 그런 그녀들을 바라보며 부엌에 서 있었다.

- 정: 언니…… 언니……. 나야, 정자.
- 명: 왜에? 살기가 싫어…….
- 정: 알어……. 언니랑 나랑 엄마한테 가자는 게 아냐. 언니랑 나랑 여행이 처음이자 마지막일 수 있잖아. 그래도 엄마 사진 딱 갖다 걸어놨네? 우리 선생님 나갔나?
- 현: 안녕하세요?

- 정: 어서 들어오세요.

- 명: 아니, 선생님도 왔나?

- 정: 그래! 우리 여관도 다 잡아놨어!

- 현: 안녕하세요? 정자 언니가 언니랑 같이 여행하신다고…….

- 명: 아, 네……. 날도 더운데…….

- 현: 숙소도 다 잡아놓으시고, 언니 모시고 고기 드시러 가신다고 저를 끌고 오
  셨어요. 그때 병원에서 뵀을 때보다 많이 마르셨어요.

- 정: 많이 말랐지?

- 현: 응……. 명자 언니 만나면 드린다고 옷에, 신발에, 세트로 선물을 사서 오
  셨어요.

- 명: 오신 것만 해도 고맙네요.

- 현: 어디 편찮으신 거 아니에요?

- 정: 밥도 안 먹고, 맨날 술만 마셔서 그렇지 뭐.

- 명: 제가 마음이 안 좋거든요……. 아니, 애, 내 동생 맞아요? 아줌마? 하하하.

- 정: 아이 참, 하하하.

- 현: 하하하하.

- 정: 일어나서 신어봐봐.

- 명: 예쁜 신발 샀네.

- 현: 예쁘네요.

- 정: 그리구 이거, 추우니까 이 잠바를 입든지.

- 현: 아유, 이뻐라. 하하하. 어머!

- 정: 아니면 티셔츠에다가 가디건을 입든지.

- 명: 아이구……. 아니, 야! 이 기지배야! 늙은 내가 이딴 거를…….

- 정: 다 입어! 다 입어, 언니! 참!

- 현: 어울려요, 어울려. 젊어 보이시네.

- 정: 일어나, 청바지도 입고. 일어나지도 못 하는 거 봐, 기운이 없어서……. 술만 먹고, 밥도 안 먹어서…….

- 현: 넘어지실 거 같아. 잘 잡아드려야 할 거 같아.

- 정: 방문 닫아야지.

- 명: 열어놔! 쥐가 왔다 갔다 해야 돼. 닫으면 안 나온다아이가.

- 정: 못살아, 진짜…….

- 현: 조심해서 걸으셔야 돼요.

　　김명자는 심하게 비틀거렸다. 김명자가 넘어질까봐 잔뜩 힘을 줘 부축하는 바람에 우리도 덩달아 함께 비틀거렸다. 김명자를 차에 태우느라 한바탕 소동을 벌이고 나서야 겨우 출발할 수 있었다.

- 정: 조심해! 문 닫는다!

- 현: 시장하실까봐, 요 근처에서 식사를 하시고…….

- 명: 안 먹어!

- 현: 저희도 배가 고파가지고…….

- 명: 예예. 선생님은 드세요. 전 별로…….

- 정: 별로고 뭐고 먹어야 되거든요?

- 현: 명자 언니, 뭐 좋아하세요?

- 정: 고기! 고기!

- 현: 어, 그럼 가는 길로 가면서…….

- 명: 난 엄마가 참 밉거든…….

- 정: 누구는 이뻐? 나는 엄마 예뻐? 나 열네 살에 뛰쳐나와갖구…… 나는 엄마

이뻐? 난 그래서 한 번도 안 갔어. 처음으로 찾는 거지. 안 갔어, 나는, 그 집
도…… 난 안 갔다고……. 난 아홉 살에 그 집 가서, 5년 살다가 뛰쳐나와갖
고, 내가 다니면서 살았어. 내가 다니면서 밥 먹구, 난 그러고서 살아왔어, 육
십 둘이 되도록……. (엄마가 아버지를) 배신한 거 아냐. 아버지 죽고 나서 나
하나 데리구 아홉 살까지…… (엄마가) 견디다 못해서 시집을 간 거 아냐?

- 명: 아니, 의붓아버지가…….
- 정: 말도 꺼내지 마! 그 인간들! 안 만나!
- 명: 아니, 그 아들 둘…….
- 정: 안 만나, 난! 그 사람들!
- 명: 안 당했냐? 니?
- 정: 당했지!
- 명: 누가! 누구한테!
- 정: 세 놈들한테 다. 그래서 뛰쳐나왔지. 난 당했어…….
- 명: 개새끼들이네!
- 정: 그래서 안 봐. 보기 싫어, 나도…….
- 명: 진짜 난 네가 당했다는 걸 생각하면…… 치가 떨리구만! 난 당하진 않았지
  만…….
- 정: 언니는 열여섯 살이니까, 다 컸기 땜에 건드리지를 못한 거야.
- 명: 그랬겠지…….
- 정: 나는 열두 살, 열세 살, 열네 살까지도…… 그렇게 치근거려 내가 난중에
  참다 참다 못해서 뛰쳐나온 거야!

김정자가 숨죽여 울기 시작했다. 김명자는 더 이상 말을 잇지 못하고 어두운
창밖만 바라보고 있었다. 우리는 한동안 아무 말도 할 수 없었다.

저녁 식사를 하면서 김명자가 술을 마시겠다고 역정을 냈고 그런 김명자를 말리다 김정자는 결국 웃음을 터뜨렸다. 그녀를 따라 김명자와 나도 소리 내어 함께 웃었다. 그렇게 웃고 나서야 우리는 다시 이야기를 이어갈 수 있었다.

- 현: 명자 언니한테 전화를 했다가 전화를 안 받으시잖아요?
- 명: 예.
- 현: 그럼 직장에서도 언니가 일이 손에 잡히질 않아가지고…….
- 명: 헤헤헤.
- 현: 불안해가지고, 이게 무슨 일일까? 이게 무슨 일일까? 그렇게 그러세요.
- 명: 전화기를 내가 빼버렸어.
- 정: 하하.
- 현: 명자 언니가 병원에 입원해 계시는 바람에 연락이 안 될 때에도…….
- 명: 그랬어?
- 현: 전화 안 받는다고 울고불고 그러셨어요. 누가 그러겠어요? 혈육이니까 그러지.
- 명: 네에, 맞아요.
- 정: 그래도 나보고, 어떨 땐 화나면, 징글징글하니까 전화도 하지 말고. 내가 뭘 잘못해서?
- 현: 그래도 이번에 여행을 하고 나시면 달라지실 것 같은데요? 헤헤.
- 정: 히히히.
- 명: 근데 귀찮을 때 많아.
- 정: 하하하.
- 현: 하하하하하.
- 명: 가시나가 뭐 이런 게 있나? 내 동생한테는 그렇게 할 수 없잖아. 좋다 싫다

해도 이 세상에 하나밖에 없는 내 동생이고⋯⋯. 나 혼자서 많이 울어, 내가 그러면 안 되는데⋯⋯ 이러면 안 되는데⋯⋯. 아빠 생각하고 지 생각하면서 많이 울어요. 아빠한테 잘못했다, 하고, 내가 언니 노릇 못 해서 미안하다, 하고⋯⋯.

밤늦게 백암온천에 도착했다. 체크인을 하는 동안 김정자와 김명자는 말다툼을 했다. 대화 내용은 잘 들리지 않았는데, 술을 사달라는 김명자를 김정자가 달래고 있는 게 분명했다. 그날 밤 김명자는 결국 맥주 한 병을 더 마시고서야 자리에 누웠다. 김명자가 잠에 든 것을 확인하고 우리도 잠자리에 들 수 있었다.

다음날 아침 우리는 함께 온천탕에 갔고 상쾌한 기분으로 아침 식사도 했다. 그리고 그녀들의 엄마를 찾아 속초로 출발했다.

- 현: 콜라 있습니다! 헤헤.
- 명: 네, 고맙습니다.
- 현: 근데 하룻밤 사이에 너무 미인이 되셨어요. 인물이 그냥 두 분 다 확 사시네. 하하하.
- 정, 명: 하하하하.
- 현: 아휴, 예쁘다!
- 정: 응⋯⋯.
- 현: 명자 언니는 이런 산을 좋아하시는 거죠?
- 명: 네!
- 정: 나는 화장해갖고 그냥 강에다 뿌려줘, 물로⋯⋯.
- 현: 알았어⋯⋯.
- 명: 난 강 싫다! 산에다 뿌려줘!

- 정: 난 바다 같은 데가 좋아!

- 현: 아니, 그러니까, 산에도 뿌려드리고 바다에도 뿌려드리고 할 테니까, 건강하게 오래들 사시라고요. 일단 뿌려드리는 건 나중 일이고, 내가 알았으니까 그거는. 하하하하하.

- 정: 응, 하하하.

- 현: 정자 언니, 담배 좀 그만 피고!

- 정: 그만 피고!

- 현: 응!

- 정: 하하하. 이제 눈에 불을 키고 또 못 피게 할 거야. (명자) 언니를 만나고 그러니까는 내가 봐주는데 계속 피시면 알죠? 이러는 거야.

- 현: 건강 신경 안 쓰시면 제가 잔소리를 많이 해요.

- 명: 해야 돼!

- 정: 이 잡아먹게 해['심하게 한다'는 의미의 말]. 하는 것도 어느 정도지, 잔소리 그냥 하면 내가 안 들으니까 얼굴이 시뻘개져서, 그러면 괜히 내가 애 잡잖어, 내가 담배 피려다가. 그래서 알았다고, 안 핀다고. 하하하.

- 현: 하하하하.

- 정: 가다 보면 꽃 파는 데 없나? 국화꽃 좀 조금씩 사게……

- 현: ○마트! 거기서 명자 언니 가방이랑 신발이랑……. 어떤 걸 좋아하시는지 모르니까 가서 고르면 되지, 신어보고.

- 명: 네.

- 현: 그리고 거기서 꽃도 사고…….

- 정: 어.

- 현: 여기 너무 멋있다. 너무 좋다.

- 정: 우린 시골에서 와서 이런 바다를 보면 좋아해.

날씨가 맑았다. 그녀들은 햇볕이 쏟아지는 동해 바다를 넋을 잃고 바라보았다. 하룻밤 사이에 김명자는 말끔하게 딴 사람이 되어 있었고, 김정자는 그런 언니를 볼 때마다 무척 흐뭇해 했다. 우린 모두 웃고 있었다.

- 정: 엄마가 살던 데는, 이모랑 찍은 사진을 보니까 아주 시골이더라구. 난 지금 생각해두 웃겨. 그 동네 다 없어지구, 그 동네 사람들 다 죽었다구? 거기 속초 있는 데만 폭탄이 떨어졌나봐? 자기가 열일곱 살인가 열 몇 살에 나한테 그렇게 하고, 나를 이 나이에 만나도 (그 남자는) 지금까지 기억을 다 하니까, 나를 보기 민망할 거여, 나이가 먹었어두. 내 입에서 그 말이 튀어나올까봐 겁나는 거지. 안 보고 싶지, 나를, 얼굴이 두껍지 않은 이상은.
- 현: 미안하다고 사죄를 해야 하는 거 아냐? 그렇게 피하는 게 아니라?
- 정: 그럼!
- 현: 만약에 정자 언니는 오늘 그 남자를 만나면 어떻게 하려고 그랬어?
- 정: 만나면은, 얼마나 그 지랄하고, 얼마나 잘 먹고 살았나, 쌍판대기를 볼라고 그랬어. 니네들이 그렇게 해서 우리들을 버렸지만은, 우리는 이렇게 당신네들 만났다, 이제 이렇게 나이가 먹었어도, 우리 엄마 이렇게 거둘려고 한다, 얘기 하지, 내가. 만나면은 가만 안 두지. 야! 너 젊었을 때 나한테 어떻게 했는지 넌 알지? 그렇게. 지 입에서 무슨 얘기가 나오겠지, 모른다고 하든가. 모른다고 하고도 남을 종자들인데 뭐.

속초 O마트에서 김정자는 김명자의 신발과 가방을 샀다. 나는 국화꽃을 구하지 못하고 대신 카네이션을 샀다. 그렇게 우리는 그녀들의 어머니를 만날 준비를 마치고 어머니가 살던 곳을 찾아 출발했다.

- 현: 이거밖에 없어가지구…… 이거 (카네이션) 샀어.

- 정: 어 됐어! 요거 빼서 던지면 돼.

- 현: (명자 언니) 예쁘다!

- 정: 이거 샀어.

- 현: 바지, 딱 어울린다! 아, 신발 예쁘다! 아니 갑자기 멋쟁이가 되셨네? 어떡하면 좋아?

- 명: 헤헤헤헤.

- 현: 10년은 젊어 보이신다.

- 명: 젊어 보이면 뭐해? 나이 먹은 사람이. 돈 들어가서 어디 쓰겠나?

- 현: 언니 여행 모시고 와서, 동생이 돈 쓰겠다고 지금 모시고 왔는데, 써야죠 뭐. 하하.

- 명: 그래도 내가 지한테 미안타.

- 정: (카네이션) 요것만 뽑고, 언니 두 개, 나 두 개, 현선 선생님 두 개.

- 현: 나도 뿌릴 자격 돼?

- 명: 괜찮아! 너도 해!

- 정: 어버이날 꽃 만들어서 달아주는 거 한 번도 안 달아줘봤어, 난…….

머리가 희끗한 분들만 보이면 김정자는 급히 차를 세우게 했다. 그녀는 모르는 사람들에게 어머니의 사진을 보여주면서, 혹시 이분을 아느냐, 뒤에 있는 언덕이 어딘지 아느냐, 묻곤 했다. 그녀의 사연을 들은 사람들은 조금이라도 돕고 싶어 했다. 처음 듣는 동네와 이름 모를 사람에 대한 이야기들이 쏟아졌다. 그렇게 우리는 속초 시내를 하루 종일 헤맸다.

- 현: 이쪽?

··· 어머니의 유골이 뿌려졌을 것으로 추측되는 바닷가. 카네이션을 들고 선 그녀들은 하염없이 눈물을 흘렸다.

- 정: 그래, 여기다 세워!

- 현: 응.

- 정: 여기 서, 언니. 여기다 뿌리면 내려갈 거야.

- 명: 엄마······.

- 정: 흑흑······.

- 현: 아휴····· 어머니, 편히 쉬세요.

- 정: 아아아아. 엄마! 우리 여기 왔어! 우리 여기 왔다구! 언니랑 나랑! 바람이 많이 불어서 가지도 못했어, (바다) 가운데로······. 우리 잘 살게. 거기서 그냥 편히 있어. 우리 잘 살 거야. 흑흑. 엄마····· 엄마····· 흑흑흑. 엄마····· 엄마도 (명자 언니) 조금씩 술 먹게 해줘. 엄마가 지켜줘, 언니 좀. 내 소원은 그

거뿐이야. 언니 좀 지켜줘, 엄마, 부탁해……. 흑흑흑…… 아아아…….

- 명: …….

- 현: 에휴…… 언니…….

- 정: 미안해…… 일찍 찾아뵙지 못해서, 진짜 미안해……. 미안해, 엄마 …….
또 올게, 엄마……. 우리 갈게요…….

- 현: 아휴…… 아휴…….

주저앉아 울고 있는 김정자를 일으켰다. 바닷가에 서서 한동안 우리 셋은 서
로 부둥켜안고 울었다. 그러고 나서도 김정자는 김명자의 품에 안겨 한참을 흐
느꼈다. 차에 타서도 김정자는 계속 울었다. 김명자는 연신 김정자의 손을 쓰다
듬었고, 김정자는 또 다시 담배를 꺼내들었다.

- 정: 흑흑…… 으흑흑…….

- 현: 울지 마, 언니……. 울지 마…….

- 정: 왜 살아 계실 때 한 번이라도 얼굴을 못 봤을까? 왜 그렇게 미워했을까, 내
가? 왜 엄마랑 한 번도 못 자봤을까, 한 번도? 왜 그렇게 미워했을까, 내가? 돌
아가시고 나서 이렇게 후회해봤자 아무 소용도 없는데…… 흑흑 ……. 그게
그렇게 응어리가 져. 왜 그렇게 미워했는지. 그 남자하고 살았기 때문에 미웠
을 거야, 내가…….

- 현: 그랬을 거야.

- 정: 그래서 안 왔을 거야. 지금도 만약에 엄마가 거기 산다면 안 왔을 거야, 난.
안 왔지! 안 찾고, 죽어서 저승에서 봐야지. 이런 거 보면 언니보덤두 내가 엄
마를 더 미워했어. 내가 얘기를 그렇게 했는데도 거기 붙어사는 게 싫었던 거
지, 난. 한 번 딱 얼굴 보고 안 봤잖아. 그게 후회스러운 거지. 살아 있을 때 한

번만 내 손을 내밀었으면 이렇게까지 가슴이 안 아픈데, 돌아가시고 나서 이렇게 손을 내미는 게 난 너무나 미안해. 난 내가 죄책감을 갖는 거는, 나 땜에 엄마가 빨리 죽은 거 같애. 자식들 걱정하느라고 제대로 눈도 못 감았을 것 같애. 쭈그리고 죽었다고 그 소리 이모한테 들었을 때…… 여자라는 인생이…… 너무나도 어려운 거 같애, 엄마라는 두 이름이……. 인제 후회해봤자 무슨 소용이 있어. 언니도 건강 챙겨. 언니한테 소원은 나 그거야. 그러니까 건강 챙겨서 우리가 사는 데까지는 살았으면 좋겠어, 비참하게 죽지 말고!

　김명자는 말없이 고개만 끄덕였다.

- 정: 내가 몸을…… 그…… 아버지가 나를 빼앗을려 그래서 나간다, 이렇게 (편지를) 써놓고 나왔어. 할머니 돌아가셨을 때, 몸을 재봉틀에 묶어두고 그랬거든. 내가 고거를 써놓고 나왔거든. 그랬는데 (엄마가) 나를 서른 몇 살 딱 만났는데, 모르는 척하더라구. 깜짝 놀라는 척을 하더라구. 그래서 미웠지. 응, 당신이 자식 땜에 시집간 게 아니고 남자에게 미쳐서 갔구나, 이런 생각이 들더라구. 그래서 불쌍한 생각도 안 나더라구. 그 당시엔 싫더라구, 정말로. 할머니 돌아가셨을 때, 내가 (할머니 장례식에) 쫓아간다고 얼마나 매달렸어? 서울 나도 가겠다구. 안 데려간 거지. 그때 데리고만 갔어도, 나 이렇게 안 됐어. 안 데려간 거지. 그 새끼 밥해주고 있으라 그러고 안 데려갔어. 자기만 갔어. 그래서 그렇게 된 거지, 내가. 몸을 망친 거지. 한 번 당했기 때문에 무서우니까는 엄마가 없어진다면 벌써 나는 겁먹는 거지, 나도 데려가달라구. 엄마한테 얘기는 못 하구……. 근데 안 데려가는 거야…….

　김정자가 다시 흐느끼기 시작했다. 그녀들은 담배를 피다가도 번갈아 깊은 한숨을 내쉬었다. 그렇게 한참 시간이 흘렀다.

- 정: 비 올 것 같애……. 슬퍼서 그러나? 그분이?
- 현: 그래도 정자 언니 어머니가 영혼이 있으시면, 언니랑 손잡고 이렇게 와서
  고맙다, 그러셨을 거 같아.
- 정: 그랬겠지…….
- 현: 어머니가, 그래, 너네 둘이 만났구나! 그러셨겠다.
- 정: …….

다음 날 아침 김명자를 배웅하기 위해 우리는 시외버스터미널로 향했다.

- 명: 고맙다! 이번에 니 덕분에 좋은 여행 했다.
- 정: 그래, 언니, 우리 더 잘 살자, 술도 좀 줄이고.
- 현: 명자 언니, 동생이 잔소리한다고 전화 코드를 빼버리면 뭐해요? 그냥 집으
  로 찾아가버리는데?
- 명: 그러게. 하하.
- 정: 연락이 안 되거나 그러면 쫓아갈 거니까는. 전화를 했는데, 또 술을 많이
  잡쉈다, 그럼 동생 잃어버리는 줄 알어, 언니!
- 명: 인제 공갈 하냐? 하하하.

함께 살자는 김정자에게 김명자는 지금 사는 곳이 더 편하다고 했다. 김명자
는 웃는 얼굴로 떠났고, 김정자는 버스가 보이지 않을 때까지 손을 흔들며 서 있
었다. 김정자를 집에 데려다주는 차 안에서 우리의 대화는 계속되었다.

- 정: 기맥히다! 빗방울 떨어지는 것 좀 봐!

- 현: 다행이네. 여행이 딱 끝나니까 비가 오네.

- 정: 응.

- 현: 아휴, 수고했어. 두고두고 잘했다 싶을 거야.

- 정: 그럼!

- 현: 연세 드신 분들은 내일을 모르잖아.

- 정: 자꾸만 그래, 자기가. 난 오래 못 살 거 같다…….

- 현: 명자 언니가 어머니 사셨던 곳 갔다 와서 마음 편안하실걸?

- 정: 그럼! 난 할 만큼 했어. 문 걸어 잠그고 한 병만…….

- 현: 한 병은 너무 과하지!

- 정: 과하긴…….

- 현: 언니! 언닌 내 심정을 알아야 돼! 언니가 명자 언니한테 잔소리하는데 명자
  언니가 됐다, 내가 알아서 한다, 그럼 어때? 마음이?

- 정: 나쁘지. 히히.

- 현: 히히히.

- 정: 거기다 왜 비해? 난 어쩌다 먹잖아. 하하.

- 현: 아니, 거기나 여기나. 하하.

- 정: 거기는 맨날 잡수시고, 난 어쩌다 잡수시고.

- 현: 하하하. 언니, 몸살 안 나면 좋겠다.

- 정: 안 나.

- 현: 근데 너무 울기도 많이 울고……. 갔다 오니까 어때?

- 정: 마음이 후련해, 내가. 왜냐면 동해 바다 가서 소리 질르고 엄마 불러보고
  …… 혼이라도 있으면 들었겠지…….

- 현: 그럼! 그럼!

- 정: 언니까지 데리구 가서…… 혼자 갔었으면 찜찜했을 거야. 비록 걸음도 못
  걷는 언니 데리구 가서……. (버스 기다리면서) 터미널에 앉아서도 (명자 언니
  가) 내가 신세 많이 지고 간다, 미안하다, (내가) 미안할 것 없어, (명자 언니가)
  고맙다, (내가) 고마울 것도 없어, 뭐가 고마워? 내가 만약에 이렇게 있고, 언니
  가 나같이 된다면, 언니는 나 버릴 거야? (명자 언니가) 아니지, (내가) 그런데?
  그랬더니 딴 말 하는 거지. 야, 어디 갔노?
- 현: 하하하.
- 정: 나는 웃음이 나서……. (명자 언니가) 야는 변소칸 와 이렇게 오래 있노? 아
  이구야, 얄궂다. 하하하.
- 현: 나 완전히 찍혔네. 하하하.

　　김정자는 술을 더 마시겠다는 김명자를 말리며 진땀 빼던 우리들의 모습을
떠올리고는 즐거워했다. 그렇게 웃다보니 어느새 김정자의 집 앞에 도착했다.

- 정: 무사히 왔습니다.
- 현: 응. 수고하셨습니다.
- 정: 이 차 덕분에 무사히 왔습니다. 나의 집을 무사히 왔습니다.
- 현: 이 계단 올라갔다 내려갔다 그럴 때 안 미끄러지게 조심해야겠다.
- 정: 응.
- 현: 언니 집은 잘 있었나?
- 정: 잘 있었지.
- 현: 언니는 어떻게 이렇게 맨날 깨끗하게 해놓고 살아?
- 정: 뭐가 맨날 깨끗해?

김정자는 집에 들어가자마자 냉장고 문을 열어젖히고 음식 꾸러미들을 꺼내기 시작했다.

- 현: 언니! 나 한 쪽만 줘. 허…… 언니 그만! 그만! 그만!
- 정: 이거 많은 거 아냐.
- 현: 언니, 이거 다 어떻게 먹어. 안 돼! 안 돼! 안 돼! 안 돼! 그만! 그만 줘!
- 정: 알았어. 불고기 두 개랑…… 이거 다 갖고 가고…….
- 현: 언니, 그만 줘! 안 돼!
- 정: 아, 여기 또 있다니까.
- 현: 아, 못살아.
- 정: 잔뜩 있다니까. 이거 두면 뭐하냐고.
- 현: 이거 언제 다 먹어, 언니.
- 정: 배고플 때 먹어. 많이 먹어. 알았지?
- 현: 하하하. 알았어. 언니 푹 쉬어.
- 정: 어여 가. 수고했다.
- 현: 언니, 전화할게.
- 정: 알았어. 나도 일찍은 못 할 거야. 일어나면 할게.
- 현: 언니, 푹 쉬어. 전화할게.
- 정: 응, 어여 가, 어여 가.

김정자는 내 모습이 보이지 않을 때까지 손을 흔들었다. 내 손에는 그녀가 싸 준 피자 꾸러미들이 들려 있었다.

66 한마디로 우린 노예였어 99

인신매매

본격적인 증언 여행을 앞두고 나는 걱정이 많았다. 김정자가 그 충격을 버텨낼 수 있을지, 그녀를 지켜보는 내가 그 고통을 견뎌낼 수 있을지, 내내 두렵고 불안했다. 그녀의 집 앞에서 크게 심호흡을 한 번 하고 애써 웃는 얼굴로 현관을 들어서는데, 정작 그녀는 아침 식사 준비로 정신이 없었다.

- 현: 안녕하세요?
- 정: 어서 오십시오. 돌풍이 친다, 그리고, 번개가 친다, 그러는데……. 내일모레까지 120미리가 온대.
- 현: 어떻게 해? 일단 지금은 안 치니까…….
- 정: 오늘 오후부터 온대.
- 현: 그러니까…….

김정자를 도와 아침상을 차리고 마주 앉았다.

- 현: 근데 언니, 열네 살에 (집을) 나와가지고 그때 어디를 간 거야?
- 정: 식당 같은 데.
- 현: 어디 식당?
- 정: 서울에 있는 식당.
- 현: 아, 서울에 온 거야?
- 정: 어어.
- 현: 무조건 기차를 타고?
- 정: 어어.
- 현: 천안역에서?
- 정: 어.
- 현: 그래서 서울역에 도착을 한 거야?
- 정: 어, 그래갖고 청량리를 간 거지, (명자) 언니[의붓아버지의 폭력을 피해 가출한 김명자는 청량리588 성매매업소집결지로 인신매매되었다] 그때 만나러. 언니 만나고, 언니가 (동생에게 보이기 창피하니까) 나 놔두고 가버렸어, 청량리에다가. 거기서 나와갖고, 삼각지, 거기 음식집에서 있었지.
- 현: 무슨 음식점?
- 정: 백반 같은 거, 이런 거 팔구…… 여기에 미군부대 있고, 바로 요기! 동네들 많이 있잖어?
- 현: 어, 알아.
- 정: 이렇게 다리 있잖어? 삼각지 다리?
- 현: 어어.
- 정: 거기서 있었지. 배달집 같은 데서 그렇게 있었지.

- 현: 그러다가?

- 정: 도저히 거기서 먹고 재워주기만 하는데 일이 너무 심한 거지. 그래서 도루 집에 간 거지. 집에 가서 걔[김정자를 용주골로 인신매매한 초등학교 동창]를 만나서, 걔랑 겉이 열여섯 살 때 글루 간 거지, 용주골! 그래서 용주골에서 있었지. 그렇게 된 거지.

- 현: 걔랑 같이 용주골 갈 때는 어떻게 갔어? 뭐를 타고?

- 정: 걔가 처음에는 서울역까지 기차로 왔어. 그래서 서울역에서 무슨 뭐 버스가 뭔가 타갖고서 갔는데, 서울역에서 어떻게 갔는지도 몰라, 나는. 버스 타고 갔는데…… 걔만 따라갔지, 그냥…….

- 현: 방직공장이라고?

- 정: 응, 갔지. 거기 저녁때쯤 됐는데, 방직공장은 둘째 쳐놓고, 미군들이 막 쌀라쌀라거리구, 막 댕기구, 이래. 얘, 뭔 방직공장이 이러니? 하니까, 저녁에는 이래도 낮에는 일한다, 그러더라구. 그래서 그런 줄 알았지. 그래서 그냥 걔랑 나랑 여관에서 잤지. 여관에서 자고서 그 집단 안으로 끌고 간 거지, 나를. 집단쟁이들[포주들] 집에 집 남바[number: 번호]가 붙어 있어. 1호실, 2호실, 3호실, 집 남바가 붙어 있어, '포주집'에, 쫙 있는 데, 이렇게 골목에 있는 데……. 그 아줌마[김정자를 인신매매한 '포주집'의 포주]가 젊은 아줌마였을 거야. 내가 제일 서럽고 제일 저거한 게 이눔의 용주골이지, 제일 내가……. 어떻게 천안에서 여까지 기어올라 왔냐구, 그년은.

- 현: 그러면 언니 친구라는 그 사람이 그 '포주집'에 언니를 판 거야?

- 정: 그렇지! 지가 거기 있었지! 나 고향에 가면 고향에 있는 아가씨 데리고 오겠다고 한 거지.

- 현: 그리고 언니는 놓고, 지는 가고?

- 정: 나를 놓고, 지 빚까지 다 나한테 떠밀고, 가버린 거지.

- 현: 언니 친구는 그러고 나서?

- 정: 못 봤지, 내가 천안을 안 갔으니깐. 어디 사는지도 몰르지. 아니면 반벙어리인 데[반벙어리인 부모 집] 들어갔는지도 몰르지.

- 현: 뭐하는 여자였는데? 그 여자는?

- 정: 엄마는 아주 벙어리, 아빠는 반벙어리야. 젤 큰딸이야. 나랑 국민학교 동창이야. 얘가 어느 날 없어졌어. 그래서 나는 집에 있나 해서 집에 가보니까는 집에서 도망갔다 그러더라구, 아버지가. 그런데 얼마쯤 있다가 온 거지. 그래갖구, 아우, 막, 머리도, 막…… 지금 같으면 파마한 거지. 파마하구 막, 루즈도 시뻘겋게 바르고, 히루[하이힐]는 신고, 참 이쁘더라구. 너 어딨니? 방직공장에 있다, 그러더라구. (내가) 나도 집을 뛰쳐나갔다가 이렇게 해서 도루 들어왔다. 그때 들어와갖구 석 달 있었나? 그랬었어. 그러면 자기가 먼저 가갖구서 갔다 올 동안 기달리라구. 그랬더니 가더니 안 오더라구. 그래서 나 안 올 줄 알았지. 그러니까 딱 들어왔어. 그때도 (나는) 이제 막 갈려구 막 폼을 잡았지, 도망갈라구. 또 자꾸만 그 새끼들은 자꾸만 몸은 달라 그러지, 엄마만 어디 가면 저거 하니까……. 그래서 (동네) 아줌마네 집 가서 자구. 엄마가 엄마 갔다 올 때까지 이 집에서 자래요, 그러구 그 집에 가서 피해 있구. 그럼 우리 엄마 갔다 와서 막 쥐패는 거지, 집에서 의붓아버지 밥 해주라니까는 여기에 와서 왜 있냐구. (엄마한테) 많이 맞았어, 난. 그러니까 내가 하는 말이, (엄마가) 모르는 척 했겠지……. 그래서 내가 그랬어, 엄마한테. 자식 바라고 시집간 게 아니구, 당신! 남자가 그리워서 갔다, 난 그렇게 생각한다, 잘됐네요, 자기가 데리고 들어간 자식들 전부 갈보생활이나 하구, 하나, 양갈보! 하나, 똥갈보! 울기만 하드라구, 고개 숙이구. 으휴…… 기도 안 차!

- 현: 그 언니 동창이라는 그 인간은 그렇게 친구한테 해놓고서 다리 뻗고 살았을까?

- 정: 나는 나 그렇게 보내구서 돈 받아갔을 것 같애. 그리구 맨날같이 집에다가 맨날 돈을 붙여줬어. 걔가 큰딸이구, 밑으로 동생이 넷이나 있구, 걔 엄마, 아버지는 벙어리라 아무 일도 못 잡고 있구, 그러니까는 걔가 벌어서 줬으니까는…… 돈 때문에도 그랬을지도 몰라.

- 현: 세상에…… 자기 식구 먹여 살리자고…… 어휴…….

- 정: 거기서 그래도 도망 나왔는데 또 걸렸지. 디지게 맞았지.

- 현: 어디서 도망 나오다가?

- 정: 거기 '조마마상 클럽'에서.

- 현: 도망 나왔어?

- 정: 도망 나왔었지, 나. 그 골목에서 잡힌 거지.

- 현: 얼마 도망치지 못하고 바로 잡혔네?

- 정: 응응.

- 현: 그날 도망간 거야?

- 정: 아니야, 한 이틀인가 3일 있다가. 거기서 여자 하나가 도망가라고 그러더라구. 죽어도 그 여자 도망가라는 말 안 했다고 그랬어, 내가. 그럼 걔는 더 죽어, 반은.

- 현: 그렇지!

- 정: (포주가) 도망갈라고 어떻게 맘을 먹었냐? 너 이 집에서 누가 시켰냐? (내가) 아니라구. 그럼 어떻게 갈려고 그랬냐? 돈 어서 났냐? 너 돈 하나도 없었는데? 미군이 줬다. 니가 언제 미군한테 받았냐? 클럽에 가서, 헤이! 헝그리! 내가, 나 배고프다, 밥 먹게 돈, 머니머니! 그러니까는 주더라. 그러니까는 어! 그때는 곧이든더라구, 그 말을. 그랬더니 그 언니가 맘이 조마조마해서 혼났대. 그 다음부터는 그 언니도 도망가라는 얘기 안 하더라구. (포주가) 나를 데리고, 한 번만 더 도망가면 섬으로 끌고 가서 죽여버린대, 날. 너까짓 거 하나 죽이는

거는 눈 껌뻑할 때 죽일 수가 있대. 아아, 무섭잖어. 아유, 아니다, 얼마 가지도 못해 잡힐 걸……. 누가 내 뒤에 쫓아온다는 걸 생각조차도 안 한 거지, 난.

- 현: 그렇지. 그렇지.

- 정: 그래서 그놈 얼굴을 본 거지. 두 사람은 내가 알어. 한 사람은 몰랐던 거야, 얼굴을. 처음 아가씨를 데리고 오면은 한 사람을 안 비여, 얼굴을. 그런데 거기서 오래 있다 보면은, 아, 얘가 도망가지 않겠다, 하면, 그땐 세 명 전부 다 얼굴을 볼 수가 있지. 디지게 맞었지. 발로 막 짓이기더라구. 그래도 여기는 팔아먹게, 여기 얼굴은 안 때리더라, 발로 막 짓이겨도……. 때리는 방식도 알던데? 그러구서 파스 사다가 붙여주고. 내가 너 잘 되라구 때리는 거라구, 남의 돈을 빚을 졌으면 갚고 가야지 정상이 아니냐? (내가) 네, 알았어요. (포주가) 너 (도망가려고 해도) 이렇게 잡혀오니까 또 (도망) 못 간다! 그때는 도망갈 생각을 아예 안 한 거지, 무서워서.

- 현: '조마마상 클럽' 그 여자가 그런 거야?

- 정: 아니, '조마마상 클럽'은 클럽만 해는 거야. 그쪽 뒤로 포주들이 다 있잖어, 각자 포주들이. 그 집 아가씨들은 전부 '조마마상 클럽'을 나가는 거지. '포주 집'이지. '조마마상 클럽'은 그냥 클럽만, 우리가 나가서 돈을 버는 데야, 말하자면 관광클럽같이. 디지게 맞았지. 아니다! 도망갔다가는 나…… 너 한 번만 더 저기 하면은 아무도 없는 데 가서 죽여버린대.

- 현: 누가? 포주가?

- 정: 아니! 그 깡패 새끼가! 포주는 때리지 않어, 법하고 많이 걸릴까봐. 뒤에 있는 애들을 시키지. 뒤에 있는 놈들 전부 월급 쥐가면서, 밥 그냥 맥이고, 방 줘가면서, 데리고 있는데……. 되지게 맞고, 한 3일을 못 일어났었어, 내가. (포주가) 파스 갖다 붙여주고, 약방 가서 약 갖다가 처먹여 주더라구. 그때부텀 세코날[진정·수면제 세코바르비탈(secobarbital)의 상표명]을 주기 시작한 거지, 이

놈들이. 그때부텀 세코날을 먹고……. 난 숫기가 없어서 술도 못 먹고, 숫기가 없어서 못 저거했다. (그러니까 포주가 약을 주면서) 먹어라! 먹으라구, (내가) 이게 뭔데요? 기분 좋게 해주는 거래. 그래서 하나 먹으면 그 다음에 두 개 먹고, 두 개 먹으면 세 개를 먹어야 가고, 그 다음엔 네 개를 먹어야 가고…… 그렇게 중독이 된 거지, 인제. 그거 없으면 안 되는 거지, 난. 그거 없으면 한 발짝도 못 가는 거야.

- 현: 그 친구가 언니를 팔아먹은 게 열여섯 살?
- 정: 열여섯 살에……. 나가서 손님 데리고 오라 그러면 말을 못하잖아, 검은 애니까 무섭고. 그럼 안 가는 거지. 문 앞에 서 있다가 그냥 들어오고, 또 문 앞에 서 있다가 그냥 들어오고…… 너무 무서워서……. 뭐 약을 안 먹으면 문 앞에도 못 나가는걸. 클럽에 댕겼을 때는 미군을 받아야 되는데, (어렸기 때문에) 술을 못 먹잖아. 그럼 맑은 정신으로는 챙피해서 못 끌어. 막 잡아끌어서 데리고 들어가야 하는데…… 그리고 맑은 정신에…….

김정자가 울먹이며 힘겹게 말을 이어나갔다.

- 정: 하늘을 지붕으로 삼고 땅을 방으로 삼고서 못 한다구……. 그럼 이거 먹구서…… 약을 먹구서…… 그거 취한 김에 하는 거지. 손님을 끌고 들어오면 주인[기지촌여성들은 '포주'를 '주인', '포주집'은 '집'이라고 표현한다]한테 안 맞잖아, 내가. 그러니까 먹었지. 그러고서 살아온 거야, 내가……. 그 약 바람에 헬렐레[마약성 약에 취한 모습]거려갖구서 돌아다니는 것도 무섭지 않았지, 겁나지도 않고. 그러니까 그놈들이 사다가 주는 거야, 아가씨들 약. 그러면 오래 있던 애는 오빠 나도 그거 줘, 줘, 그럼 돈 내놔, 이년아! 그러면 만약에 지네들이 500원에 사갖고 오면 1,000원에 파는 거지. 새로 온 애들은 주인이 줘, 돈. 사

* '헬렐레'

[✎ 관련 기사] "흑·백 미군들까지도 제나라 말처럼 거리낌 없이 사용하는 공용어 '헬렐레', 위안부들이 만들어낸 이 말은 1갑에 5백 원 하는 해피스모크(대마초)에서 세코날, 아로징 등 메프로바메이트류 습관성 약품, 암페타민, LSD 등 고성능 환각제, 모르핀 주사 등 모든 마약성 약 또는 이 약에 취한 미군들을 일컫는다."(《경향신문》, 1971년 6월 25일자, 6면)

다가 나눠주지. 야, 하나 먹어! 하나 먹어도 아무렇지 않아요, 응? 그럼 두 개 먹어! 자꾸만 높아지는 거지.

- 현: 언니는 때리고 그 약을 줬으니, 무슨 진통제인 줄 알고 먹었겠네.

- 정: (진통제인 줄 알고) 먹었지. 조금 있으니까 핑 돌드라구. 그 이튿날, (포주가) 못 일어나겠어? 그 약을 깨면 더 아픈 거야, 몸이. (그럴 때) 그 약을 먹으면 들 아퍼. (포주가) 여전히 아프냐? 네……. 그럼 두 개 먹어봐! 그리고 두 개 줘, 빨간 거, 세코날, 마이신같이. 그럼 두 개 먹어. 어때? 몰르겠는데요……. 그래? 그럼 내일은 세 개를 먹어보자! 3일째 되는 날 세 개를 주면서, 이틀을 먹고 나서 3일째니까, 약 기운이 있는 데서 자꾸만 먹으니까는 나도 모르게 몸이 들 아픈 거 같애. 그래서 일어나서 영업을 하러 댕긴 거지. 그래갖구서 그 이튿날, 나흘째 되는 날도, 나 그거, 그 약 좀 줘요, 나 몸이 너무 아파요. 알았어, 알았어, 몇 개 줄까? 세 개 먹어도 몸이 이렇게 아프니까 하나 더 주세요. 어, 알았어. 난 그게 세코날인지 뭔지 몰랐어. 계속 먹다보니까 난중에는, 야, 그거 뭔 줄 아니? 그 옆에 방에 있는 아가씨가. (그래서 내가) 뭔데? (옆방 아가씨가) 그게 약이야, 약! 쩔순이[마약에 중독된 미군 위안부를 일컬었던 기지촌의 은어] 약이야! (내가) 쩔순이? (옆방 아가씨가) 쩔순이가 뭔지 알어? (내가) 쩔순이가 뭐야? (옆방 아가씨가) 먹으면 헬렐레 그러는 거, 술같이. (나는) 쩔순이 약? 쩔순이 약? 지네들, 저 쩔순이 같은 년! 이렇게 욕을 하면, 왜 저 사람이 저 사람한테

왜 쩔순이라고 맨날 욕하나? 그랬지. 그렇게 중독이 되게 만들어. (포주한테) 돈을 타갖고 가서 사먹어야 하니깐 빚이 되는 거지. 빚을 맹글더라구. (포주들은) 한국여자들을 약 사다 맥이고, 미군놈들은 대마초 사다가 한국여자들 피게 하고…… 그렇게 한다니까…….

- 현: 그렇게 맞다가 죽는 언니들도 있었을 거 아냐?

- 정: 죽지! 아무 소리 못하고, 악 소리도 못하고. 그리고 덮어씌우지, 약 먹고 죽었다고. 약을 맥여놓고 쥐어패니까……. (포주가) 저년! 약쟁이!라고 그러고, 돈도 못 벌어줬다, 그러고. 그럼 그런 줄 아는 거지, 순경들도. 그렇게 해서 억울하게 죽은 사람 많았어. 그리구 죽여놓구서…… 쥐패갖구서…… 그러면은 그 당시만 해도 무슨 해부를 해? 그냥 갖다 묻어버리지. 해부를 해야지 맞은 게 전부 다 표시가 나지. (포주가) 저년 약 저렇게 처먹고 그러더니, 미군하고도 어저께 저녁에 막 싸우고 난리였었다구, 시퍼런 게 나타나면 그러는 거지. 그럼 내가 서갖구, 공갈인데…… 거짓말인데 …… 내가, 저건 아닌데…… 무서워서 말도 못하고. 그럼 인제 옆에서 (포주가) 이 쌍년아! 들어가! 나보고. 네 …… 그러고 들어가서 방에서 꼼짝 못하고 있고……. 아휴…… 진짜 거기서 너무 서러웠던 거야, 용주골에서 …… 진짜야……. 경찰서 가면 그때만 해도 경찰서 사람들 전부 다 포주가 돈 맡기면 다 아무 소리 안 했어. 또 나와서 골방에 가둬놓고 경찰서에 얘기했다고 쥐패는 거지. 많이 맞았어, 난. 많이 맞아서 내가 어떨 땐 나도 모르게 끙끙 앓어. 인제는 나와, 그 병이. 허리 같은 데, 이런 손 같은 게, 너무 저려. 지금도 이렇게 저려 있어…….

김정자는 고개를 떨어뜨리고 자신의 손을 내려다보았다. 부은 손을 주무르다가 내게 두 손을 내밀어 보였다. 그녀의 손은 퉁퉁 부어 있었다. 손가락의 마디마디도 붓거나 심하게 휘어져 있었다.

- 현: 지금도 부었어, 손이.

- 정: 이렇게 항상 부어 있어, 손이. 많이 맞았지. 발길로도 막 짓이기고. 많이 맞았어. 아휴…… 언니들 있는 그런 동네들은 파출소니 뭐니 전부 다 돈들을 먹어서 우리 편 안 들지, 주인 편들지. 한집에 솔직히 말해서 순경들이 하나씩, 경찰들이 하나씩, 끼지 않았으면 그거 거짓말이야.

- 현: 때 되면 갖다 바치고.

- 정: 그럼! (경찰들이 포주한테) 누니임, 그리고 기어오고……. 누님은 무슨 누님이야? 이거 (돈) 달라고 오는 거지. (포주가 경찰한테) 막 우리 시영동생이라구 그러구. 시영동생 좋아하네. 그 사람들이 들락날락거리면 우리들 얼굴들 다 알잖아. 삼촌, 삼촌, 우리가 이러니까는. 전부 다 알고 보면 다 끄내끼[끄나풀, 앞잡이]들이야, 포주 끄내끼들, 형사 끄내끼, 경찰서 끄내끼. 그러면 (우리는) 아야 소리도 못하는 거야, 맞아두. (경찰들이) 니네들 잘 하구 있었으면 왜 맞았냐? 그래. 남의 돈 떼어먹고 도망가려구 그러다가 맞은 거니까, 그러면서 더 억박지르지[윽박지르지]. (경찰이) 니네들 갖다가 집어넣으면 이 돈 갚으면서 영

창 살아야 된다고. 언니들이 무서워하지. 나부텀이라도……. 용주골에서는
뭐 엉덩이도 들썩 못 해. 목욕을 가도, 자기네에서 제일 오래 있는 년, 주인한
테 아부하는 년을 쫓아서 목욕을 보내지. 그걸 몰랐지, 우리는. (그 언니가) 야,
나도 목욕 갈 거다, 그러고 쫓아가면, 목욕가고 싶어서 가나보다, 이랬지. 나를
감시하러 가는 줄 몰랐지. 난중에 내가 알은 거지.

- 현: 목욕탕도 그 앞이었을 거 아냐?

- 정: 응, 바로 고기야, 행길 건너. 그러면 인제 거기서 기다리고 있지, 이 놈들이.

- 현: 목욕탕 앞에서?

- 정: 그럼! 도망가나 안 가나. 미장원에 가도 미장원 바깥에서 기다리고 있지.
담배 피는 척하고 기달리고 있는데? 미장원에서 나오면서 (나는) 깜짝 놀라지.
(깡패가) 어, 나 여기서 지금 담배 피면서 누구를 만날려고 기다리고 있다, 어여
가! 집에! 이래. 그럼 와야 돼. 진짜 내가 살아온 게…… 아휴, 진짜 살아온 게
…… 죽지 않고 살아온 게 진짜 용해, 난. 그래서 그 몸이 …… 몸조리도 못하
지. 몸은 아프지. 어린애 띠고 와서, 쌍년! 나가서 영업해! 니가 무슨 대통령이
야? 무슨 대통령 자식 갖고 있다가 띤 거야? 이년아! 나가서 클럽에 가서 술이
나 팔어! 이년아! ('포주집'에서 아가씨들을 많이 보내줘야 클럽) 주인들이 좋아하
잖아. 포주들(이) 아가씨 데리고 오면 그 집 ('조마마상 클럽')에서 돈을 빌려줘,
싼 이자로. 3부씩 빌려주면, 지는 (포주는) 아가씨들에게 1할로 받고. 그러니까
자기네 집 (양)색시가 몇 명이란 거 알잖어. 우리 (양)색시가 몇 명이 나갈 거다,
그 클럽을, 그러면 여덟 명이 나가면 맥주를 여덟 개를 해도, 미군들을 하나씩
만 잡고 있어도, 짜가술[가짜술] 먹지, 요구르트, 이런 거 쿨렉[국산 음료수명].
그거 뭐 우리 주는 줄 알어? 주인하고 전부 다 계산할거라 그러고, 우린 그거
마셔주고 마는 거지. 하도 먹어갖구, 속이 쓰리고 따가워. 너무 옛날 포주
들…… 진짜 악착같애. 자기 자식한테(는) 안 그럴 거야. 너무 악질이야, 너

무…….

- 현: 으이구…….

- 정: 너무 악질이야…….

- 현: 그럼 일 끝나면 언니는 다시 그 '포주집'으로 또 오구?

- 정: 와야지. 거기서 자고, 밥도 거기서 먹구. 토요일 날, 일요일 날에는 아침부터 가야돼, 클럽에. 열시쯤 돼서 일어나서 화장해고, 그러구서 열한시 반쯤 돼서 나가야지, 옷 줏어 입구. 그러면 미군 데리고 올 때까지는 집에 못 들어오는 거지.

- 현: 미군들을 데리고 와야지만 들어올 수가 있는 거야?

- 정: 그럼! 그래서 미군한테 돈 받아서 들여놓고, 미군이 낼 아침에 간다, 그러면은 그날은 편한 거야, 내가, 미군하고 방에 있어야 되니깐. 그리고 인제 미군이 나가서 밥 먹으러 가자면 쫓아가는데, 뒤에 다 따라오잖아, 저 (기도) 새끼들이. 미군하고 댕겨도 멀찌감치 따라와. 그러면 음식점 가서 밥 먹고 그러고 인

제 들어오지. 고때 자유가 있는 거지. 만약에 돼서, 그냥 '짧은 거'다, 그러면 그냥 돈 받아서 빨리 저거해서, 10분, 15분 내로 내보내야 돼, 미군을.

- 현: 그러고 또 클럽을 가야 돼?

- 정: 가야지, 가서 또 미군을 잡아야 되니깐, '긴 밤'을 잡아야 되니깐. 이게 약은 소주보다 더 해. 올라가, 자꾸. 한 알이 두 알, 두 알이 세 알, 아침에 세 알을 먹으면, 저녁엔 또 네 개를 먹는 거야. 이렇게 되는 거지. 그래갖구서 열 개 먹는 사람이 열다섯 개, 막 스무 개, 막 올라가는 거야. 그렇게 한 주먹씩 먹어야 이게 도는 거지. 그러지 않으면 간에 기별도 안 되는 거지. 진짜 옛날 양색시들 언니들은 진짜 불쌍했어. 한마디로 노예였었지! 포주들 노예! 이 클럽으로 가서 돈 못 벌면 저 클럽으로 가라면 가야지 어떡해? 밥 먹는 것도 눈치 봐지고. 울기도 많이 울었네, 포주 땜에. 배도 쫄쫄 굶고, 밥을 안 주니까 먹을 수도 없고, 부엌 아줌마도 주인 편인데 우리들 (밥) 줘? 그 사람 월급 받는 사람인데, (포주가) 주지 말라면 안 주지. 밥풀때기 하나 남겨놓지도 않고 싹 치우드라구.

✻ '롱타임'과 '숏타임'

성매매는 시간에 따라 가격이 정해져 있었다. 이를 기지촌여성들은 '긴 밤', '짧은 밤'이라고 불렀고, 미군들은 '롱타임(long time)', '숏타임(short time)'이라고 불렀다.

[✎ **관련 기사**] "현재 위안부들이 잠깐 동안 위안해주는 데는(속칭 숏타임) 3~5달러가 고작이며 긴 밤(롱타임)은 10~15달러라고 한다. 특수관광시설인 외국인 전용 홀에서 비과세 맥주를 마셨을 때 위안부에게 돌아오는 봉사료(팁)는 하나도 없어 무교동 골목에서 우리네가 뿌리는 500원 팁은 너무나 후한 편, 한 달 내 벌어야 평균 100달러 벌기가 힘이 든다고 한다. 이렇게 벌어진 달러는 거의 전액 포주의 손으로 들어간다. 대부분의 위안부들이 포주에게 진 빚 5~10만 원에 대한 달러 이자(1할)와 식대, 침구비, 방세 등으로 결제돼버린다. 위안부와 포주를 묶는 철쇄가 되고 있는 이 빚이 위안부의 손에 떨어진 달러를 빨아가는 흡입로다."(《매일경제》, 1969년 4월 24일자, 6면)

그러면 그 바람에 더 빈속에다가 약을 하나 먹고 수돗물을 마시고 나가면, 핑핑 도는 거야, 막. 그럼 저만큼 가다가 앉아서 조는 거지. 앉아서 인제 이렇게, 정신이 조금 들어야 되니깐. 배는 고프지. 그럼 뭐가 한 대 쥐패. 그래서 보면, 기도 새끼, 그 집에 있는 그 (깡패) 새끼들이야. 쌍년아! 뭐해 여기서! 가서 돈 벌으라니까는 자빠져 자? 여기서? 발길로 냅따 지르면, 저쪽으로 가서 확 꼬꾸라지지. 그럼 일어나서 클럽을 종종종종 들어가는 거지. 들어가도 이 새끼들이 들어와. (내가) 의자에 이렇게 앉아 있으면, 쌍년! 돈 벌라고 했더니 누가 의자에 앉아 있어! 쥐패려고. 앉지 말아야 되는 거야, 손님 끌러 왔다 갔다 왔다 갔다 하고. 그럼 저쪽에서 (기도가) 보고 있어. (나는) 미군 잡아댕기지, 가자고. 그럼 미군이 아, 막 싫다고 그러지. 그러면 또 가서 다른 사람. 그렇게 안 하다가 집에 오면, 공치고 오는 날은, (포주가) 쌍년아! 의자에 쭈그리고 앉았다 오는 년 밥은 왜 주냐고, 밥벌이도 못 했는데 왜 주냐고, 그러고 들어가. 그럼 나가갖고서 물만 들입다 먹는 거지, 물만. 그래서 그렇게 내가 물을 좋아하나봐. 물로 배 채우는 거지. 물로 배 채우면 뭐해? 물 먹구 와서 조금 있다가 오줌 누면은 배가 또 꺼졌는걸. 그러니까 미군들한테 밥 좀 사달라고, 우리 집에 안 가도 괜찮으니까 밥 좀 사달라구…… 그럼 미군이 끌고 가서 밥 사 맥이는 거야. (내가) 막 손짓발짓 하면은 (미군이) 끌고 가서 밥 사서 주지. 그거 먹으면 저쪽에서 봐, 그 남자 (깡패) 새끼가. 오늘 저녁에 죽었다…… 죽었어도 이걸 먹고 내가 죽는다…… 배가 고프니까는…… 그리고 다 먹어. 먹구 저녁에는 맞을 준비 해야지. 그러면은 실컷 골방에서 맞고, 나와갖고서 계란으로 (얼굴을) 이렇게 이렇게…… (멍을) 풀어야지 되니깐…… 빨리 멍이 가셔야 되니깐…… 그리고 화장하고, 으이구…… 내가 그렇게 산 세월이…… 진짜…….

- 현: 어휴…….

김정자는 더 이상 말을 잇지 못했다. 나를 외면한 채 커피만 마셨다. 잠시 후 그녀가 고개를 돌려 나를 바라보았다. 눈이 마주치자 그녀는 고개를 끄덕였다. 이제 마음이 진정됐으니까 걱정 말라는 신호인 것 같았다.

- 현: 언니는…… (명자 언니를 만나러 청량리588에 왔다가 일을 하게 된 식당이 있었 던) 삼각지 들렀다 용주골 갈 거야? 그냥 용주골 갈 거야?
- 정: 용주골 먼저 갔다가, 삼각지는 나중에 들러도 되고…….
- 현: 그럼 용주골 어디를 찾아가야 되나?
- 정: 용주골…… 용주골에 한국호라스들[용주골의 성매매업소집결지] 있지?
- 현: 응응.
- 정: 거기 쪼끔만 가면 용주골이야. 그게 전부 다 용주골이잖아. 그거 흔적이 좀 있는지도 모르겠어. 그거 없으면 어떡해?
- 현: 없으면 있었던 자리 그냥 (사진) 찍지.
- 정: 그래…… 아이구…… 진짜…… 용주골 한국호라스 있는 데만 가면 내가 알아. 더듬더듬 하면서 내가 찾아야지.

내가 설거지하는 동안 김정자는 냉장고를 열고 미리 준비해놓은 도시락과 간 식거리를 꺼냈다. 언뜻 보기에도 하루 안에 다 먹기에는 양이 너무 많았다.

- 정: 이거 다 갖구 가는 거야. 쏙 뜯어서 맹근 거야.
- 현: 응응.
- 정: 넌 커피 들구 가.
- 현: 커피를 또 쌌어?
- 정: 어, 가서 먹어야지. 커피, 과자, 떡…….

- 현: 우우. 우리 또 강원도 가자! 용주골 가지 말구!

- 정: 히히. 우산도 가지고 가보자. 비가 많이 올지 모르니까.

- 현: 응.

- 정: 운동화 신고 가야지.

- 현: 편한 신발 신고 가야 돼.

- 정: 응, 맞어. (도시락) 이건 (차) 앞에다 놔.

- 현: 어.

    김정자가 준비한 먹을거리들을 차에 싣고 우리는 증언 여행을 출발했다.

- 현: 으이구…… 착잡하다…… 그치?

- 정: 그려……. 이거 먹어. 언젠가는 한 번은 해야지, 한 번은…… 한 번은 해야
  돼, 한 번은.

- 현: 응.

- 정: 까만 밥[약식] 먼저 먹어.

- 현: 또 샀어?

- 정: 요고 하나 샀어.

- 현: 미치겠다, 정말.

- 정: 먹어. 먹으면서 가.

- 현: 지금 어떻게 먹어. 아까 그것도 먹고, 만두 같은 것도 먹고, 밥도 먹고…….

- 정: 떡두 있구.

- 현: 그러니까 그렇게 많은 걸 어떻게 다 먹어. 하하하.

- 정: 하하.

- 현: 어머! 언니, 앞에 좀 봐! 때리고 난리가 났어!

- 정: 운전을 잘 못했나보다…….

- 현: 어머 누구를 저렇게 때리는 거야? 저 봐!

- 정: 저렇게 맞어, 여자들도. 어디 (도망)갔다 오면 남자가……. 어머!

- 현: 남자들이 때리지?

- 정: 어어! 가면서 쥐패네! 저런 데서 맞으면은 아야 소리도 못 해. 쌍년아! 양쪽
  에 다 건달들이 앉아 있고, 포주 앞에 앉아 있고, 운전하는 기사 있고, 때리면
  그냥 맞는 거지, 갈 때까지. 너 왜 맞는지 알지? 그럼, 네…… 아야 소리도 못
  하는 거지.

- 현: 여보세요? 여기 고양시 법원 앞 큰길인데요. 앞 차량 번호판이 32도 ㅇㅇ
  ㅇㅇ인데요. 차량 안에서 웬 남자들이 여자 한 명을 막 때리면서 가고 있거든
  요. 옆에 가다가 차가 서서 보게 됐는데요, 인신매매나 그런 범죄가 있는 거 아
  닐까 해서 전화 드렸어요.

- 정: 저 차 어디로 갔지? (우리 앞의 차) 이거지?

- 현: 네! 남자들이 머리가 짧고요, 여자를 막 때리고 있었어요. (그 차가) 여기서
  자유로 방향으로 꺾었어요. 장항 I.C. 방면으로 꺾네요. 네…… 네……. 무조
  건 신고를 해야 해! 누군지 알고.

- 정: 그럼! 이거 아니잖어?

- 현: 어, 이거 아냐.

- 정: 저쪽으로 갔지?

- 현: 어어.

- 정: 차 안에서 왜 쥐패냐구. (언니들) 많이 맞어. 차 안에서 맞으면 아야 소리 못
  해. 골방에서 맞구…….

- 현: 별일 아니면 좋겠네.

- 정: 아휴…… 참…….

- 현: 에휴…….

- 정: 도망가야지 사는 거여. 내가 대춧벌에서 도망을 간 거 아냐.

- 현: 아이고…… 우리는 증언하러 나와서 또 그런 게 우리 눈에 띠어가지고, 정
  말 살다가도 못살겠어. 어이구…….

- 정: 맞어.

- 현: 그렇게 맞고 사람이 사냐고.

- 정: 근데 맞고 살 수밖에 없어. 도망갈 수가 없는걸. 차에서 딱 (차문을) 걸면은
  이거 어떻게 열어, 남자가 있는데.

- 현: 앞에서 뒤에서 막 때리잖아.

- 정: 그러니까 남자가 있으면 맞는 거야. 뒤통수 확 해서 두드려 패고.

- 현: 막 두들겨 패던데…… 아휴……. 도망가려고 하니까 때리겠지?

- 정: 도망갔다가 잡아오면서도 쥐패.

- 현: 맞어! 맞어!

- 정: 쌍년아! 어디를 도망다니냐구. 거기서 뭐 한마디만 하면, 이년아! 너는 죄
  인이라구, 하면서, 무슨 죄인 다루다시피 그려.

- 현: 으휴…….

- 정: 나는 용주골에서 잊어버려지지도 않아. '조마마상 클럽' 옆에 '포주집'에서
  골방에다 가둬놓고 돈 못 번다고 많이 맞았어. 내가 제일 많이 배가 고프고 내
  가 제일 많이 아팠던 데가 용주골이야. 제일 많이 아팠던 데가 용주골이라구.
  그쪽으로는 잘 안 갈려구 그래. 그쪽으로는 생각 안 할려고 내가 많이 노력했
  거덩…….

김정자는 신고차량을 찾아 계속 주위를 두리번거렸다. 잠시 후 나는 마포경
찰서로부터 전화를 받았다. 경찰들이 자유로로 출동해 신고차량을 찾고 있다고

했다. 나는 조금 전 목격했던 상황을 다시 한 번 설명하고, 반드시 확인해달라고 부탁했다. 옆에서 듣고 있던 김정자가 서울 방향이 아닌 파주 방향에서 지켜야 된다고 했다. 나는 그녀의 말대로 파주 방향에서도 확인해달라고 요청했다. 우리는 파주 용주골에 도착할 때까지도 계속 그 여자를 걱정하고 있었다.

" 이 골방에 간혀서 맞고 "

용주골, 광탄 기지촌

차가 파주시로 접어들자 김정자의 말수가 눈에 띄게 줄어들었다. 그녀는 창밖을 물끄러미 바라보다가 담배를 물곤 했다. 그런 그녀에게 길을 묻기가 미안해 용주골 옛 기지촌을 그냥 지나쳐버리고 말았다. 용주골 성매매업소집결지 근처에 차를 세우고 그녀에게 조심스럽게 말을 걸었다.

- 현: 다 왔나봐. (내비게이션이) 인제 7분 남았대.
- 정: 응…….
- 현: 여기는 뭐 변한 게 없네. 언니랑 얘기하다가 어디를 어떻게 왔는지도 모르고 왔네. 기억 나?
- 정: 이거 얼루 들어온 거야?
- 현: 파주읍.
- 정: 응…… 파주읍으로 들어왔지?

- 현: 응. 여기 앞이 용주골 한국호라스 있는 데.

- 정: 응.

- 현: 저것도 부댄가?

- 정: 응. 부대.

- 현: 미군부대가 많이 없어져가지고, 이쪽에.

- 정: 맞어.

- 현: 여기가 파주 연풍리, 용주골 한국호라스 쭉 있었던 데거든. 거의 다 온 거 같은데.

- 정: 아휴…… 사거리가 있을 건데…….

- 현: 사거리?

- 정: 아휴…… 이놈의 용주골은 변하지도 않아…….

- 현: 그러게…….

갑자기 소나기가 쏟아졌다.

- 정: 왜 이래? 비가 여기 더 많이 오네? 이 동넨 더 많네, 비가?

- 현: 응.

- 정: 으휴…….

- 현: 어, 완전 쏟아진다! 비바람이 치네. 헤헤헤헤.

> **✳ 파주군 내 기지촌 규모**
> 1961년 경기도의 '유엔군 간이특수음식점 영업허가 사무취급 세부기준수립'에 의하면, 당시 파주군 내에만 총 8개의 기지촌(임진면과 이동면, 조리면, 광탄면, 주내면, 천현면, 파평면, 적성면)이 있었고, 파주 기지촌으로 외출하는 미군의 하루 평균 숫자는 약 1만 1,500명이었다.

·· 옛 미군 셔틀버스 정류장. 미군부대의 셔틀버스는 파주와 광탄 일대에 흩어져 있었던 미군부대들로부터 용주골 기지촌 바로 앞의 이 미군부대 정문까지 미군들을 실어 날랐다. 이 부대는 이 지역에서 가장 큰 미군부대였는데, 지금은 반환돼 한국군이 사용하고 있다. 부대 정문 뒤쪽으로 용주골이 보인다.

- 정: 오늘 돌풍이 분다 그랬어. 저 봐! 저 봐!

- 현: 어머! 어머! 어머!

- 정: 아니, 우리가 어디 댕기면은 날씨가 좋은데, 오늘따라 비가 (왜) 이러는 거지?

- 현: 슬픈 얘기 하니까······.

- 정: 여기서 돌아가신 언니들이 울어주는 거야, 뭐야?

- 현: 우나봐····· 그런가봐······.

- 정: 우리가 이 사업[기지촌여성들의 삶을 기록하고 알리는 일]을 한다니깐 ······.
  저기가 미군부대였었어! 이짝으로! 이쪽 편으로 이게 전부 다 미군부대였었다
  구, 이게 다! 그 셔틀버스를 여기다 풀어놔 줘. 그럼 (미군들이) 여기서 나오는
  거지. 그리고 갈 때 여기서 다 모여서 타지.

‥ 조마마상 클럽이 있던 자리에 신축된 주택. 이 주택의 규모로도 짐작할 수 있듯이 당시 조마마상 클럽의 면적은 매우 넓었고, 그 주변은 십여 개의 클럽과 스토어들, 수많은 포주집들이 둘러싸고 있었다.

- 현: 이게 큰 부대였을 것 같애.

- 정: 이게 제일 컸어, 옛날에 (의정부) 군단(의정부 미2사단 사령부, 캠프 레드클라우드(Camp Red Claud)]같이. 그리고 '조마마상 클럽'은 요 밑으로 내려가서
······.

- 현: 아이구······ 옛날 건물들 그대로 다 있네.

- 정: 다 있다니까. 저쪽 편으로는 터큐폰[성매매업소집결지]. 이쪽으로는······. '조마마상 클럽'은 요쪽에······.

- 현: 터큐폰?

- 정: 터큐폰! 막 여기 길거리에서 (언니들이) 히파리[引っ張り: 잡아당긴다는 뜻의 일본어. 일본의 성매매업소에서 호객행위의 의미로 쓰였던 용어인데 한국에서도 같은 의미로 사용돼왔다]하고 이랬어, 여기서. 터큐폰이 저런 게 전부 다. 유리

창 있는 데서 모두 (미군들) 잡아서 끌
고. 그래갖고 '조마마상 클럽'은 골목으
로…… 더 내려가갖고, 골목이…….

- 현: 요건가보다.

- 정: 골목…….

- 현: 요거?

- 정: 요거! 요거! 넓은 골목!

- 현: 요건가봐?

- 정: 그렇지! 일루 쭉 들어가면 돼! 저 밑
　　으로 한번 가봐.

- 현: 그래.

- 정: 요거 있네! '조마마상 클럽'.

- 현: 어디?

- 정: 요거!

- 현: 어어.

⋯ 조마마상 클럽 인근에 있었던 한 미군 전
용 클럽. 당시 조마마상 클럽의 구조와 동일
하여 김정자는 이 건물을 가리키며 조마마
상 클럽의 당시 구조에 대해 설명했다.

- 정: 저기 큰 게 있네, 저기. (주변 집들) 여긴 '포주집'이야. 이것들, 전부 다, 미군
　　들이……. 저기 노란 거, 저게 '조마마상 클럽'이야. 옆에 있지?

- 현: 회색 건물?

- 정: 그래! 그리고 그 옆에, 전부 다 기였어. 클럽이었었어, 저거 다!

- 현: 아…… 참…….

- 정: 이게 다야. (판자로 막혀 있는 부분) 이게 문이야. 일루 들어가고 나오고, 여
　　기 홀 문이 있었는데……. 이게 다 '조마마상 클럽'이야. 뒷골목으로 해서 나왔
　　어. 나 살던 집은 이 뒷골목이야. 저 '조마마상 클럽'에서 나와서 골목으로 들
　　어와갖고……. 이게 전부 다 '포주집'이야, 다, 다야, 여기는. 아닌 집들이 없

‥ 옛 용주골 기지촌. 당시 '포주집'들은 '조마마상 클럽'을 둘러싼 채 거미줄 같은 골목들로 서로 연결돼 있었다.

어. 여기야. 번호가 안 나와 있네? 옛날엔 이런 집집마다 다 번수가 있었어. 이쪽 골목으로 들어가도 되고, 저쪽 골목으로 들어와도 되고, 다. 요 골목으로 들어가가지고, 저 골목으로 나와도 되고, 골목이 많았어. 이게 전부 다 '포주집'이야. 골목에서 나와서…… 이 집인가? 저 집인가? 내가 있었던 데…… '조마마상 클럽'에서 바로 뒤데…….

- 현: 언니가 살았던 집은 어디야?

- 정: 여기!

- 현: (언니 방은) 여기 이쪽 방이야?

- 정: 아니, 안쪽으로…… 여기 '조마마상 클럽'하고 이 집…… 저 안 문 열고 들어가면 저 안쪽으로 끄트머리…….

- 현: 어떡하냐…… 아휴…….

·· 김정자가 인신매매되었던 옛 포주집. 지붕 위로 멀리 미군 전용 클럽 건물이 보인다.

- 정: 아직도 안 헐고 있네…….

　김정자가 한 창문을 가리켰다. 인신매매된 며칠 후에 도망치다 붙잡혀 감금됐던 방이라고 했다. 그날 방에 갇힌 채 그녀는 깡패들에게 집단으로 폭행을 당했다. 그 후로도 경찰에 신고했다고, 또는 미군이 사주는 밥을 먹었다고, 미군을 끌고 오지 못했다고 깡패들에게 구타를 당하곤 했다. 그 창문 앞에서 그녀가 무너져 내렸다. 손수건으로 입을 틀어막고 주저앉아 오열을 했다.

- 정: 이 골방에서…… 흑흑흑…… 이 골방에서 갇혀서 맞고…… 흑흑…….
- 현: 아휴…… 언니…….
- 정: 아아아아…….
- 현: 차 안에 들어가 있어, 언니.

·· 김정자가 감금돼 구타당했던 옛 '포주집' 문간방의 창문.

- 정: ······.
- 현: 나 혼자 사진 더 찍고 올게, 들어가 있어. 나 핸드폰 가지고 가니까, 응? 언
  니 담배 피고 있어, 응?
- 정: ······.

　김정자를 부축해 차에 앉히고, 급하게 사진을 찍었다. 서둘러 차로 돌아가니 그녀는 여전히 울고 있었다. 나는 아무 말도 못하고 그녀의 어깨만 다독였는데, 그녀는 눈물을 흘리면서도 내가 찍은 사진을 보여달라고 손짓했다.

- 현: 언니······ 괜찮아?
- 정: 응······.
- 현: '조마마상 클럽' 멀찍이서 (사진) 찍고, 이 뒤에도 나오게 찍고.

- 정: 응…… 그래…….

- 현: 괜찮아?

- 정: …….

　그녀가 다시 고개를 숙이고 울기 시작했다. 나는 서둘러 그곳을 벗어났다.

- 정: 으흑흑…… 흑흑…….

- 현: …….

- 정: 여기를 못 벗어나고 언니들이 있을지도 몰라…….

- 현: 있을 거야…….

- 정: 으휴…… 이쪽 골목…… 저쪽 골목…… 골목이 많으니까, 여기는…….

- 현: …….

- 정: 이쪽은 터큐폰!

- 현: 터큐폰이 무슨 뜻이야?

- 정: 터큐폰이라는 것은, 여기서 히파리를 해가지구, 말하자면 보산리[동두천의 미군기지인 '캠프 케이시(Camp Casey)' 앞의 기지촌]의 히파리 골목처럼, 이쪽 밑으로 전부 다. 이쪽['조마마상 클럽'과 '포주집']으로 들어가는 미군들이 돈이 없을 때는 일류[터큐폰 골목] 가는 거지.

> **＊ 터큐폰, 용주골 성매매업소(일명 '용주골 사창가')의 유래**
> 최근까지도 인신매매와 성매매범죄로 악명 높은 일명 '용주골 사창가'(파주시 파주읍 연풍리 일대)의 성매매업소들은 1960~1970년대에는 지금의 위치가 아닌 '조마마상 클럽' 앞 도로 맞은편 골목에 집결되어 있었다. 이러한 형태의 성매매가 지금은 '성매매집결지'나 '유리방' 등으로 불리지만 그 당시에는 '터큐폰 골목'으로 불렸고, 성구매자는 모두 미군들이었다.

.. 일명 '깡통 부대'(왼쪽)와 '세븐세븐 부대'(오른쪽). 파주시 전역에 산재해 있던 중대급 미군부대들로서 지금은 기지가 반환돼 한국군이 들어와 있다.

- 현: 큰길가로 전부 다?

- 정: 응……

우리는 옛 용주골 기지촌에서 벗어나 광탄 기지촌으로 향했다.

- 정: 이것도 부대잖아. 이것도 정문이었어.

- 현: 응.

- 정: 여기도 세븐세븐. 여기로 넘어가면은 광탄부대야, 광탄부대!

- 현: 이게 예전엔 똑같은 미군부대였어?

- 정: 응. 여기도 미군부대였어. (우리들이) 버스를 타고 여기를 댕겼었지. 아니면 걸어서. 이쪽으론 전부 미군부대였어. 미군부대가 이렇게 쭈루룩 있었어. 여기도 클럽이 있어, '숫돌'같이. 쪼끄맣게 의자 몇 개 놓고……

··광탄의 옛 '스토어' 건물들.

- 현: 언니, 여기서도 일했었어?

- 정: 여기서는 일 안하고, (용주골) 거기서 살면서 여기를 왔다 갔다 했지, 미군
  애 끌러. 여기에 있는…… 여기가 세븐세븐! 저기는 깡통부대!

- 현: 깡통부대?

- 정: 그지들만 있다구 깡통부대라 그래. 여기 있는 놈들은 돈들도 없어, 별로.

광탄은 옛 기지촌의 모습이 그대로 남아 있었다. 김정자가 다 쓰러져가는 집
들을 가리켰다.

- 정: 이런 데 다 아냐? 이런 데 '숏돌'이었어. 그런데 음식점이 된 거지.

- 현: 근데 '숏돌'이 무슨 뜻이야?

- 정: '숏돌'은…… 클럽은 음악을 틀어놓고 춤을 출 수 있는데, '숏돌'은 말하자

‥ 기지촌여성들이 미군부대 안의 막사에서 성매매를 했던 광탄의 옛 미군기지. 지금은 반환돼 한 국군이 사용하고 있다.

면은 쪼끄만 가게라는 거지, 클럽이 아니고.

- 현: 아아,' 스토어'?

- 정: 그렇지! 고런 데라는 거지. '숫돌'…… 클럽은 관광협회에서 (면세주를) 대 주잖아? 이런 '숫돌'은 관광협회에서 술 안 대줘. 그러니까 요쪽으로는 미군들 이 맨날 안 나왔지. 여자들을 다 싸인을 해서 (미군부대 막사로) 데리고 들어갔 지. ('스토어'에서는) 의자 이렇게 세 개나 네 개 놓고, 이렇게 앉아서 술들을 팔 았지, 여자들 두세 명 갖다놓고……. 저런 데는 그런 동네야.

광탄의 옛 기지촌을 둘러보던 김정자가 멀리 용주골로 넘어가는 고갯길을 바 라보며 고개를 저었다.

- 정: 휴우…… 이런 데…… 여기까지 미군을 끌러 왔으니, 내가……. 버스 타

‥ 용주골에서 광탄으로 넘어오는 도로. 광탄 미군기지로 가야 했던 용주골의 기지촌여성들이 걸어서 넘던 고갯길이다.

고 와서 막사 안에서 이제 2차를 받지. 못 나오는 미군들은 막사 안에서 하는 거여. 아휴…… 참…… 여기를 버스가 없으면 걸어댕겼어, 우리가, 여름에는 버스비 애낄려고.

- 현: 이 고갯길을 여름에는 걸어서 언니들이 넘은 거야?

- 정: 응. 넘어서 와서 돈을 벌어야 되니…….

- 현: 미군부대 막사로도 들어가구?

- 정: 그럼!

- 현: 미군들 끌어서 클럽으로도 가구?

- 정: 거기 가서 인제 술도 먹구…… 또 미군들이 (포주집에 가서) 그러기 싫다, 그러면 낮에 만나갖구 (막사 안에서 성매매를 하고) 걸어서 오는 거지.

- 현: 미군들이 여기서 셔틀버스를 타고 용주골까지 갔다고?

- 정: 미군들 버스가 있어, 군인 버스, 군복 색깔 나는 버스.

- 현: 용주골에 뭐가 있다고 용주골까지 태워다줘?

- 정: 용주골 클럽 있잖아, '조마마상 클럽!'

- 현: 클럽 가라구?

- 정: (미군들이) 서울에 가서 조마마상 클럽 모르냐? 그래서 모른다, 그러면 도루 갔다 오라 그런대, 그 클럽을 모르냐구.

- 현: 미군부대를 반환을 했으니까 이제 개발을 하나보지?

- 정: 이쪽으로는 한국부대도 안 오니까.

- 현: 응.

- 정: 여기서도 많이 언니들 죽었다…….

- 현: 문화낚시터…… 장어낚시…… 여기도 미군부대였다는 거지?

- 정: 맞어.[이곳에는 4/7기갑 예하중대 캠프 스탠톤(Camp Stanton)이 있었다]

- 현: 여기가 신산5리네. 신산3리가 (옛 미군) 비행장이고. 신산5리에 또 미군부대가 있었고. 신산3리 비행장 전에 '스토어'들이 쭉 있고. '포주집'들이 있었고. 신산5리에 여기 미군부대가 하나가 있고. 여기가 광탄 어린이집이네?

- 정: 여기가 미군부대 정문이었었지. 일로 들어가야지 비행기장이잖아. 이쪽으로는 막사구. 이것도 부대였었구.

- 현: (지금은) 무슨 공장인가보네?

- 정: 아냐! 이것도 부대였었어! 탱크, 이런 거 다 숨겨놨지!

- 현: 여기는 반환되면서 공장이 들어섰나보다.

- 정: 응, 맞어. 지네들이 암만 눈 가리고 아웅 해도…….

- 현: 아직은 우리 언니들이 살아 있는데……. 다 기억을 하고 있는데…….

　　김정자는 파주군의 옛 성병진료소 자리를 찾아보자며 광탄에서 용주골로 방향을 돌렸다.

.. 용주골의 성병진료소로서 1960년대 후반 용주골의 기지촌여성들에게 성병검진과 강제치료를 했던 옛 산부인과가 있었던 자리다.

- 정: 여기 어디께 병원 있었어.

- 현: 요 건물일까? 칠보당, 요 건물? 요건가?

- 정: 웅, 병원! 병원! 맞네!

- 현: 저 자리야?

- 정: 그려, 이거……. 거기에 병원이 있었다구. 병원이면서두 보건소였었지.

- 현: 병원은 무슨 병원이었었는데?

- 정: 산부인과! 산부인과밖에 없었어. 그리구 검진들 하구.

- 현: 1, 2, 3층이 전부 보건소였어?

- 정: 아니, 2층이 입원실이었을 거야. 어린애들 저거하고, 낳고 수술하고 온 사 람들 뉘여놓고…… 아랫층이 산부인과 하면서 보건소였어.

- 현: 3층은?

- 정: 3층은 모르겠어, 그건.

- 현: 거기는 그때만 해도 성병 검진하고?

- 정: 다 했지.

- 현: 떨어진 사람들 그 보건소에 가둬놓은 거야?

- 정: (이곳 성병진료소 말고 낙검자수용소에) 가둬놨지! 거기서 인제 저쪽, 법원리 쪽에 있지? 법원리 쪽에 있다 그러더라구. 검진 떨어지면은 동두천같이 '하얀 집'[동두천 낙검자수용소. 동두천의 기지촌여성들은 동두천 낙검자수용소를 '언덕 위의 하얀 집'이라고 불렀다]이 거기 있다구 그러더라구. 거기 가면은 가시철망 막 있는 데 갖다가, 산 속에다 갖다가, 영창같이 이렇게 해갖구서 거기서 있대. 난 안 가봤었어. 왜냐하면 (1960년대 중반) 그 당시만 해도 검진이 떨어져도 인제 (돈) 있는 포주들은 다 돈을 맥였잖어. (1970년대 초반) 자치(포주)집에 있을 때는 (내가 성병 검진을) 안 했지. '토벌' 나온다, 그럼 숨어야지. (포주집) 안방에

가서 장롱 속에 들어가 숨어 있었지. 고통 많어, 난…… 나는 밥도 많이 굶어보고……. 지금 애를 떼고 왔어, 그럼 내일쯤이면 (클럽에) 가야 돼. 가야 돼. 나가서 가만히 앉어 있더라도 나가야 돼, (포주)집에서. 여름에 같은 날은 그래도 좀 괜찮은데, 겨울에…… 겨울 같은 날은 클럽에 가서 앉어 있으면은, 발 시렵고 막 몸이 두들겨 맞은 것처럼 아퍼. 그리구 하혈도 막 하구. 왜냐하면 어린애 떼고 몸조리를 못하니까. 찬물 먹지, 가서 술 먹어야 되지, 약 털어먹지, 밥은 들어간 거 없지. 그렇다고 '포주집'에서 어린애 떼고 왔다고 미역국 하나 끓여 줘? 안 끓여 줘! 무슨 미역국을 끓여 줘? 응? 밥만 주는 것만 해도 황송해. 김치랑 갖다 줘. 그럼 그 밥이라도 한 숟갈 물에 말아 먹고 나가 영업해야 돼. 그거 뭐 밥 먹어? 약 털어 먹고 뜨거운 커피 한 잔 마시면 확 퍼지니까는…… 그 바람에 취한 김에 가서 손님 받지. 받고 나면 이제 막 하혈을 막 펑펑 하는 거지. 어저께 떼고 왔는데 오늘서부터 손님을 받으니까. 그렇게 살었어…….

그래서 띤 것만 열일곱 개야, 띤 것만. 열일곱 개를 띠어놓고 몸조리 한 번 난 제대로 못 했어. 지금 이제 그런 게 나타나는 거지. 그래서 손도 저리고, 그런 게 나타나는 거지. 왜냐하면 (지금은 사람들이) 어린애 떼고 나도 어린애 난 거나 똑같으다고 몸조리해라 그러는데, 그 당시에 몸조리 할 수 없었어. 그게 전부 내 빚으로 올라가는데……. 그럼 주인이 나가서 벌으라면 벌었어야 돼. 나가서 버는 시늉이라도 해야 돼, 나가서. 그러구 들어와도 미군 안 끌고 들어왔다고 뭐라 그러는데. (포주가) 나가서, 너 이년아, 어저께 어린애 띤 거 값은 벌어야 될 거 아니냐고, 막. 그러다가 또 임신이 되면…… 보건소로 끌고 가지……. 보건소에 가 이렇게 (팔다리를) 쫌매놓고서 쌩으로 긁는 거지. 막 이 창자까지 여까지 다 빠져나오는 것 같앴어. 그거는 막 정말 생생하지. 그럼 막 의사한테 욕하고 막 난리를 부리지. 그 대신 약을 한 주먹 털어먹고 약 기운에 가서 다 붙들어 매놓고 다 띠는 거지. 철커덕 철커덕 이렇게 막 가우로 짤르는 소리 다 들리는 거지, 귀에. 나 그러고 살았어…….

- 현: 언니…… 언니가 너무 힘든 거 같애…….
- 정: …….
- 현: 나 혼자 갔다 올게. 차 안에 있어라, 응?
- 정: 응…….
- 현: 차를 세워놓고 사진 찍고 올게…….

서둘러 사진을 촬영하고 차에 돌아오니 그녀가 또 통곡을 하며 울고 있었다.

- 정: 여기 와서 안 울려고 결심했는데…… 그게 안 돼…….
- 현: 언니한테 말로만 들었던 여기 와서, 그거를 보고 사진을 찍으려니까…… 진짜 가슴이 찢어진다, 찢어져…….

- 정: 누구든지 해야 하니까…….
- 현: 필요 없는 말인 줄은 아는데, 그 세월을 돌릴 수 있으면 얼마나 좋을까…….
- 정: …….

　나는 서둘러 출발했다. 용주골에서 완전히 벗어날 때까지 김정자는 창밖 풍경에서 눈을 떼지 못했다. 옛 기지촌의 모습을 하나라도 더 찾아내려고 애쓰고 있었다. 그런 그녀의 두 뺨엔 하염없이 눈물이 흐르고 있었다.

"하늘을 지붕으로 삼고"

문산 기지촌

문산 기지촌을 찾아가는 길이었다.

- 정: 여기, 문산은 어떨라나······ 기가 막혀서······ 아우······.
- 현: 아휴······.
- 정: 휴우······ 판문점 가는 데 께야······.
- 현: 어? 판문점? 임진각?
- 정: 어, 거기 못 미쳐서······ 저 문산 장파리에서는 미군들 훈련 가는 데 ······. 클럽에 나가면, 미군들 훈련장에 쫓아가래. 그럼 산을 넘어서, 이렇게 포장을 쳐놓은 데(에서) 2차를 받고, 그러면은 돈 있는 미군들은 돈을 주고, 없는 사람들은 담요 한 장을 줘. 담요를 받아갖고 와서 주인을 주면, 주인이 그걸 군인들 거 파는 데, 청량리 가니까 그런 데 있더라구. 그런 데 갖다 팔구. 미군들이 쪼코레트 같은 것, 깡통에 있는 거 몸값 대신 주는 거야. 그거 받아갖고 와서 주

인 주면, 주인이 또 엇따 갖다 파는지…….

김정자가 순간 멈칫하는 것 같더니 흐느끼기 시작했다.

- 정: 하늘을 지붕으로 삼고, 땅을 방바닥으로 삼고, 그러면서 미군을 받았다…….
동지섣달에 구덩이를 이렇게 파구서, 거기에 들어가 팔으라 하면 팔고…… 몸
을…… 한 놈 하고 나면은 고담에 또 딴 놈, 또 딴 놈, 또 딴 놈……. 씻지도 못
하고…… 빤스를 어찌 입어…… 빨리빨리 해서 돈 벌어갖고 내려와야 되는
데……. 돈이나 줘? 어쩔 땐 담요 줘, 미군 담요. 지네들 먹는 밥, 말라붙은 거,
그거 줘. 그거 들고 담요 들고 새벽쯤 돼서 내려와야지. 환할 때 거기 올라댕기
는 거 알면 또 잽혀갈까봐. 살아온 게 진짜 …… 죽지 않고 여기까지 이 나이
먹도록 살아온 것만 해도 진짜…… 참…… 살아온 게 미쳐버리겠다…… 흑흑
흑…….

김정자가 가슴을 치며 울었다. 그렇게 몸부림치며 우는 그녀를 바라보다가
나도 눈물을 흘리고야 말았다. 우리는 아무 말도 못 하고 한동안 그렇게 함께 눈
물을 흘리고 있었다.

- 정: 멀찌감치도 나를 팔아버렸지.
- 현: 그 '조마마상'? 그 클럽 업주가 팔아버린 거야?
- 정: 그렇지. 그런 세월을 내가 보냈어…… 그런 세월을……. 아휴…… 이쪽
집에서 일 년 데리구 있다가 냉겨, 소개소로. 그럼 소개소에서 만약에 2만 원
에 갔다, 그럼 소개비가 붙으면은 5만 원에 가야 되는 거지. 5만 원에 가면, 5만
원에 가갖구, 밥값, 방세가 없으면은 7만 원, 8만 원이 되는 거지. 7만 원, 8만

원만 내면 돼? 미장원에 안 가? 그럼 또 느는 거지, 빚이. 빚을 졌다, 도망갔다, 그러면은 이제 소개소 남자가 잡으러 댕기는 거지. 그 남자가 사진 다 뿌리고, 잡을라구. 잡혔다, 그럼 그 남자가 밥 먹는 거니 차 끌고 다닌 거니 그런 경비를 죄다 내가 물어야 돼. 그럼 도망 한 번 갔다 오면 3, 40만 원이 휙 올라가. 옛날 3, 40만 원 정말 컸어. 그러니까 맨날 그 빚에서 헤어나지 못하는 거야. 돈을 벌어서 갚아도 맨날 그 빚이 그대로 있어, 갚아나간 게 없고. 지네 아들딸들은 다 서울에다 집 사서 다 왔다 갔다 하고, 방학 때나 기어오고⋯⋯.

- 현: 그러니까⋯⋯.
- 정: 문산은 아주 시골 동네고, 발전기로 (전기가) 들어오는 데기 때문에, 거쪽까지는 '토벌' 같은 게 안 나와. (그래서) 미성년자들 많어, 그 집엔. 그런데 딱 클럽 하나 있어. (미군들이) 흰 애들, 꺼먼 애들, 다 겉이 나오더라구.
- 현: 여기를 뭐를 타고 왔어, 언니? 처음에?
- 정: 처음에 뭐. 트럭 같은 거 있잖아, 용달차 같은 거.
- 현: 그거 타고 여기 올 때 얼마나 무서웠어? 지금이야 이렇지.
- 정: 전부 다⋯⋯ 전부 다 깜깜해. 거기 이북에서 막 넘어오라고, 막 그런 소리도 들리구 그러더라구. 저녁이 되면 무서워, 깜깜해. 여기는 전기가 없었기 때문에, 발전기로 해서 클럽만 운영을 했지.
- 현: 그 클럽이 동네에 있었어?

- 정: 동네가 아냐. (클럽이) 한 채가 있구, (포주집) 그 집이 있구, 그것밖에 없었지, 그 집엔.

- 현: 아무 집도 없고 그것만 있었어?

- 정: 그게 있었기 때문에 디엠지[DMZ], 판문점에서 나오는 미군들, 여기다가 내려주구, 그리구 인제 용주골에서 (포주가) 아는 미군들(이 오고). (여자 포주의) 신랑이 미국사람[미국 국적의 기지촌 포주. 기지촌에서는 전역한 미군이나 미국 국적의 민간인들이 동거녀인 한국여성을 바지사장으로 내세워 미군 전용 클럽을 운영하는 경우를 쉽게 볼 수 있었다. 특히 미군들의 안전이 더 중요하게 고려되는 전방의 기지촌에서 이런 현상이 더욱더 두드러졌다]이라, 흰 애라, 같이 해서 들어와서 (포주를 했으니까).

- 현: 왼쪽으로 가면 임진각이래. 임진각 쪽으로 가?

- 정: 응, 임진각 쪽으로.

- 현: 응, 저쪽은 판문점이구.

- 정: 아냐! 임진각! 거기서 판문점이 얼마 안 됐었는데…….

- 현: 여기 1킬로 정도만 가면 임진각이래.

- 정: 그래? 판문점 근처로 가봐…… 판문점 근처…… 판문점 근처…… 판문점이었었어. 그 미군부대가 여기 판문점(에) 있지?

- 현: 응.

- 정: 응, 그래, 맞어!

김정자가 안내하는 대로 도로변의 한 작은 마을로 들어섰다. 주위를 두리번거리던 김정자가 근처 야산을 가리켰다.

- 정: 저런 데다가 막사를 져놓고…….

··미군들의 군사훈련장으로 사용됐던 문산의 야산들. 김정자가 인신매매됐던 문산 운천리 미군 전용 클럽의 기지촌여성들은 인근 야산에 있는 여러 훈련장으로 포주들에게 끌려다니며 성매매를 강요당했다. 멀리 파주군의 장파리 훈련장까지 끌려갈 때에는 미국인 포주가 운전하는 트럭을 타고 갔다.

- 현: 그걸 누가 쳐갖고 있는데?

- 정: 부대에서들 치지.

- 현: 미군부대에서?

- 정: 어, 훈련들 가면 국방색으로 얘네들 쳐놓잖아, 막사. 그럼 저런 산 옆으로 이런 데로 가는 거여. 담요 하나 갖고 이런 데로……. 가서 난리를 부리는 거지.

- 현: 누가 그거를, 땅을 다 파놓고?

- 정: 그런 거는 그 부대에서 훈련 간다고 그러면 막사들 다 쳐놓고 다 하지, 그 부대들, 중대들이. 그리고 얘네들 훈련 끝나면 접어갖고 가. 그럼 다른 훈련장 애들이 와서 또 막사를 짓고 또 있는 거지. 그래서 거쪽으로는 훈련들 할 때마다 막사를 짓는 거지.

- 현: 언니들이 올라가면 그 사람들이 지어놓은 막사에 있는 거야?

- 정: 아니지. 그냥 우리는 동네에 있다가, 저녁 컴컴해지면 올라가는 거야. (미군들이) 총 들고 보초 스잖어? 그런 애들한테 아줌마들이 가서 얘기를 하지, 뭐라고 뭐라고 뭐라고. 그 아줌마가 내려와서 넌 저쪽으로 가라, 넌 이쪽으로 가라, 가르쳐주지. 넌 돈 받았다, 그리고, 어쩔 때는 너 돈 받아갖고 오라고 그러지.

- 현: 그 아줌마들은 포주고?

- 정: 포주[미군 전용 클럽에서 마담 역할을 하면서 기지촌여성들을 미군 훈련장으로 끌고 다니며 성매매를 강요했던 포주들. 클럽의 업주와 일종의 동업관계를 형성하고 있었다지.

- 현: 그런데 보초 서는 사람이 자기 맘대로 그러지는 못할 거 아냐.

- 정: 아이, 걔네들 다 짜지. 부대에 미군들은 다 한패들이야. 이런 데, 올라가는 데도 보초 서고 있어. 그럼 아줌마들이 가서 막 뭐라 뭐라 그러고, 불고기도 갖다 막 주고 그래. 그럼 총 들고 있는 놈들이 막사에 가서 너 여자들하고 잘 사

> **✻ 포주의 횡포와 기지촌여성들의 빚**
> [✎ 관련 기사] "기지촌 주변에서 악덕 포주의 횡포로부터 해방시켜달라는 위안부들의 절규는 이미 10여 년 전부터 있었던 일이다. (중간 생략) 한 아가씨가 직업소개소의 알선으로 이태원 어느 포주에게 소개되었다고 하자. 이 아가씨는 포주가 소개인에게 주는 소개비 7천 원이란 돈을 빚으로 안고 들어오게 된다. 포주는 2평 남짓한 방을 내어주게 되고 3천 원짜리가 될까 말까 한 침대를 1만 몇 천 원에 사라고 말한다. 돈이 없어 이 길에 들어선 아가씨, 포주가 부르는 값에 방 안의 가구 등을 외상으로 사는 수밖에, 이렇게 해서 이 아가씨는 3만여 원의 빚더미 위에 앉는다. 어정쩡 1개월이 지나면 단칸방 월세 1만 3천 원이 올라붙고 밥값이다, 외상 옷 값이다 해서 다시 3만여 원의 빚은 간단하게 쌓인다.
> 뿐이랴, 이 돈에는 '온달러'라는 최하 3할에서 최고 5할 이자까지 붙게 마련이다. 따라서 동거생활을 할 경우 살림돈 6~7만 원을 받게 되는 것이 고작이지만 이 돈으로 포주와 반반씩 나눈 뒤 빚을 갚고 방세, 밥값을 치르고 나면 위안부에게 돌아오는 것은 역시 빚뿐이다."(≪경향신문≫, 1971년 6월 29일자, 6면)

람 오라고 그러고, 지네들도 한다구, 보초 스다 말구. 언제쯤 되면 헌병들이 돌

지 안 돌지 시간을 해갖고, 그 시간에 지네들이 한다구.

- 현: 근데 그게 훈련을 올 때마다 그랬는데 설마 미군 장교들이 몰랐을까?

- 정: 장교들도 하는데 뭐, 이식스, 세븐[E-6는 하사, E-7는 중사. 김정자는 미군 하

사나 중사를 일반 병사가 아니라는 의미로 '장교'라고 지칭한다]들도. 장교들이라

고 안 해?

- 현: 그 입구에서 총 들고 지키고 있는 미군을 지나서 들어가는 거니까, 거기도

훈련장이잖아? 훈련장 안으로 언니들을 들여보낸다고?

- 정: 그렇지. 훈련장 안으로 들어가면은 나무가 저렇게 있어. 그럼 그쪽으로 끌

고 가는 거지. 그쪽에서 나무 밑에서 그냥 담요 깔아놓고서……

- 현: 미군들이 끌고 가는 거야?

- 정: 그렇지. 미군들이 가자! 그러면 이제 쫓아가는 거지, 미군들을. 미군들이

움막을 이렇게……

- 현: 지어놔?

- 정: 이런 구덩이를 파놔.

- 현: 미군들이 미리 파놔?

- 정: 그렇지. 산에서들 죽은 아가씨들도 있는 거야, 기지촌에는. 말 안 들으면

은, 여자가 막 싫다고 그러면, 처음 온 애들은 막 싫다고 그러면, 목 졸라서 죽

이는 거야. 그래서 훈련장에 쫓아갔다가 죽은 사람들도 있는 거여. 거기서 아

무나 총 갖다 들이대고, 어떤 나쁜 놈들한테 걸리면 돈도 못 받고 나와. 못 받

아도 내려와야 돼.

- 현: 장교들한테 한 번도 안 걸렸어?

- 정: 안 걸리지. 못 걸리지. 다 알면서 짜지.

- 현: 문산에서 미군이 쳐놓은 천막에 들어간 적도 있었어?

- 정: 있지. 그건 쪼끔 장교야. 쪼끔 장교들은 막사 안에서 하는 거지, 천막을 처놓고. 거기 있는 놈들 전부 나가 있으라고 그러고, 이식스, 이세븐, 이런 것들. 그런 놈들은 밑에 졸병이 다 천막 가상이에 가서 막사를 지켜줘, 배깥에 나가서. 하여튼 뭐든지 거기까지 올라갔다 그러면 다믄 (얼마라도) 벌어갖고 내려와야 돼. 거기까지 올라갔는데 공치고 왔다가는 (포주집) 골방에 가서 이빠이 터진다고……. 이빠이 터지기만 하면 다행이지, 빚이 올라가잖어.

- 현: 맞는 것보다 빚이 더 무서운 거지…….

- 정: 빚이 올라가. 왜냐면은 거기 올라갈 때 밥을 먹고 가잖아. 배가 고프니까 맥여서 보내. 그게 빚이여, 먹는 게.

- 현: 먹는 것도?

- 정: 밥값! 밥값에서 이자가 있는 거지. 자꾸만 올라가는 거지, 빚이. 아휴…… 담배나 하나 펴야지……. 그렇게 되는 거지……. 포주가 내려가자고 그럴 때까지는 해야 돼. 공치고 내려올 때가 제일 힘들지. 으이구 진짜…… 빚이니까……. 여기 어디인거 같애, 난…….

- 현: 여기?

- 정: 여기 말고 저쪽 편으로……. 옛날에 여기 클럽이 있었던가 한번 물어봤으면 좋겠어. 웅! 이 아주머니한테 물어보자! 아주머니, 혹시 여기 옛날에요 …….

- 아줌마: 네?

- 현: 훈련장 있지 않았었어요?

- 정: 클럽도 있었는데, 클럽!

- 현: 훈련장, 포격 훈련장.

- 아줌마: 훈련장? 없는데…….

- 정: 요쪽으로 클럽 없었어요? 하얀 사람들만 다니는 클럽?

- 아줌마: 그런 건 없는데요, 지금은요…….

- 현: 아, 네, 알겠습니다. 저 아줌마는 젊어, 그치?

- 정: 그럼. 이게 전부 다 훈련장이었을 것 같애, 난.

- 현: 아, 요쪽이?

- 정: 그런데 (지금은) 집을 세운 거지.

- 현: 응, 여기 언덕들 있는 데가?

- 정: 맞어. 이게 이게 다 훈련장이었어. 동네라고는…… 그러니까 전기도 없어
  갖고 발전기로 돌렸었어, 그 집[클럽]은. 그래갖고 안집[포주집]은 자기네 방만
  불이 있었구, 그 나머지는 촛불.

- 현: 어어.

- 정: 저런 버스도 안 들어왔었어. 무슨 버스가 있어, 여기가. 그냥 동네에서 사
  는 거지.

- 현: 요 안쪽으로 조금만 더 들어가볼게.

- 정: 저렇게 외딴집! 집이 저렇게 있구. 클럽은 그 위루 돼 있었구.

- 현: 저 집인가? 저 집이었을까? 저기로 한번 가볼까 언니? 일루 해서?

- 정: 응응. 한번 가보면…… 그 위는 클럽이어갖구 발전기 해갖구서 집두 오기
  가 참 좋았어, 미군들이 들어오기가.

- 현: 요기! 요기! 큰길에서 요렇게 들어오는 거리, 그치?

- 정: 응, 그래갖구 이게 집이잖어? 이게 집이면 이 집 위에 무슨 하얀 거 보이는
  거 있지? 저 위의 집, 저기 뭘로 이렇게 해놓은 거.

- 현: 바로 앞의 집?

- 정: 바로 위에.

- 현: 어.

- 정: 그렇게 생겼었어, 클럽이. 클럽은 좀 약간 언덕으로 좀 있었지.

.. 문산의 옛 미군 전용 클럽. 사진 오른쪽 담이 클럽의 기지촌여성들이 살았던 옛 '포주집'이다.

- 현: 어떤 거? 요기? 요 요 앞에 있는 집 얘기하는 거야?

- 정: 응응. 요 앞에 집이구.

- 현: 어어.

- 정: 요게 집이구.

- 현: 응응.

- 정: 고 위에. 그 위에 파란 것들 옆에 있지? 또 하나가?

- 현: 파란 거?

- 정: 저 옆에 있네, 돌아갖구. 그게 클럽이었었는데…… 응…….

- 현: 오래된 집이다! 언니야! 오래된 집이야!

- 정: 이렇게 생긴 거였어. 붙지는 않았거든?

- 현: 요 정도 위치였어? 클럽은?

- 정: 클럽은 조기.

- 현: 저기 위에?

‥ 미군 전용 클럽 입구에서 내려다 본 옛 '포주집'. 멀리 미군들의 훈련장으로 쓰였던 야산들이 보인다. 기지촌여성들은 이런 야산들로 이리저리 포주들에게 끌려다녀야 했다.

- 정: 저 위에.

- 현: 한번 올라가보자.

- 정: 이게 맞네!

- 현: 그렇지? 그렇지? 그런 거 같지 언니?

- 정: 응, 이게 클럽이면은 이렇게 내려와서 일루 앞으로 해서 (포주집으로) 들어 갔지.

- 현: 이게 '포주집'이고?

- 정: 응, 그렇지.

- 현: '포주집'에서 살았어?

- 정: 그럼, 응, 주인집이지.

- 현: 이게 클럽이고?

- 정: 이게 클럽이구. 클럽이 언덕 위로 이렇게 올라갔거덩.

- 현: 큰길에서 이렇게 걸어 들어온 거야?

- 정: 응, 금방이야. 큰길에서 (미군버스가 미군을) 내려줘갖구.

- 현: 언니, 우산 좀 써.

- 정: 아니, 안 써. 여기가 맞어. 이게 개울이잖어, 개울. 일루 나가두 되고, 이쪽으로 걸어서 이쪽 논으로 해서 걸어나가면 바로 신작로잖어.

- 현: 응.

- 정: 클럽이 제일 위에 있었어, 보이게시리. 그리구 바로 밑에 '포주집'이구.

- 현: 언니 (차) 조심해!

- 정: 응, 여기에 이 길이 없었어. 여기가 전부 다 논이었었어. (통일로에서) 저쪽으로 해서 논으로 들어오면 바루지. 죽어도 죽었겠다, 주인, 팔십은 넘었으니까. 나 그때 열여덟인가 열아홉이니까는, 열아홉 때니까는…… 그렇게 됐지…….

- 현: 응, 그치…….

- 정: 맞어, 맞어. 기도 안 찬다, 기도 안 차…… 여기가 이렇게 생겼으니…….

- 현: 이게 옛날?

- 정: 옛날 도로.

- 현: 그치? 1번 도로, 통일로.

   문산을 빠져나가는 길이었다. 김정자는 도로변에 조성돼 있는 전원주택 단지를 물끄러미 바라보았다.

- 정: 이런 데도 사람이 사는구나…….

- 현: 집들 근사하게 져놓고 사네. 모른다니까, 다들. 지금 사는 사람들이 어찌 알겠어.

·· 문산의 옛 미군 전용 클럽과 통일로(박정희 전 대통령이 조국통일의 염원을 담아 만들었다는 서울과 판문점 사이를 잇는 고속화도로). 이 클럽은 주로 공동경비구역(JSA) 경비대대, 캠프 보니파스 (Camp Bonifas) 등의 미군들이 이용했다. 판문점에서 미군들을 싣고 오는 셔틀버스는 통일로 변에 미군들을 내려줬고, 미군들은 논길을 걸어 클럽으로 들어왔다.

- 정: 모르지…… 으휴…….

- 현: 아휴…….

- 정: 이 중에서도 포주가 있었겠지. 언니들 피 판 돈으로 이거 쳐갖고 사는 인간

  들도 있을 거야, 몰르면 몰라두. 없는 게 우리 잘못이지, 허……. 피 팔은 돈이

  지. 피 팔은 돈으로 했을 거야. 그래도 눈썰미가 내가 있어갖구, 빨리빨리 찾어.

- 현: 언니 대단해. 어떻게 그게 수십 년 전인데…….

- 정: 사십 년 전인데…….

- 현: 그걸 어떻게 기억을 해…….

- 정: …….

김정자는 문산을 다 빠져나갈 때까지 눈에 보이는 야산들이 모두 옛 훈련장으로 보인다며 몸서리를 쳤다. 그래서인지 지금도 산이 너무 무섭다면서, 죽으면 산에 뿌리지 말고 물에 뿌려달라고 당부했다. 나는 꼭 그렇게 하겠다고 그녀에게 약속했다.

66 세코날 먹고 동맥을 끊고는 99

두 번째 용주골 기지촌과 대춧벌

증언 여행 계획을 세울 때도 김정자는 대춧벌에 가는 것을 망설였다. 대춧벌 근방에 도착해서도 그녀는 가보자는 말을 선뜻 꺼내지 못했다. 나는 불가능하겠 다고 생각하고 그냥 지나치려고 했는데, 그녀가 대춧벌 쪽으로 차를 돌려세웠다.

- 정: 문산은 용주골에서 열아홉에 와갖고 스물하나에 도루 간 거야, 용주골로. 소개하는 사람(소개소 남자)이 도루 데려다준 거지. 이 여자가 도저히 영업도 못 해고 주인이 도루 데리고가라구 그런다, 도로 '조마마상 클럽'으로 간 거지. 거기서 인제 '포주집'에서 클럽을 댕긴 거지. 클럽을 댕기다가 미군을 만나서 대춧벌로 나온 거지, 미군이 빚을 갚아줘서. 대춧벌은 용주골 한국호라스 있 잖어? 거기서 이쪽(광탄 방향)으로 오면 미군부대 있잖어? 거기가 대춧벌이야. 거기서 방 하나를 얻어서 살았지. 그때 빚 갚아줄 때 30만 원이었어.
- 현: 그 당시에 30만 원이면?

- 정: 엄청 크지. 그걸 갚고서 인제 방을 얻은 거지. 그리구선 이 미군이 의심이 나니까, 열두 시 딱 되면 오라 그래. 난 시계가 없잖어. 그럼 도화지를 이렇게 만들어서 12, 1, 2, 3, 4 이렇게 바늘을 맹글어서 이렇게 가르쳐줘. 열두 시를 딱 먹괴열두 시가 딱 되면] 이 시간에 오라고, 거 정문에. 그럼 깡통부대 정문에 가는 거지.
- 현: 깡통부대에 있었어? 애 아빠가?
- 정: 어어. 걸루 가. 그럼 정문에 (미군이) 나와 있어. 그럼 (집에) 가라구. 그땐 영어도 잘 못했으니까, 또 여섯 시로 (도화지를) 이렇게 해놔. 그때 집에 간다구, 카츄샤[카투사: 우리나라에 주둔하고 있는 미군에 배속된 한국군인]가 인제 얘기를 해주지. 처음엔 (영어를) 몰르니까, 여섯 시에 집에 간대요, 아니면, 여섯 시에 집에 가니까 일곱 시쯤 돼서 여기 오시래요.
- 현: 그런데 언니, 애기 아빠하고는 왜 헤어진 거야?
- 정: 애기 아빠하고는…… 기독교 신자야.
- 현: 애기 아빠가?
- 정: 응, 그래갖구 한 번 결혼하면 이혼 못 할 사람들이야. 근데 부인이 자식을 못 나. 근데 정은 깊어, 둘이. 그러기 때문에 내가 임신했다고 하니까는 지 부인한테 전화를 한 거지. 이렇게 해서 한국에서 동거생활하는 여자가 있는데, 그 여자가 임신을 해서 내 어린애를 가졌는데 어떡했으면 좋겠냐? 그러니깐 여자한테서 편지가 온 거지, 나한테로. 그래서 '오피스'[기지촌에는 미군이나 기지촌여성들을 대상으로 하는 대서소들이 있는데, 이곳을 '오피스'라고 불렀다. '오피스'에서는 주로 미군과 기지촌여성들 간의 국제결혼 관련 서류 작성이나 편지 번역 등을 했는데, '오피스'의 폭리는 기지촌여성들의 빚이 늘어나는 한 원인이 되었다]에 가서 읽어봤지. 그랬더니 고맙다고 그러면서 그 어린애 저를 달라는 거지. 그럼 나랑 똑같이 임신한 거처럼 하겠다는 거지. 그래서 병원에서 있겠다

는 거지, 자기가, 열 달 동안을. 그냥 낳아서 바로 보내달라는 거지. 그래서 다 식구들끼리 전부 다 속였어, 이 사람이. 그 냄편하고 의사하고 이 여자밖에 몰라, 미국에서는. 그래서 데리구 간 거야, 백일도 안 된 핏덩어리를⋯⋯. 그러고서 (연락이) 끊어진 거지⋯⋯. 그러고서 (부인한테서) 고맙다고 편지 한 번, 돈이랑 속치마, 미제 속치마가 얼마나 큰지 몰라, 걔네 뚱뚱하니깐. 그런 거를 좀 부쳐왔더라구. 그러구 나서부텀은 이사를 했는지⋯⋯ (내가) 편지를 했는데 도루 빠꾸해서 왔더라구.

- 현: 편지가?

- 정: 그렇게 끝난 거지, 뭐⋯⋯.

- 현: 이사를 했겠지?

- 정: 그럼⋯⋯ 편지를 자꾸만 할까봐⋯⋯.

- 현: 그랬구나⋯⋯.

- 정: 그래갖구선 인제 그 남자를 어린애랑 김포(공항)에 가서 보낸 거야. 그때는 (미군들이) 김포로 갔어. 그 남자가 (미국에서) 나와갖구, 한국에 나와서 수속(친자증명수속)을 했어, '오피스'에, 어린애를. 그래서 데리고 가는데, 내 친구가 (내가) 기절을 할 줄 알고 쫓아간 거지, 김포에. 나랑 내 친구랑 그 남자랑 애기랑, 이렇게 갔는데, 난 배고파서 식당에 가서 밥 먹구 나오는데, 비행기 뜨더라구. 비행기 타는 것도 못 봤어, 난. 내 친구는 내가 없어졌으니까 어디 가서 우는 줄 알고 난리를 부리드라구. 근데 뭐 그때만 해도 나이가 어리니까는 별로 뭐 못 느끼겠더라구. 그런데 집에 돌아와서, 한 달, 두 달, 이렇게⋯⋯ 어린애 소리만 나면 미치는 거지, 내가⋯⋯.

- 현: 그러니까 보낼 때는 실감을 못 한 거야.

- 정: 어, 못 했어. 이 남자는 어린애랑 떠나는 마당에 나를 비여줘야(보여줘야) 되는데 나는 없고 비행기는 빨리 떠야 되겠고, 그러니까 나가버린 거지. (미군은)

나갔는데, 밥 먹고 오는데, 비행기는 떠서, 설마 저거 어린애 가는 건 아니겠지? 그리고 들어왔어. 그랬더니 얘가 막 울면서, 너 어디 갔다 오냐고 그래. 나 배고파서 밥 먹었어, 그랬더니 미친 년! 저기 비행기 저거 간다고 그래. (내가) 가면 가라 그래. 가자, 집에, 이러고 왔어. 왔는데, 하루 이틀 이렇게는 (아이를 보냈다는 것을) 못 느끼겠더라구, 내가. 아유, 어서 뭐 우리 어린애 잠깐 누가 봐주겠지, 이러고 그거 못 느끼겠는데, 그 다음부터 미치는 거지. 애 울음소리만 나도 뛰어 나가고……. 그러니까 나가서 가겟방 가서 막걸리 먹고 들어와서 자고……. 그리고 내가 내 친구한테 야, 애기 어디 갔냐?

- 현: 어머, 어머.

- 정: 이년아! 갔잖아! 나 정신이 약간 나갔었어……. 애기!

- 현: 그랬어? 언니?

- 정: 나 그렇게 미쳤었어, 어린애 보내놓구. 애기 어디 갔어? 그랬더니 이년아! 김포에 데려다줬잖아! 정신 채려! 막 이래. 그래서 아유, 나 미치겠다…… 나 …… 우리 애기……. 그러니까 얘가 그냥 막 기저귀니 뭐니, 소쿠리 다 치워버리더라구. 막, 막, 어린애 거는 다 치워버리더라구. 그리고선 난중에는 너무 미치겠는 거야. 뛰어 나가서, 그 (개천) 물 이렇게 내려오는데, 거기에 가서 빠져갖구서…… 술 먹고 거기서 (이마를) 째서…… 발을 이만큼 담그고 앉아서 자고…… 그렇게 미쳤었어, 난. 정신 나가고…… 그래서 나는 정신병자 되는 줄 알았대. 우리 친구들이 나를, 가라고, 걔가 맨날같이 와서 때리고, 날, 밥 먹으라고 막 갖다 숟가락하고, 막 (밥을) 냉기고…… 지금이나 그전이나 속상하면 밥을 못 먹었거덩, 내가…… 응…… 얹혀갖고……. 밥 먹으라 그러면 국물만 먹고, 그냥 말라가는 거지, 내가. 허리를 23을 입었어…….

- 현: 세상에…….

- 정: 막 먹지를 못하고 맨날…… 누가 건드리면 이렇게 푹 쓰러지는 거지. 그러

구선 그냥, 어린애 날 동안은 내가 또 세코날을 안 먹었었어. 약방에 가갖고, 세코날 좀 달라구. 그 약국에서 사서 그거 먹으면서 막걸리 먹으면서, 담배도 그때부터 뻐끔 담배를 그렇게 피고, 내가 그랬었어.

그녀가 흐느끼기 시작했다.

- 정: 또 깨서 또 먹고 또 자고…… 막걸리 사다 또 먹고 또 자고……. 아예 죽어 버리자! 세코날하고 막걸리 먹고, 동맥을 끊어서 그냥 이렇게 하고 (누워) 있으니까, 피가 막 나고…… 너무 많이 피를 흘려갖고 내가…… 병원에 갔더니 이거 꼬매지를 못해. 힘줄이 여기 있어서, 대충대충 이렇게 하더라구. 거기서 죽을려고, 그 방에서……. 그 방이 옛날에는 쇠문이 아니었어. 창호지 이런 문이었었어. 근데 내 (방) 앞을 지나가는데 피비린내가 확 나더래, 주인아줌마가.
- 현: 주인아줌마가 그 집에 살았어?
- 정: 우리 같이 살았거덩, 자치포주니까는.
- 현: 아, 그 집도 '포주집'이었어?
- 정: 응, 자치포주. 근데 30만 원을 미군이 어떻게 갚아줬냐 하면, 그 주인아줌마에게 싸인을 하고 한 달에 얼마씩 갚아준다 그러고 돈을 얻은 거지. 그리구 얼마씩 갚은 거지.
- 현: 그러니까 미군이 언니를 데리고 그 '자치포주집'에 가서 산 거야?
- 정: 그렇지. 한 달에 이제 말하자면 10만 원이면 10만 원, 집세는 빼고서, 쪼끔 쪼끔 갚아준 거지, 매달. 그러니까 미군이 (미국으로) 들어가니까 빚을 졌잖아, 내가. 그러니까 빚을 졌으니까 빚은 못 갚지, 방세도 인제 막 밀리고, 집세도 밀리는 거지, 내가. 집세가 밀리니까는…….
- 현: 그게 인제 다 빚이 되는 거잖아!

- 정: 그렇지. 그러니까 주인이, 방을 그럼 빼라! 어서 (클럽에서 돈을) 땡겨와갖구서 (빚을 갚고) 방을 빼라, 난 도저히 너 이러군 못 놔둔다, 이러구. 주인이 이러다가 너 암만 여기서 죽겠다, 누구 신세를 조질라 그러냐? 응? (클럽에) 가 (돈을) 땡겨와라! 주인은 땡기라 그러지, 어린애 보내고 돈 가진 거는 없지, 맨날 밥을 굶다시피 하고 내가, 없어서 엄청 물만 퍼먹었지. 그 (옆방에 살던) 중국 언니, 그 언니가 밥 주는 것도 주인 보기 눈치가 사나워서, (포주가) 니네 신랑은 빚도 안 갚고 갔냐고 그러지, 도둑놈이라 그러지, 갖다가 날 집어넣는다고 그러지, 기가 막히더라구.

- 현: 에구…… 참말로…….
- 정: 그렇게 그렇게 세월이 갔어……. 그래서 '혼혈아' 애들만 보면 내 자식 같지…….

  대춧벌에 도착해 입구에 차를 세우고 골목을 함께 걸어 들어갔다. 재개발 때문에 골목 한쪽으로는 집들이 모두 허물어져 있는 상태였다.

- 정: 요 골목…… 없어졌네……. 그래도 한번 가보자!
- 현: 그럴까?
- 정: 다 없어졌네.
- 현: 여기 이제 개발이 되려나보다. 어떤 집처럼 생겼었어?
- 정: 이런 집…….
- 현: 아, 이런 집. 어느 자리였는지는 기억나?
- 정: 이 자리 같은데…… 요기…….
- 현: 아…… 이 자리…….
- 정: 약을 먹고 내가 이 전보선대에 확 부딪쳐갖구 마빡이 이렇게 찢어져서 수술한 자국 있다구. 표시 나잖아?
- 현: 응.
- 정: 이 집하고 똑같이 생겼었는데…….
- 현: 응…….
- 정: 이쪽에 집이 있었는데……. 이거하구…… 공간이 있지?
- 현: 응, 공간이 있어.
- 정: 이 집 같은데…….
- 현: 이 집?

·· 재개발되고 있는 옛 대춧벌. 김정자가 미국으로 아이를 보내고 난 후 약에 취해 쓰러져 있던 도랑과 머리를 부딪혔던 전봇대도 남아 있다.

- 정: 응, 대문 저쪽으로 해서.
- 현: 여기가 이렇게 마당이 넓었어?
- 정: 응, 여기까지 집이지, ('ㄷ자'로) 이렇게, 이렇게, 이렇게.
- 현: 전부 다?
- 정: 그런데 집이 없어졌네…… 다 뚫어가지고…….
- 현: 반만 있는 거네.

   그녀는 숨죽여 흐느꼈다.

- 정: 흐흑…… 응……. 여기…… 저기 대문에서 들어와서 여기도 방이었었어,
   이렇게 쫘악…… 저 방 맞네…….

ㆍㆍ 김정자가 미군과 동거했던 자치포주집. 'ㄷ자' 형태였던 옛 '자치포주집'은 대부분이 부서지고 대문과 가장 가까운 방만 남아 있었다. 이 방은 당시 포주의 가족이 사용하고 있었다. 사진 오른쪽이 김정자가 살았던 방이다. 현재는 방문만 있는데, 방의 크기와 모양은 남아 있는 터로 짐작이 가능하다. 지반만 남아 있는 다른 방들에도 당시는 모두 기지촌여성들이 살고 있었다. 멀리 옛 미군부대, 일명 '깡통부대'의 정문이 보인다.

- 현: 어느 방?

- 정: 아휴…… 이 방 맞네……. 흑흑…….

- 현: 이게…… 오른쪽이 방이었어? 맨 오른쪽이?

- 정: 응…… 방이야…… 이게…….

- 현: 언니…… 여기서 죽을려 그랬었어?

- 정: 여기서 어린애 낳고…….

흐느낌이 점점 커져갔다. 김정자는 누가 들을까 손수건으로 입을 틀어막았다. 하지만 결국 골목에 주저앉아 가슴을 치며 통곡하기 시작했다. 나도 그녀를 안고 울었다.

- 정: 아아······ 흑흑······ 흑흑흑······ 아이구우······ 아이구우······.
- 현: 언니······ 괜찮아? 흑흑······.
- 정: 아아아······ 가자······ 얼른 가자······.
- 현: 어어.
- 정: 난 여기 있기 싫어······ 아흐흑······ 아흐흑······.
- 현: 흑흑흑흑.
- 정: 왜 나 살던 데는 다 안 없어졌어? 왜? 으으흑. 나를 안 잊었나봐······ 현선
  아······.
- 현: 언니······ 어떡해······.
- 정: 가슴 아파 죽겠어. 나 많이 죄졌나봐, 현선아······. 으흑흑, 으흑흑.
- 현: 으으······.

  우리는 서로 부둥켜안은 채 그 골목을 빠져나갔다. 차에 타서도 울음은 그치
지 않았다.

- 정: 아흐흑흑······.
- 현: 언니······ 어떡해······.
- 정: 현선아······ 나 답답해······ 현선아······.
- 현: 언니······ 언니······ 어떡해······.
- 정: 아흐흑······ 아흐흑······ 나 미치겠어! 어떡해, 나는······.
- 현: 언니 불쌍해······ 흑흑흑······ 언니 불쌍해서 어떡해······ 언니······ 흑흑
  흑······.
- 정: 얼른 가자!
- 현: 어어······.

- 정: 얼른 가자! 으으흑…….

- 현: 그래! 그래! 흑흑…….

- 정: 흑흑흑…… 으흑흑…….

- 현: 언니…….

- 정: 뭔 죄를 졌어, 나……. 죄를 많이 졌나봐, 나…… 현선아…….

- 현: 흑흑흑…….

- 정: 왜 여직까지…… 지금도 하나도 안 없어졌어……. 내가 죄를 많이 졌나봐!
  아흐흑…….

- 현: 아니야, 언니. 그런 말이 어디 있어…… 흑흑……. 언니 한 풀려고 안 없어
  지고 있었던 거지……. 언니가 무슨 죄를 져서 그래……. 언니가 무슨 죄를
  졌다고…… 흐흐흑…….

- 정: 가는 데마다 내가 있었던 곳은 왜 안 없어지고 있냐……. 아아아…… 아아
  아…….

- 현: 흑흑…… 우리 언니들이 한이 너무 많아서, 언니 오는 거 기다리고 있었겠
  지……. 우리 가려고 그러는데 비 그치는 것 좀 봐봐……. 언니가 무슨 죄를
  졌다고. 흑흑흑…… 언니 죄 져서 그런 거 아냐…… 그런 말 하지 말어…….
  흑흑흑…… 우리 언니들이 한이 많아서 그런 거지. 어떻게 저렇게 다 남아 있
  냐…… 아아아…… 으으흑…….

- 정: 내가 잡혀 있었던 방도…… 죽을려고 했던 방도…… 아흑, 미치겠어, 아
  흑, 흑흑……. 어떻게 그래……. 나 무서워, 현선아……. 으으…… 나 무서
  워……. 아흐…… 아휴…… 아휴…….

- 현: 흑흑흑…….

- 정: 무섭다…… 휴우…….

- 현: 아휴…….

- 정: 다 헐렸는데…… 그 방만 안 헐린 거 봐. 내가 오죽하면 저쪽에서 대문을 열어봤어. 대문을 열어봤더니 없는 거야, 저쪽으로는. 저쪽으로 쭉 방이었어. 근데 어쩌면 그 방만 남아 있냐?

- 현: 기가 막히다……. 그지?

- 정: 아휴…… 진짜루…….

- 현: 기가 막히다…….

- 정: 어쩌면 그래. '포주집'하고 그 집두 있구, 하나 변한 게 없네, 집단도 그대루 있구……. 흐흐흑. 내가 죄를 많이 졌나봐…….

- 현: 아냐…….

- 정: 그러니까는 한 30년을 넘게 했는데, 어떻게 그 집만 남아 있냐. 거진 40년이 넘었어, 스물네 살에 갔기 때문에……. 야, 기도 안 차!

- 현: 휴우…….

- 정: 기억력두 좀 없어지지. 기억력으로 그런 거 찾는 데마다…….

- 현: 언니가 거기를 어떻게 잊겠어…….

- 정: 그래도 집이라도 없으면은 덜 생각이 나는데…… 어떻게 그 방이 그냥 있냐구, 나만 썼던 방이…….

우리는 대춧벌에서 되도록 멀어지고 싶었다. 그 바람에 늦은 밤이 되어서야 음식점에 들를 수 있었는데 하루 종일 굶은 빈속에 김정자는 소주만 연신 들이켰다.

여관에 들어와서 그녀는 침대에 엎드려 다시 통곡을 했다. 그녀가 울다말고 갑자기 화장실로 뛰어들어가 문을 잠갔을 때, 나는 가슴이 철렁 내려앉았다. 걱정하는 내게 그녀는, 안 죽는다고, 그냥 이렇게 우는 모습을 아무에게도 보여주고 싶지 않은 거라고, 겁내지 말라고 했다. 그녀가 나올 때까지 나는 문 앞에 주저앉아 그녀를 기다리고 있었다.

66 엄마 죽고 나서 아들도 그 자리에 가서 99

동두천 홍콩빌리지 기지촌

새벽녘이 다 되어서야 겨우 잠들었으면서도 내가 차버린 이불을 다시 덮어주
느라 김정자는 몇 번이나 자리에서 일어났다. 덕분에 내가 더워 죽는 줄 알았다
고 하자 그녀가 빙긋 웃었다. 울다 잠들었을 그녀의 얼굴이 퉁퉁 부어 있었다.

- 현: 언니, 커피 한 잔 드실래요?
- 정: 커피가 어딨어?
- 현: 여기.
- 정: 응.
- 현: 언니, 약은 먹었어?
- 정: 어, 먹었어. 물 한 잔 먹어.
- 현: 어.

늦잠을 잔 우리는 여관에서 서둘러 나와 아침을 먹고 동두천의 옛 기지촌 중 하나인, 일명 홍콩빌리지로 향했다.

- 정: (대춧벌 '포주집') 거기 있는 언니가…… 내 생각에 중국 언니 같애, 그 언니가. 도망가라구, 애도 없구 하니까 여기서 넌 이러다가 미쳐가겠다구, 가라구, 도망가라구, 가라구. 그래서 언니, 나 돈도 없다구 그러니까, 내가 돈 줄 테니까 가라구. 갈 데가 없다구 그러니까는 그 언니가 인제 동두천을 가르쳐준 거지. 여기서 동두천이 가까우니깐 동두천으로 도망가라구. 그래서 동두천이 어딘데요? 어딘데요? 그러니까는, 그러면은 (돈) 이것 갖구서 그냥 택시를 집어 타고 가라, 버스를 탈 줄을 모르면은 택시로 가서 중간에 가서 갈아타라, 이 택시로 곧장 가지 말구, 그 택시로 어디까지 가갖구…….
- 현: 자치포주가 잡으러 올까봐?
- 정: 응응. 거기서 내려서 바로 또 택시를 타라, 그러면은 이 택시를 거기서부터 타고 갔으니까 동두천으로 곧장 가면 잡으러 올 거다, 그러니까 중간에서 내려라. 그래서 내가 어디쯤 와서 내가 갈아탔냐면, 거기가 어디야? 거기…… 대춧벌하고 거기…….
- 현: 광탄?
- 정: 광탄! ('스토어') 아가씨들 있는 데, 거기서 내려서, 거기서 택시를 타고 동두천으로 간 거지. 근데 뒤에서 누가 잡으러 오는 것 같으더라구. 그런데 그 운전수가 착했어. 걱정해지 말라구, 아가씨는 뒤에서 드러눠 자라구, 그냥, 이렇게 쭈그리고 있으라구. (그 아저씨는) 도망가는지 알았지, 내가. (팔목) 여기 붕대는 감구. (운전수가) 근데 왜 하필 동두천입니까? 그래서 뭐라 그래. 부모가 거기 산다고 그랬지. 그랬더니 집에 잘 가라구. 그래서 동두천도 어디께 내려줬냐면, 그 동두천 역 있지?

- 현: 응응.

- 정: 거기에 내려준 거지. 거기서 또 택시를 타구서 홍콩동네까지 간 거지, 내가. 게이트까지…… 난 그 언니 진짜…… 중국 언니…….

- 현: 중국 언니였어? 일본 언니였어?

- 정: 중국 언니 같애. 여기 중국 옷을 입더라구, 차이나복을.

- 현: 우리나라 사람인데 중국에서 온 사람?

- 정: 몰라. 키도 쪼꼬매.

- 현: 몇 살이었는데?

- 정: 그때만 해도 그 언니가 스물일곱인가? 그랬어. 자긴 중국에서 아버지하고 같이 넘어왔다구. 발이 요만해. 노상 차이나복만 입구, 이렇게 길게 해갖구.

✱ 기지촌 내 중국·일본 여성
1960년대까지도 기지촌에서는 기지촌여성으로 살아가는 중국여성이나 일본여성들을 볼 수 있었다. 이들은 중일전쟁, 2차 세계대전, 한국전쟁 등을 거치는 사이 다양한 경로를 통해 한반도 남쪽으로 이주했고, 전쟁과 분단의 고착 과정에서 고국으로 돌아가지 못하고 기지촌으로 유입된 여성들이었다.

20세기 초반에서 중반까지 한국과 중국, 일본의 많은 여성들이 해외로 인신매매되었다. 당시 일본의 신문에는 이렇게 조선과 만주, 남태평양 등지로 인신매매된 일본여성들의 기록이 남아 있다.(吉田秀弘, 2000: 134)

기지촌여성들에게 이 여성들에 대한 기억을 물으면 이런 이야기들을 들려준다.
"우리들이 왜 기지촌여자가 됐냐고 물으면, 대부분 남자와 함께 여기 와서 살다가 그 남자가 자기를 버리고 혼자 가버려 여기 남게 됐다고 말했다. 팔려왔다는 언니도 있었다. 중국 언니들은 중국 옷을 입고 있어서 금방 눈에 띄었고 발이 참 작았다. 일본 언니들은 키가 작았는데, 외모가 우리랑 비슷했다. 이 언니들은 미군과 결혼해 기지촌을 벗어난 후, 자기 나라로 돌아가는 길을 찾는 것이 가장 큰 희망이라고 말했다."

이뻐, 쪼끄만해갖구.

- 현: 근데 그 언니는 어떻게 여기까지?

- 정: 팔려왔대.

- 현: 누구한테?

- 정: 몰라. 어서 팔려왔다 그러더라구. 언니도 가! 언니도 가! 그러니까, 난 갈데도 없구 그냥 돈이나 벌다가 미군하고 결혼해서 미국이나 갈랜다, 그러더라구. 근데 몰르지, 결혼을 했는지 어떤지. 너나 가라구, 입은 채로 그냥 가라고 그러더라구. 그래서 동두천에, 홍콩동네에 왔을 때는 입은 옷밖에 없었어, 가방도 못 들고. 그러고서 내가 동두천에 왔지.

- 현: 그래가지고 홍콩클럽을 가서, 언니가 들어가서, 일하겠다고 한 거야?

- 정: 그렇지.

- 현: 사는 데는 저 (자치포주) 골목에서 방을 잡아가지고 살구?

- 정: 응.

- 현: 어머니가 혼자 살고 계셨으면 어머니한테 갔을 텐데, 그치?

- 정: 그렇지…….

- 현: 클럽 이름이 홍콩클럽이었어?

- 정: 응. 그 동네 이름이 '홍콩빌리지'야, 동네 이름까지도. 동두천에선 맞진 않았지. 맞진 않아도 미군을 못 받아서, 방 하나 얻어서도 방세도 못 주니까는, (자치포주집) 주인이 나가라 그러고. 그럼 밥거리가 있어? 없지. 무슨 밥거리가 있어? 그러면은 주인 좋은 집에 들어가면, 아줌마가 이리 와서 밥 먹으라고 그러면, 그래도 암만 안 먹어도, 약에 쩔어가지구 댕겨도, 한 끼니는 배가 고파 미쳐 죽는 거지, 한 번은……. 아줌마 나 밥 좀 줘, 그럼 먹으라고. 찬밥인데 물말아서 주면 그거 한 숟갈 얻어먹는 거구. 그렇게 살았어, 내가…… 그렇게 여적까지 난 살아왔어…….

·· '홍콩빌리지'의 미군부대인 미2사단 주력 부대, 캠프 캐이시의 게이트 2.

- 정: 이게 부대였었지!

- 현: 저쪽 뒤에 여관들 많이 있네.

- 정: 옛날엔 저거 없었어. 철로가 있었지. 한탄강까지 가는 철로……. 모텔이
  어딨었어, 여기가…….

김정자가 대춧벌에서 도망쳐 나와 살았던 옛 '자치포주집' 골목 입구에 도착
했다.

- 정: 난 요 골목에…… 저 세 번째 집이 내가 살던 집……. 홍콩클럽은 저 (반대
  편) 위루…… 이건 미장원이었었구. 거기서 약 먹고 침대 위로 음악 크게 틀어
  놓고, 아줌마 나는 자야 되니까 문 잠궈줘, 안집 아줌마가 (방문을 밖에서) 잠그
  고, 그냥 누은 거지. 근데 나를, 내 단골 미군이 어디 갔냐? (주인아줌마가) 아,

‥ '자치포주집'들이 산발적으로 흩어져 있었던 골목.

‥ 김정자가 있었던 옛 '자치포주집'(왼쪽에서 두 번째 이층집).

없다, 이런 거지. 근데 그놈이 또 재차 와서 또 물어본 거지. 이 여자 어디 갔냐? 아줌마가 열이 팍 오르더래. 그래서 열쇠를 줬대. (주인아줌마가) 방에 있다, 그러니까 (자물쇠를) 따고 들어온 거지, 미군이. 따고 들어오니까 거품이 이렇게 나갖구 이렇게 누워 있더래. 그 미군이 직접 병원으로 가서…… 그 미군이 나 땜에 (그날 귀대를 못 해서) 불명예 제대했어. 그리고 병원에서 이틀을 잤어. 그리구 와서 살고 싶지가 않더라구. 막 아줌마는 누구 신세를 조지려고 이 방에서 죽을라 그라냐구. 실패한 거지…… 응, 한 번 더 죽자! 세코날을 준비를 해갖고, 소주를 한 병 사갖고, 공동묘지 남산모루[현 동두천시 상패동]에, 거기 가서 먹고…… 하늘이 빙글빙글 돌더라구. 몰랐어. 근데 산소 지키는 아저씨가 산소를 다 둘러보고 내려갔대. 자꾸 다시 산소로 다시 오고 싶더래. 끌려서 와보니까, 송충이가 여기 막 몸에 달라붙고, 내가 쓰러져 있는 거지. 그래서 들쳐 업고 서울병원에 간 거지. 서울병원에 가서, 서울병원에서, 참 명이 길다구, 5분만 늦었으면 그냥 갔다구. 병원에서 3일 만에 딱 일어났어. 눈을 딱 뜨니까는 하얘, 전부 다 병원이. 그랬는데 기가 막힌 거지, 나는. 그렇게 세 번 죽을려고 했는데…… 주인아줌마가 연락을 해서 왔어. 나보고 정자야, 이렇게 죽을라고 마음먹는 거 살라고 마음먹어라, 넌 죽을 팔자가 아니다. 난 그때까지도 막 어린애에 미쳤었어. 내가 못 견디는 거지, 나이는 어리고…… 스물다섯, 스물여섯이니까……. 어린애는 스물셋에 보냈는데, 미치지. 그런데 2년 동안 죽을라고 애쓴 거지. 근데 못 죽었더라구, 내가. 너는 죽을 운명이 아니래. 두 번째, 세 번째, 살고 안 죽으니까, 죽을 운명이 아니라구. 거기서 알았다고, 알았다고 그런 거지, 내가. 살고 싶지 않았어, 괴로워서……. 사는 게 난 진짜 싫었었어, 현선아……. 죽지 못 해서 목숨을 끊을려고 죽을려고 했는데 자꾸 실패를 해서……. 그래 사람들이 죽을려고 하는 그 마음으로 살려고 발버둥쳐라, 이거야. 그래서 그냥 산 거지……. 진짜야…… 나는 죽을려고 많

·· 옛 '남산모루 공동묘지'였던 '동두천 상패동 공동묘지'. 동두천의 기지촌여성들은 동두천에서 억울하게 죽어간 수많은 기지촌여성들이 이 공동묘지에 묻혀 있다고 증언한다. 기지촌여성들의 유해는 주로 공동묘지의 뒤편에 매장되었다. 그러나 얼마나 많은 기지촌여성들이 묻혀 있는지, 그 자료는 어디에서도 찾을 수가 없다.

이 마음을 먹었었어, 다 실패를 했지만. 근데 죽는 것도 팔자더라구. 맘대로 안

죽더라구⋯⋯.

- 현: 이유가 있을 거야, 언니. 살아야 될 이유가 있었겠지.

- 정: 내가 명이 질긴 거를 지금 가만 생각해보면, 새움터 식구들을 만나라구 그

런 거 같애. 그리고 내가 부모 덕도 없고 아무 덕이 없어서, 나는 식구들이 잘

못 된 거를 내가 업보로 그걸 갚으라고 하는 것 같애. 아니면 저승에서 내가 죄

를 많이 졌던가. 저승에서 죄를 졌는데 이승에 나가서 이만큼 봉사를 해라고

내보낸 거 같애. 진짜다⋯⋯. 언니들이 살아온 거를 다 들으문⋯⋯ 통곡해,

통곡⋯⋯. 그 시절이 빨리 없어진 게 천만다행이야. 그 시절에 있던 언니들,

죽은 언니들 진짜 불쌍해. 못 견뎌서⋯⋯ 참지 못해, 못 견뎌서 죽은 거지. 나

야 죽을 운명이 안 돼서 세 번씩이나 발견이 됐지만…….

- 현: 우리 언니들 많이 죽었어…….

- 정: 근데 한국정부에서 사과를 안 한다고? 언니들(한)테? 참, 지네들이 달라 벌라고……. 누가 그렇게 해갖고 이만큼 살겠시리 맹글어놨는데? 언니들이야!

- 현: 이용할 때는 그렇게 이용해먹고, 그치?

- 정: 그럼!

- 현: 지금은.

- 정: 나 몰라라 하구!

- 현: 살게 좀 해달라 그러면 무슨 구걸하듯이 여기고.

- 정: 그지도 그렇게 동냥을 해달라면 해준다. 옛날엔 잔칫집 같은 데 그지들이 깡통 갖고 오면은 얼마나 잘 먹인다구. 우린 한마디로 그지보다 못 해, 우리는……. 언니들보러 왜 그때 돈 못 벌었냐구? 돈 벌 데가 어딨어? 돈 벌 데가? 어? 다 가로채갔는데! 정신 못 차려서 돈 못 벌었다구? 천만의 말씀! 이리 뺏어가고 저리 뺏어가고 다 뺏기는데! 돈 못 벌면은 못 번다고 두들겨 맞고, 옷도 비싼 걸로 갖다가 앵겨주고, 그게 비싼 게 아니구 싸구려 갖다가 앵겨주면서 비싸다 그러는 거여. 알아도 우리는 힘이 없어, 우리는…… 가진 것도 없고……. 대여섯 명이 한 언니 병신 만드는 거 누워서 떡 먹기야. 거기에서 그냥 매독 걸려서 쫓겨나가는 언니들도 있고……. 옛날엔 매독이 제일 컸었거덩. 옛날엔 매독 걸리면 그냥 죽어, 그냥 썩어 들어가니까. 그 다음에 (생긴 게) 에이즈. 매독은 썩어 들어가서 매독 걸렸다고 그러면 그냥 버렸어. 주인이 내쫓았어. 그 사람 그냥 나가서 죽는 거야, 다 썩어갖고. 우리나라에 그거 고칠 약이 없었다구, 임질[임균이 일으키는 성병으로 성행위를 통해 감염된 임균은 비뇨생식기에 염증을 일으킨다] 같은 거 이런 거는 고쳐도. 지금 에이즈랑 똑같애, 그게.

- 현: 언니들의 그 한을 어떻게 해야 하나…….
- 정: 그런 인생을 살아와갖고…… 지금은 몸이 병이 들고 개처럼 죽어서나가는데…… 지네 집 개가 죽어도 그렇게 안 할 거야. 우리 언니들은 죽으면은 아무 것도 없는 거지. 아플 땐 그럴 거야. 내가 몸뚱아리 빨개벗고 나왔는데 이 몸뚱아리로 가는 게 편하다, 해서 죽은 사람들 많았어. 빨리 가는 게…… 여기서 더 고생을 해갖고 시달림 받느니 차라리 죽으면은 시달림도 안 받고 편해지잖어…….

  그녀가 흐느껴 울었다.

- 정: 그런 세월을 나는 보냈는데…… 흑흑…….
- 현: 그러게 말이야. 당한 사람은 있는데 책임질 사람은 없고.
- 정: 없어. 니네들이 무슨 말할 권리가 있냐고 그러겠지. 니네들이 좋아서 했는데, 이렇게만 얘기하겠지. 막말로 한국정부에서 미국정부를 여기에 안 끌어들였으면 그런 거 있었겠어? 다 지네들이 필요해서 데리구 온 거지. 그래서 클럽도 관광클럽으로 있고, 술까지 내보내가면서, 미군들 동네로 내보내가면서……. 우리는 이렇게 살았는데, 찍 소리 못하고…… 몸에 병은 들어갖고서 이렇게 있는데…… 언니들 한마디(도) 못하고 있어. 뒤집어 살아봐야 하는데, 누가 이거 책임질 거야? 아무도 책임 안 질 거야? 그게 너무나 억울한 거지. 기맥혀. 지네들 딸들이 그랬다면은 큰일 날 거지. 기맥혀, 기맥히구……. 잠을 제대로 많이 자보기를 했어? 언니들이? 토요일 날, 일요일 날은 낮에서부터 클럽을 나가서 있는 거지. 아침 열 시쯤 되면 문 열어. 지네들은 다 서울에 가서 떵떵거리구 집 사고, 애들 다 유학 보내고 다 길르고, 그 돈으로 손자들까지 다 길러가면서 살 거다. 지네들이 노력해서 번 돈이라 그럴 거야, 허! 언니들 피

흘린 돈을 뺏어서 가져다가. 그 돈 다 언니들 핀데……. 미국놈들? 저저저저 하는데 뭘, 걔네들이 (사과하고 보상을) 해? 지네들 다칠까봐, 지네 정부 다칠까봐, 하는 애들인데. 그러겠지, 동두천 양갈보들아! 니네들보고 몸 팔으라 그랬냐? 이 소리 나와, 니네들이 좋아서 했지! 그리구 나 아는 애……, '김'이라는 여자…… 철로에서 죽었어, 자살했어, 이 집에서 살구. 애들 둘이 있거덩. 딸은 미국 보내고, 아들하고 곁이 살다가…….

- 현: 이 방에 살았어?

- 정: 어, 이 방……. 그래갖구 엄마 죽고 나서 아들도 그 자리에 가서 죽은 거지, 곁이 살았던 아들도.

- 현: 아휴…… 아들이 '혼혈아'였어?

- 정: 아들은 '한국 애'[기지촌에서는 기지촌여성과 미군 사이에서 태어난 아이들을 '혼혈 애'나 '혼혈아'로, 기지촌여성과 한국인 남자 사이에서 태어난 아이들을 '한국 애'로 부른다. 그러나 새움터는 이런 호칭에 동의하지 않으며, 기지촌여성의 자녀들을 인종으로 구분하지 않고 '언니들의 아이들', '우리 아이들'이라고 부른다. 단, 인종에 따른 사회적 낙인이나 차별을 지적하고자 할 때에는 작은따옴표를 사용해 '혼혈'이라는 용어를 사용하기도 한다]야. 아들이 지 엄마 죽고 바로 그 자리 가서 죽었어, 철로에서……. (골목 끝의 철로 방음벽) 이게 철로였었어.

- 현: 지금은 다 막아놨네.

- 정: 막았잖어? 그런데 그게 철로였었다구. 그래서 죽기가 좋았지.

- 현: 아이구……. 그 언닌 무슨 일로 죽었어?

- 정: 그러니까 '혼혈아 딸' 나갖구 (미국으로 입양) 보내구, 한국 어린애하고 머스매 형제가 있는데 걔도 (미국으로 입양) 보내고, 너무나 여기서는 힘들잖어. 그러니까 자살한 거지. 이 집이야.

- 현: 이 집? 이 집 살았어?

‥ '김' 언니가 자살하기 전까지 아들과 함께 살았던 방.

- 정: 응…… . 기막히다, 진짜…… . 어떻게 해서 걔는 그렇게 갔는지 몰라, 세상을…… . 그렇게 해서 하직을 하고 싶었는지…… . 불쌍하게 간 거지…… .
- 현: 그렇지, 아휴…… . '혼혈 아이'를 낳았어?
- 정: 하나를. 시집을 가서 남매를 난 거야. 그래갖구 남자하구 헤어져갖구, 애를, 처음엔 아들을 아버지가 길르고 딸만 데리고 온 거지. 그리구 이 생활에 있다가, 딸은 그렇게 해서 (미국으로 입양을) 보낸 거지, 지 친딸을, 한국 딸을. 보내고 났는데, (전남편이) 아들을 또 데리고 가라 그래갖구 아들을 데리고 온 거지. (전남편이) 아들을 못 길르겠다, 그런 거지. 그래서 아들을 데리고 왔지, 얘가.
- 현: '혼혈 아이들'이 아니라?
- 정: 응, 그리구 걔를 길르다가 미군 받다가 '혼혈아'를 난 거야, 또 딸을. 그래서 인제 '혼혈아 딸'도 양자로 (미국에) 보낸 거지, 양딸로. 한국 딸하고 '혼혈아 딸'을 양자로 보내놓고, 머스매만 길르고 있었던 거지, 한국애만. 그랬는데 뭐가

잘못됐는지, 얘가 어느 날…… 걔는 술, 담배도 안 하는 애야. 그런데 그렇게 죽은 거지. 기도 안 차지, 기도 안 차. 어저께까지 나랑 밥 먹고 얘기하고 놀았던 앤데……. 막, 웅성웅성…… 그리고 죽었다고 해서 가봤더니, 다리 하나 저리 가 있고, 신발까지 해갖구.

- 현: 아휴…… 아휴……. 김 언니는 죽었을 때가 몇 살이었어?

- 정: 저 김이 죽었을 때가 스물여섯인가 일곱이었었어. 한참 나이에 죽었지.

- 현: 아휴, 아들은 몇 살이었는데?

- 정: 아들은 그때만 해도 열네 살인가?

- 현: 근데 죽었어?

- 정: 지 엄마 따라서…….

- 현: 아이구…….

- 정: 지 엄마 철로에서 갈려 죽는 거 보구…….

- 현: 걔가 봤어? 그거를?

- 정: 봤지.

- 현: 어떻게 봤어? 애가?

- 정: 지 엄마가 뛰어 들어가는데 잡으려고 하다가 못 잡은 거지. 그러고 나서 돌아댕기다가…… 그러고 한 달 동안 이 근처를 돌아댕기다가 바로 따라서 죽은 거지.

- 현: 그랬구나……. 세상에…… 언니, 그때도 충격을 많이 받았겠다.

- 정: 여기 살았으니까, 내가……. 막 걔 아들이 엄마 죽었다고 막 이래. 여기 철로였었잖아, 전부 다. 여기 다리도 없었어. 다리 밑으로 전부 다 집이었었지. 그래서 뛰어가봤더니 없는 거지, 사람 몸이…… 철로에다 그냥 갈리니까, 사람 몸이고 뭐고…… 다리 하나 저쪽에 가 있고 이쪽에 와 있고, 이것만 보이지. 난리가 난 거지, 못 들어오게들. 막 철막[가림막] 쳐놓고, 형사들 막 오고, 사진들 찍

고, 막, 굉장치도 않았어, 여기. 그래갖구 보름을 내가 잠을 못 자겠더라구, 무서워서, 이 동네가. 그러더니 아들도 죽었다고 그러더라구.

- 현: 그 김 언니 얘기가 너무 가슴 아프다, 언니…….
- 정: 그렇지……. 난 이 동네 하면 김 생각이 나……. 걔는 철로에서 죽었기 때문에 시신도 다 못 찾았어. 철로에서 죽으니까는 다 뭐 가루가 되더라구. 지 엄마가 그러고 죽었는데, 걔까지도 그렇게 되고……. 아휴…….

  우리는 옛 홍콩클럽이 있었던 곳으로 이동했다.

- 정: 이거 한 부대야! 한 부대야, 한 부대!
- 현: 응.
- 정: 이게 게이 투[게이트 투(Gate 2)]. (저쪽이) 게이 원[게이트 원(Gate 1)]. 게이 원이구, 이거는.
- 현: 후문에, 홍콩클럽 있었던 데가 게이트 투고, 저 캠프 케이시 정문이 게이트 원이구?
- 정: 응, 게이 원.
- 현: 이런 게 옛날에…….
- 정: 전부 다들 '포주집'. 다 뜯어 고쳤네. 여기, 여기는 가게 여전히 하네. 미군들이 나와서 이 밑으로 내려와갖고 저기들 앉아서 약 먹고들, 막걸리 먹고, 코리닝[코데날액(Codenal Solution): 진해거담제. 마약성 진통제인 코데인류 약] 다섯 개씩 처먹고, 그랬었던 데지. 저 위로, 이게 전부 홍콩동네라구, 여기가…….. 홍콩클럽…… 홍콩클럽…… 다 여기 미군들이었지.
- 현: 여기는 그대로 다 있네.
- 정: 다 있어.

·· '홍콩빌리지'의 옛 '포주집'들. 사진의 앞 건물과 뒷 건물들이 모두 옛 '포주집'들이다. 이 골목의 끝에 홍콩클럽이 있었다.

- 현: 전부 '포주집'들이었다는 거지, 이게?
- 정: 맞어! 다!
- 현: 그러면 여기는 홍콩클럽 하나만 있었어?
- 정: 응. 여기는 (홍콩클럽 외엔 클럽이) 없었어. 그 대신 쪼끄만 '숫돌'. 전부 다야, 이쪽으로는. 그 뒤로는 '포주집'이고. 그 옆으로는 전부 '포주집'이야. '포주집' 끼면서 '숫돌'이 있었지. 이 골목도 다 (사진) 찍으면 되겠네.
- 현: 응.

옛 '홍콩빌리지' 골목을 살펴보던 중, 지나가던 한 미군이 김정자에게 "헬로" 하며 아는 척을 했다. 그녀는 깜짝 놀라며 그 미군을 외면했는데, 내게 아는 사람 같다고 속삭였다. 나는 차문을 잠그고 다른 골목으로 급히 차를 돌렸다.

‥ 홍콩클럽이 있었던 곳 ①. 전봇대가 서 있는 곳부터 주차장 끝까지 홍콩클럽이었다. 주차장 오른쪽 철로 변의 도로는 새로 난 것이고 예전에는 '포주집'들로 채워져 있었다. 고통을 견딜 수 없었던 기지촌여성들은 보산리에서 소요산까지 이어지는 이 철로에 뛰어들어 자살하곤 했다.

- 정: 여기야!
- 현: 여기?
- 정: 응. 신작로에 있지 않았거덩. 이 터! (골목으로) 들어와서 기거덩. 이 터, 이 게 다 긴 것 같애, 이게 다, 여기까지, 이게 다, 이렇게 해서 조기까지.

내가 사진을 찍는 동안 김정자는 동네 아저씨에게 뭔가를 묻고 있었다.

- 현: 언니, 여기가 맞대? 홍콩클럽?
- 정: 그래, 이 자리래, 이 자리래, 그래. 이 아저씨는 왜 그러냐? 왜 사진을 찍냐? 내가 미국에서 왔는데…….
- 현: 응, 잘 했어, 잘 했어, 하하.

·· 홍콩클럽이 있었던 곳 ②. 주차장의 오른쪽 골목 안쪽으로는 아직도 옛 '포주집' 건물들이 그대로 남아 있다.

- 정: 옛날에 이 홍콩클럽이 있었는데, 내가 기념으로 갖고 있고 싶어서 왔는데, 없다, 홍콩클럽이 없어졌다, 이 자리가, 아저씨 동네서 오래 살았냐? 그러니까 오래 살았대. 여기가 홍콩클럽이 아니었었냐? 그랬더니 맞대. 클럽이 컸거덩.
- 현: 엄청 컸네!
- 정: 홍콩클럽…… 까시 철망 있잖어?
- 현: 어.
- 정: 거기까지야. 거기서부텀이라구, 여기까지. 그래서 카운터 이렇게 있구, 엄청 컸다구.
- 현: 엄청 컸다.
- 정: 그럼! 그래서 여기서 많이 사고 났어, 이거 철도길. 여기까지도 '포주집'이 있었어. 여기 길도 '포주집'들이 쫙 있었다구. (홍콩클럽이) 문을 닫았었어, 오프

레임[오프리미트: 미군출입제한 지역)]이 붙어갖고, 하도 사고가 많이 나니까.

- 현: 무슨 사고가?

- 정: 미군들! 미군들끼리 찔러 죽이고……. 그전에는 미군들이 칼을 가지고 다녔어, 철컥철컥 하는 거, 탁 펴지는 거. 흑인들은 그거 갖고 다녔어. 이 홍콩동네는 흰 애들이 못 왔어. 죽었어, 흰 애들이 들어오면. 편이 갈라져 있지, 까만 애들끼리 흰 애들끼리. 근데 부대에서 하도 저거 하니까는 오프레임을 붙여버린 거지. 흑인은 흑인들 따로 놀지 말아라, 흰 애 클럽에 흑인도 가고, 흑인클럽에 흰 애도 갈 수가 있다, 부대 중대장이 (오프리미트를) 붙인 거지, 홍콩동네는 (폐쇄돼) 여기 없다. 그러니까 거기 '숫돌'들이 있잖아? 그런 데 가서 노는 거지, 미군들이. 큰 클럽을 없애니까는 큰 클럽 좋아하는 애들은 흰 애 클럽으로 가는 거지. 아이구…… 여기 보산리에다가 또 까만 애 클럽 맹글어논다고 미군애들이 해갖구서 난리가 났었지. (미군부대에서) 그렇게는 안 된다, 짬뽕으로 들어가라! (미군) 애네들은 (백인과 흑인을 나눠서) 지네들이 놀이터가 딱 맹글어져 있을라고 그러는 거지. 길거리를 이렇게 가면은 미군애들 서서 막 박수치고 죽인다고, (손으로) 막 이런 신호도 하고 그래. 까만 애 까만 애끼리, 백인들 죽이자구. 이렇게 하면 하나가 발바닥을 콱 이렇게 누르고, 또 (다른 흑인이) 이렇게 해서 콱 누르고, 막 총 쏘는 시늉하고……. 그래서 옛날에는 빨강, 파랑, 꺼멍, 이런 옷을 입고 댕겼어. 목걸이도 파랑, 까망, 빨강. 파란 거는 흑인애들이

뭉쳐서 살자, 빨강 거는 애네들 피야, 검은 거는 자기네 색깔 가리키는 거야. 그런 거를 하고 댕겼다구, 목에다가두. 까만 애들은 엄청 심했어, 단체가. 흰 애들 찍 소리 못하는 거지. 그래갖고 홍콩동네 뭣도 모르고 들어오다가는 이놈이 푹 찔르고 저놈이 푹 찔르고 난리가 나니까, 헌병들이 와서 공중에다가 총을 쏘고 난리를 부렸지. 그래도 결국 (홍콩클럽이) 문을 닫힌 거지. 이거 따로 있으면 안 되겠다!

- 현: 무서웠겠다.

- 정: 아휴…… 굉장치도 않았어. 옛날에는 흰 애들이 까만 애들 건드리지도 못했어. 그러니까는 송산[의정부 뻣벌 기지촌]에도 '나인싸우스'가 있잖어? 송산에도 '파파투'가 있잖어? 흑인클럽이라구. '파파투', '나인싸우스', (캠프 스탠리) 정문 앞에. 그거 지금 없어졌지만은……. 까만 애하고 살잖어? 그럼 그 까만 애가 나를 두 대를 때릴 때 한 대 때릴 용기가 있어야 하는 거야. 그러니까 독해지는 거지. 악종이 되는 거지. 그래야지 까만 애 색시가 될 수 있어.

- 현: 왜?

- 정: 그 까만 애들 어떨 때 막 줘팬다니까. 나도 맞고만 있지 말어야지, 되도록 쌈을 해야지. 그러면 어떤 년들은 가서 식칼을 가지고 와서 죽여버린다고, 너무 억신 여자 만나면 (미군이) 맨발로 도망을 가, 정문까지, 무섭다구. 흐흐…….

- 현: 하하.

- 정: 그렇게 깡다구가 있어야지 까만 애 색시를 해먹는 거여. 그러지 않으면 까만 애한테 맨날 당하고 살거덩, 우리 언니들이. 까만 애 색시 한 사람들이 많이 불쌍했어. 정이 또 많았지, 까만 애 색시 한 사람들이. 그러더니 난중에 홍콩클럽 없어지고 나서 죽었다! 그러면서 가보면 열 명 중 여섯 명은 흑인 색시야, 흑인(과) 생활했던 여자들……. 약 먹고 죽고…… 쩔순이들이 젤 많고…… 약 먹는 애들 젤 많아. 그래서 흑인 색시 했던 우리 언니들이 억신 거야.

김정자는 '홍콩빌리지'를 떠나오는 내내 그녀가 만났던 '흑인 색시'들의 이야기를 들려줬다. 우리는 그녀들을 떠올리며 배를 잡고 웃기도 하고 슬픈 사연에 울먹이기도 했다. 그러다 그녀가 내게 물었다. 내가 '홍콩빌리지'에서 만났던 그 언니들은 지금 다들 어떻게 되었을까?

미군 위안부에 대한
한미 양국 정부의 체계적 관리

- 정: 주인집으로 (빚을) 땡겨서 오면은, 주인이 가서 사진 찍어! 그럼 사진 찍어. 지배인이랑 겉이 자매회[위안부 자치회 형식의 단체. 실제로는 정부와 미군부대, 포주들에 의해 운영되고 있었다] 회관에 가. 회관에 가서 사진 두 장 내놓고 거기서 카드를 맹그는 거지, 회원카드[자매회에서 발행하는 회원카드]. 그러면 그때만 해도 1,500원인가? 그랬었어. 그 회비를 내. 그럼 회원증을 맨들어줘. 그래서 도장을 찍어줘, 회비 냈다고 해갖고. 그걸 갖고 그 이튿날 보건소로 가는 거지. 보건소로 가서 회원증을 들여놔 줘. 그럼 보건증[보건소에서 발행하는 보건증(성병검진패스)]을 맹글어서 주는 거지.

- 현: 회원증을 줘야지만 보건증을 만들어주는 거네?

- 정: 그렇지, 응. 주민등록하고 회원증하고 겉이 주는 거지. 그럼 보건증을 맨들어줘. 그냥 뭐 주민등록 하나 갖구서 (보건증) 못 맨들어. 회원증이 있어야 돼.

- 현: 동두천에서만 언니가 회원증을 만들었어?

.. 동두천 자매회관이 있었던 곳. 강변도로가 생기면서 회관은 허물어지고 없다. 도로가 생긴 자리
도 예전엔 판잣집으로 이루어진 '포주집'들이 집결돼 있었다. 이 지역의 왼쪽과 뒤쪽은 미군부대로
둘러싸여 있고, 오른쪽이 보산리 기지촌이다. 이렇게 자매회관은 미군부대 바로 앞, 보산리 기지촌
이 시작되는 지점에 위치해 있었다. 도로 밑의 식당 뒤쪽으로는 2000년대 중반까지도 '포주집'들이
집결돼 있었다. 1992년 미군에 의해 처참하게 살해당했던 윤금이 씨 살해 사건도 이 '포주집 집결지'
에서 일어났다.

- 정: 의정부 송산! 거기서도 클럽에 있(었)으니까 맨들어야지. 그 두 군데서는
  맹글었어, 내가.
- 현: 그 회원증이 이 포주들은 왜 필요했을까?
- 정: 자기네들이 영업을 시켜야 되잖어. 그러게 되면은 검진패스를 맨들어야 되
  니까 이 회원증이 필요하지.
- 현: 정부는 그 회원증을 왜 만들라고 시켰을까?
- 정: 그건 모르지. 그건 회장님만 알지, 회장님이 (정부 관련한 일) 거기에 역할이
  니까. 그리고 (자매회관에) 가면은 회장님만 있는 거 아냐. 부회장도 있고 총무
  도 있고 이래. 완전히 사무실이야, 감찰부장이 있고 뭐가 있고……

✻ 자매회

1950년대 후반부터 일부 기지촌에서는 포주들이 '위안부 자치대' 등을 조직하여 '미군 위안부'들을 등록시키고 미군지휘부와 직접 교섭하기도 했다는 기록이 있다(이임화, 2004: 233). 그러나 '미군 위안부'들의 전국 조직이 구성된 것은 박정희 군사정부에 의해서였다. 박정희는 '미군 위안부'에 대한 관리를 강화할 목적으로 1962년 10월 23일 모든 위안부들을 지역 재건부녀회에 가입시켜 등록하도록 조치한다. 1964년 8월의 총선 이후 관 주도의 재건국민운동이 해체되면서 '미군 위안부'의 등록은 자치회가 담당하는 것으로 일원화되었고 '미군 위안부 제도' 내 자치회의 역할은 크게 강화되었다. 자매회는 겉으로는 위안부들의 자치회라는 형식을 띠고 있었지만, 실제로는 정부와 미군부대, 포주들에 의해 운영되고 있었다.

경찰이나 지방정부의 입장에서 볼 때 자치회의 목적은 성병 규제와 '사업 수행' 등의 문제에서 여성들이 서로를 감시하도록 하는 것이다. 그래서 자치회 회원들이 성병에 관한 규제를 따르게 하고 이에 응하지 않는 여성들을 훈육하도록 하는 것이다. 자치회와 관련한 1963년 미8군 기록은 자치회 회장이 한국정부와 미군을 위한 정보원으로 일했음을 말해준다. "한국경찰 정보과뿐 아니라 대한민국 육군 제108방첩대도 회장들 가운데 역스파이 활동을 목적으로 추정되는 정보망을 유지하고 있는 것으로 알려져 있다."(캐서린 H.S. 문, 2002: 50~51).

자매회의 명칭은 지역별로 다음과 같았다.
- 경기북부 기지촌(동두천, 의정부 등): 민들레회
- 서울(이태원, 삼각지 등): 장미회
- 평택(송탄, 안정리 등): 자매회
- 군산(아메리칸타운): 꿀벌자치회
- 김제(황산리 기지촌 등): 백합회
- 부평(신촌 기지촌): 신촌자치회

✻ 자매회 회원카드

자매회가 기지촌여성들을 적극적으로 관리하던 시기, 적어도 1960년대부터 1990년대 초반까지 기지촌에서 자매회 회원증은 신분증 역할을 했다. 회원증의 앞면에는 해당 기지촌여성의 성명, 주소, 클럽명을 기재했고 증명사진을 부착했으며, 뒷면에는 매달의 회비납부현황을 적고 확인도장을 찍었다.

✱ 보건증

보건증의 앞면에는 이름, 주소, 클럽명이 적혀 있고, 보건증의 두 번째, 세 번째 면에는 성병 진료소와 낙검자수용소의 진료 현황이 날인으로 표기된다. 1960년대에서 1980년대까지 기지촌여성들은 클럽 출입구에 자신의 보건증을 꽂아놓고 해당 번호표를 몸에 부착한 채 클럽에 들어가야 했다. '컨텍'을 나오는 미군들은 출입구에 꽂혀 있는 기지촌여성들의 보건증에서 사진을 보고 해당 여성을 찾아내곤 했다.

✱ 한국정부와 미군대의 협력 관리

1992년 4월 권호장 송탄시장과 존 M.스피겔 미공군사령관이 서명한 '기지 외 업소를 위한 규범 및 안내서'에는 기지촌여성 등록에 대해 다음과 같이 규정하고 있다. 관련 내용을 살펴보면, 1990년대 초까지도 한국정부와 미군은 서로 협력해 기지촌여성들을 철저하게 관리했고, 기지촌여성들에게 등록과 정기적 성병 검진을 강요하고 있었다.

제5장 군 공중위생 표준

2. 지침

a. 여성 종업원의 등록: 등록은 송탄시 보건소의 감독하에 이루어지며, 모든 접대원, 웨이트리스, 호스티스 및 카운터 종업원들이 포함된다.

(1) 여성 종업원의 소지사항: 송탄시 건강진단증, 자매회원증.

(2) 여성 종업원이 채용되어 근무에 임하기 전에 증명사진, 신상카드 1카피를 제51미공군병원에 제출하여야 한다. 사진은 매년을 기준으로 하여 최신 것으로 대체되어야 한다. 사진은 전염성 성병을 밝혀내는 데 도움을 위하여 쓰여진다.

(3) 여종업원이 고용해제 또는 타 업소로 이동했을 시는 그 사실을 클럽 업주 또는 지배인은 송탄시 보건소와 제51미공군기지 병원으로 연락하여야 한다.

(5) 제51오산기지 병원은 성병 검진을 받은 지 7일이 경과하지 않은 건강진단증을 현재 유효한 것으로 간주한다.

b. 기도

(5) 기도는 각 종업원에게 그들의 카드번호가 기재된 신분 뱃지를 지급한다. 뱃지는 적당히 크게 하여 손님들이 쉽게 카드번호를 확인할 수 있도록 한다.

(7) 여성 접대인이나 카운터 걸은 일단 성병보균자로 판명이 나면 송탄 보건소 또는 제51미군공군 병원에서 깨끗하다는 판명이 날 때까지 여하한 클럽에도 출입할 수 없다.

- 현: 자매회가 하는 가장 중요한 일은 뭐였어? 자매회 업무?

- 정: 업무는 토벌!

- 현: 토벌?

- 정: 토벌 하고, 인제 다음 달 회의다, 그러면 다음 달 회의라고 얘기를 한다구. 그러면 거기에 가서……. 그 행길 건너 큰 홀이 있어. 거기서 맨날 모여서 회의를 했어, 그게 제일 크기 땜에. 그리고 인제 쪼끄만 클럽에서 회의를 할 때는 몇 명쯤이 오나 요거를 봐서 거기서 했구. 각 클럽마다 지배인들(한)테 얘기를 해주지, 며칟날 한다구.

- 현: 누가?

- 정: 회장님이. 지배인들보러 오라 그러지. 그럼 가, 지배인들이. 그러면 관광협회에서 회의를 먼저 해. 그러면 각 클럽의 기도들이나 아니면 지배인이 가는 거지, 각 클럽. 그럼 관광클럽에 가서 며칟날, 무슨 날짜, 몇 시에 회의를 어서 할 거다, 어느 클럽에서, 그럼 거기 모여주십시오, 그러면 각 클럽에 있는 아가씨들 데리고 가야 되잖어. 그래서 알려주는 거지. 그 안에는 몰르지, 우리가. 그러면은 클럽에는 보통 스무 명, 열다섯 명, 이렇게들 있으니까.

- 현: 그렇지, 응응.

- 정: 그 아가씨들만 데려가도, 두 클럽만 데려가도 거진 서른 명이잖어?

- 현: 그러네.

- 정: 어, 그러면 동두천의 각 클럽마다, 예를 들어서 이런 '숫돌' 같은 데, 각 클럽에 있는 사람들이 걸루 모이는 거지. 만약에 (미군부대와 관공서에서) 열한 시에 온다, 그러면 아가씨들 저녁에 일하고 열한 시까지 막 자, 자다 말고 일어나서 가는 거지. 그 대신 토요일 날, 일요일 날에는 (회의를) 안 해, 영업을 해야 하니까, 일찍부터. 평일 날, 인제 월요일이나 화요일 날, 그때 인제, 어느 곳, 만약에 라스베가스면 (회장님이) 라스베가스에서 하겠다, 그러면 그 라스베가스로

·· 동두천의 기지촌여성들이 교육을 받던 옛 프리클럽(Free Club). 정부교육에 동원되는 동두천 기지촌여성들의 수가 많을 경우 이 클럽이 교육장으로 사용되었다. 동두천의 보산리 기지촌(현재 보산동)과 홍콩빌리지, 세컨 마켓(second market: 보산리 기지촌 앞 도로 건너편, 미군 전용 클럽과 자치포주집의 밀집지역을 가리켜 미군들이 부르던 말이다), 남산모루 등에 있던 기지촌여성들은 의무적으로 정부교육에 참여해야 했다. 클럽 간판 밑으로 들어가면 골목 끝쯤의 위치에 클럽의 출입구가 있다.

·· 옛 프리클럽 건물. 셔터가 내려져 있는 곳이 클럽의 출입구였다.

가는 거야, 회의를 하러. 그럼, 며칠날 회의를 하니까 나와라! 그 회의에 참석을 해야지 클럽을 들어갔어.

- 현: 아아, 그 회의를 안 나오면 언니들이 클럽에 나갈 수가 없는 거야?

- 정: 그렇지! 지배인들이 그거를 감독을 하니까는. 지배인들이 자기네 있는 아가씨들을 데리고 가잖어?

- 현: 응응, 안 갈 수가 없었네?

- 정: 안 갈 수가 없었지. 만약에 그 클럽에 있는 아가씨가 한 명이라도 안 가면은 그 클럽에는 난리가 나는 거지.

- 현: 어떻게 난리가 나?

.. 동두천의 기지촌여성들이 교육을 받던 옛 크라운클럽. 정부교육에 동원되는 동두천 기지촌여성들의 수가 적을 때 교육장으로 사용되던 클럽이다.

- 정: (자매회에) 찍히는 거지, 말하자면은. 이 클럽은 회의를 잘 안 나온다, 그러면은 토벌도 먼저 해버리지, 그 클럽을.

- 현: 아아.

- 정: 그렇게 되는 거지. 그러니까 회의에 참석은 꼭 했어야 돼, (클럽) 문을 열려면은. 그래서 지배인들이 데리고 가, 아가씨들을. 아침에들 일어나갖구서, 열한 시도 아침이니까, 아가씨들은. 일어나서 가면, (밥을 먹지 못하고) 바로 오는 사람들도 있잖어. 회장님이 우리 언니들 이제 일어나서 오는 거니까는 요기를 좀 해주십시오, 거기에 있는 군수나 이런 사람한테 부탁을 하지. 오늘은 좀 군수님이 좀 사십시오, 아니면 소장님이 사주십시오, 그러면은 인제 그쪽에서 알았다, 그러고, 그게 다 (자매회로) 연락이 돼. 내일 회의에는 몇 박스의 우유가 오고 몇 박스의 빵이 온다, 그러면 여기에 맞춰서 나눠주는 거지, 쭈욱들. 그럼

·· 의정부 기지촌여성들이 교육을 받던 옛 산장클럽.

그거 먹어가면서 듣는 거야.

- 현: 회의를 할 때 누가 와 있는 거야?

- 정: 미군부대에서는 헌병, 씨아이디[미군부대 범죄수사과(C.I.D.: Criminal Investi-
  gation Department)]하구, 보건소에서는 보건소에 있는 남자들, 경찰서의 서장
  들, 군청에 있는 사람들, 그리구 우리 자치회 회장, 그리고 그 나머지 남자들,
  똘마니들은 각 클럽의 지배인들. 그러면 미군부대에서 슬라이드[슬라이드 필
  름] 갖고, 성병에 대한 필름을 가지고 나와서 그거 보여주고, 한참을 임질에 대
  해서 뭐, 매독에 대해서 뭐, 곤지름[바이러스의 한 종류인 인체 유두종 바이러스
  (HPV: human papilloma virus)에 의해 생기고, 한 번의 성 접촉으로 약 50%가 감염
  될 정도로 전염력이 강하며, 피부병변이 나타난다]에 대해서 어떻게, 이런 거 다
  나오고…….

- 현: 슬라이드 보여주는 사람은, 미군부대에서 나온 사람은, 군인이었어?

> ＊ '한미친선협회'
> 한국정부는 1973년 6월 '한미친선협회'의 설립과 기능에 관한 규정들을 공포했고, 그해 9월까지 전국에 68개의 '협회'가 만들어졌다. 이 '협회'의 한국 측 구성원은 기지촌 클럽 포주들, 지방정부 관계자(시장이나 군수, 보건소장, 공보관), 지방경찰, 한국특수관광협회, 자매회 대표들이었고, 미국 측은 기지사령관(혹은 대리), 헌병사령관, 군의관, 민사과 장교(지역 관계 업무과 장교), 공무 장교 등이었다. 협회의 모임은 보통 한 달에 한 번씩 열렸는데, 이 모임에서 양측은 '상호 이해와 관심 문제들'을 해결하고자 했고, 기지촌 클럽 서비스와 시설의 개선, 성병 전염자들과 기지촌여성들에 대한 지도는 공통의 이해 문제로 우위에 놓여 있었다.(캐서린 H.S. 문, 2002: 127)

- 정: 그렇지!

- 현: 그러면 미군 군복을 입고?

- 정: 어! 군복을 입고! 거기에 한국사람도, 미군하고 겉이 병원에서 일하는 사람 있잖어?

- 현: 어어.

- 정: 그 사람이 나와서 (한국어로) 설명을 해야 되잖어. 그럼 카츄샤가 겉이 나오는 거지.

- 현: 미군하고 카투사하고?

- 정: 그렇지! 그러면은 이 카츄샤가 그림을 보고, 이거는 뭐고 이거는 뭐고…….

- 현: 슬라이드의 내용이 뭐였어? 병에 대해서 설명을 해주는 거야?

- 정: 그렇지! 성병!

- 현: 그거를 왜 보여주는 거야?

- 정: 그런 병이 있을지 모르니까 조심하라는 거지.

- 현: 그러니까 검진 열심히 받고?

- 정: 그렇지!

- 현: 치료 열심히 받으라고?

- 정: 응, 그거야! 보건소 남자도 나와서 앉았구. (보건소) 소장도, 이거는 뭐고, 이거는 뭐고, 이거는 성병인데, 이거는 곤지름이고, 이렇게 해서 (병이) 첫 스타트는 어떻게 되는 거니까…… 검진을 잘 하라는 거지, 말하자면은. 그러니까 (성병검진)패스를 내서 해먹으라 이거야, 간단하게. 그러면 그거 보고…… 관광협회에서 나와서, 이런 클럽들은 관광술이 들어가잖어. 맥주니 뭐니, 위스키니 뭐니, 국산, 그런 거 좀 많이들 손님들한테 팔아다오.

- 현: 누가 그런 말을 해?

- 정: 관광협회(에서) 나와서, 회장이.

- 현: 관광협회 회장도 업주잖아?

- 정: 업주지. 그 사람이 나와서 하지.

- 현: 포주?

- 정: 포주지, 말하자면은. 그럼, 그 사람이 나와서 어느 클럽은 몇 박스를 팔았다, 어느 클럽은 100박스를 팔았다, 이거를 얘기를 해주는 거지. 이 클럽은 이렇게 많이 팔아서 참 좋다, 그러니까 이 클럽처럼 서비스를 하면서 팔아라, 이거야. 이거 연설이야.

- 현: 그걸 왜 많이 팔래?

- 정: 자기네들이 많이 달러 수입이 되잖어. 이 클럽에서 100박스를 팔았다, 그럼 100박스를 달러로 (관광협회에 내고) 가져가잖어, 술을 들여놓아야 되니까. 그러면 자기네들은 (달러) 그거를 이런 은행 같은 데 가서 그걸 바꾸잖어, 한국 돈으로. 관광클럽에다가 서비스를 잘 해서, 이 클럽같이, 어느 클럽은 500박스를 팔았다니까, 이 클럽같이 서비스 좀 해서 팔아라, 이거야. 그래야 (관광협회로) 달러가 많이 들어오지 않냐! (지배인이) 들어갖구서 주인들한테 얘기를 해줘야 할(해줄) 거 아냐. 이 클럽에서 이만큼을 팔았대요, 우리 클럽은 찍혔어요, 그럼 와갖구 이 쌍년들아! 저 클럽은 저렇게 팔았다는데 우리는 뭘 한 거냐고

막 난리가 나는 거지.

- 현: 그럼 미군부대에서 나온 미군하고 카투사는 성병에 대해서 교육을 하고.

- 정: 그렇지!

- 현: 관광협회에서는.

- 정: 달러!

- 현: 응, 달러에 대해 이야기하고, 그럼 나머지 사람들은? 군청에서 온 사람들은?

- 정: 군청에서 오는 사람들은, 지금 우리가 (기지촌에) 이마만큼 터를 닦았는데, 앞으로 이런 관광을 더 할 거다, 이렇게 맨들 거다, 이 땅에다가, 이거를 얘기를 해주는 거지. 지금 미군들이 얼마를 왔고 지금 미군이 얼루 가는데 우리도 여기에 관광지대니까는 더 늘린다는 거지. 더 좋게 맨든다는 거지. 그런 거를 와서 얘기를 해주지. 그리고 나서 아가씨들이 서비스 좀 많이 해주십시오, 이러는 거야. (기지촌에) 그런 거 관광지대를 만들 테니까, 그래야 미군들이 우리 동두천에 많이 온다는 거지. 지금 이렇게 해서 이렇게 해서 넓혀갑니다, 이런 거야. 이렇게 해서 여기를 지금 좋게 만듭니다, 이런 거 와서 연설해는 거지.

- 현: 언니, 그 회의에 나온 사람들 중에 언니들이 애국자라고 얘기하는 거를 들어본 적이 있어? 언니들이 우리나라를 살리는 애국자라고?

- 정: 그럼! 그럼!

- 현: 누가 그런 얘기를 해?

- 정: 그건 군수가 얘기를 해.

- 현: 군수가 나올 때도 있어?

- 정: 그럼, 응응. 언니들이 이렇게 서비스를 많이 해서 언니들이 달러 수입을 이렇게 해줘서 너무 고맙습니다, 우리가 그래도 언니들 덕분에 이렇게 달러 수입이 많이 돼갖고 (좋습니다), 그래야지 (미군부대) 거기서 미군들이 많이 나오지

않습니까? 달러를 많이 벌고 미국을 보내야지 (않겠습니까?). 이거는 언니들의 몫입니다, 이렇게 얘기를 해지. 그러니까 맥주도 많이 팔면 달러가 그만큼 이 많이 와서 우리 정부에 많이 혜택을 줍니다, 이거 얘기를 해주는 거야.

- 현: 그런 얘기를 들을 때 어떤 생각이 들었어?

- 정: 우리는 뭐…… 그때만 해도 뭐…… 이 사람들이 이렇게 하라면 이렇게 했지, 뭐. 거기에 대해서는 솔직히 아무것도 모르는 거지, 우리는. 저 사람들이

이렇게 해서 달러 수입 많이 하라고 하니까는…… 그리고 고맙습니다, 더 좀 부탁드립니다, 이래. 그러면은 (우리는) 응응, 그리구, 미군들한테 절대 욕을 하지 마십시오, 서비스를 잘 해주십시오, 그리구 (미군이) 클럽에 들어오면은 바미드링크[술 사주세요(Buy me drink)]! 바미드링크! 이렇게 자주 해라, 이거야. 술 사달라 그러면 달러가 나오지 않냐, 이거지. 그래야지 우리나라가 번창을 한다는 거지. 그러면 아! 그런가 보다, 그리고. 우리도 부자로 한번 살아야되지 않습니까? 이렇게 얘기를 해. 그러면 어! 우리나라가 부자로 살려면은 우리가 부지런히 벌어야 되겠구나! 이렇게 인식이 백히는 거지. 응, 그러니까 언니들 이 머릿속에서는 어? 달러? 우리가 벌어서 우리가 이만큼 (우리나라 경제를) 만들어놨는데, 지네들이 뭔데? 지네들이 하라 그래서 우리가 이만큼 한 건데? (이런 말이) 이게 나오는 거지, 언니들한테는, 그러엄. 지네들이 그런 강의를 안 했으면은 (정부가) 달러? 당신네들이 벌어서 당신네들이 그냥 먹고, (정부가 이용했다는 것은) 당신네 생각이유, 이렇게 할 수 있는데, 관광협회에서 강제로 (교육을 하면서) 미군들한테 서비스를 잘 해서 달러를 많이 수입해야지 우리나라가 번창을 한다는데, 그러믄? 가난한 나란데, 우리 인식에도, 응? 당신네들도 부지런히 벌어서 부모 동기간 먹이는 사람은 먹여야 되고, 당신네들이 부지런히 벌어갖구서 우리나라가 번창해야지 당신네들도 사는 거 아니냐? 강제적으로 막 그런 얘기를 하면은 언니들이 솔깃하지. 우리 언니들이 뭐 그런 거에 대해서 교육받은 것도 아니고, 기껏 해봤자 남의 꼬임에 빠져서 그런 데 들어왔는데, 응? 그러면은 언니들이 알았다고, 그럼 고맙다고, 어? 이렇게 아침부터 와서 이렇게 회의를 들어줘서 고맙다고.

- 현: 누가?
- 정: 누가 그래? 군수도 그렇고 관광협회도 그렇고.
- 현: 아휴…….

- 정: 그리고 인제 경찰서 있는 남자는, 될 수 있으면 미군하고 싸움하지 말아라! 그래갖고 경찰서에 들어오지 말아라! 그리구 담배! 양담배 갖고 나오지 말아라! 양담배 갖고 나와서 피다간 벌금 무니까는. 그러면 미군을 상대하는데 양담배 미군이 주면은 받아서 피면은 바로 잡혀, 전매청[현 한국담배인삼공사]한테. 어떨 땐 전매청 남자도 (교육장에) 나와. 나와서 이 담배에 대해서 얘기를 하지. 그리구 경찰서 있는 남자들[경찰서장]은, 검진패스 없이 잡혀오지 말아라! 그러니까 한마디로 검진패스 맨들어라 이거야. 그거야. 그렇게 웃기는 얘기를 한다니까!

- 현: 회의할 때, 열심히 이렇게 달러 벌이를 하고 미군들에게 서비스를 하고 그러면 기지촌언니들에게 우리가 나중에 무엇 무엇을 해주겠다, 이런 얘기 하는 것을 들어본 적이 있어?

- 정: 있지! 지금 턱걸이[현 동두천시 광암동 일대]에다가 공장을 한다, 아래층에는 가발공장, 위에는 기숙사로 맨든다, 여기에 나이 먹은 분들이 여기에 올라간다.

- 현: 누가 얘기를 했어?

- 정: 그거? 군수가! 지금 그걸 협의 중이다, 땅을 우리가 사놨다.

- 현: 몇 년 정도야 그게?

- 정: 그게 회장님 살아 있을 때니까…… 하여튼 갈 적마다 회의에는 그 얘기가 나와. 언니들 앞으로 살아갈 곳을 만들어주겠다, 그러니까 부지런히 달러 수입을 해라, (가족들이 사는) 집이 있는 사람은 집으로 가지만은, 없는 사람들이 있지 않냐? 그 사람들은 이거를 져서 이렇게 해서 우리가 맹글어줄 거다, 그러니까 앞으로 늙어서는 걱정해지 말아라, 정부가 책임을 진다! 이런 거지.

- 현: 그 얘기를 들었을 때 언니는 어땠어?

- 정: 뭘 어때? 지금 같으면 지랄을 하고 자빠졌네! 이러는데, 그전 같으면 어머! 진짜로 해주나보다! 다 언니들이, 우리는 늙어도 갈 데가 있구나! 그리구 언니

들끼리, 야, 저 턱걸이에다가 땅 샀대, 그거 아파트 진대, 너 나이 많아도 거기 들어가면 되겠다, 야. 인제 언니들끼리 난중에 그렇게 얘기가 나오지.

- 현: 그러니까 지금 돈 없고 아무것도 없어도 나중에 그런 게 보장이 되니까.

- 정: 그렇지. 부지런히 버는 거지. 벌어서 주인집에다 부지런히 들여놔주는 거지. 그런데 뭐가 보장이 됐어? 나는 땅은커녕 땅 할아버지도 못 봤는데?

- 현: 아휴…….

- 정: 그렇게 해서 언니들을 꼬신 거야. 그래놓고 인제 와서 한 푼도 언니들한테 주지 않고, 죽어서 나가는 장례비도 없으니 환장을 할 노릇 아니야? 장례라도 치러주면 좋겠어, 정부에서.

- 현: 응응.

- 정: 그렇게 해서 언니들을 매수를 한 거야.

- 현: 그거를 얼마만큼 자주 했어?

- 정: 그거를 두 달에 한 번, 석 달에 한 번씩 해.

- 현: 다른 데에서 그런 교육을 받아본 적이 있었어?

- 정: 나는 동두천에서도 받고, 저기, 송산에서도 받았어.

- 현: 의정부에서도?

- 정: 어.

- 현: 동두천 '홍콩빌리지'에 있을 때도 받았어?

- 정: 그렇지. 용주골에서도 용주골의 집단 안의 (조마마상) 클럽에서 해지. 그땐 나이가 어려서 참석을 못 했지.

- 현: '조마마상 클럽'?

- 정: 그렇지. 거기는 포주들이 쫙 살잖어.

- 현: 그러니까 미성년자 아닌 언니들만 거기 데리고 가나보다.

- 정: 그렇지. 그러면 그런 거 얘기만 듣는 거지. 그런 데서 이런이런 얘기가 나왔다, 이렇게 소문이 돌면, 어떤 언니들은 콧방귀를 뀌는 거고. 왜? 배워갖고 나온 언니들도 있어. (그 언니들은) 지네들이 뭔데? 왜 우리 땜에 달리 수입을 한다면서 왜 우리들한테 이따위로 대해주는데? 그리고 검진패스는? 우리 몸뚱아린데 우리가 어련히 성병에 대해서 잘 알까봐, 그런 것까지 나와서 슬라이드를 비여주고 지랄을 하네! 이런 언니들도 있지, 솔직히 까놓고. 갔다가 오면은, 뭐 아무것도 아니네. 시팔! 들을 필요도 없는데 괜히 자는 거를 깨워갖고 들으라 그런다, 몇 시간씩! 이렇게 화 부리는 언니들도 있어. 빚 많은 언니들은 할 수 없어서 가지. 가서 듣고 오지.

- 현: 언니, 그게 회의라 그랬어? 교육이라고 그랬어?

- 정: 회의! 교육! 회의도 있고, 교육도 있고.

- 현: 아아.

- 정: 교육은 슬라이드 비여주는 게 교육! (미군들) 그 남자들이 안 나오고, 보건소 남자들, 이런 사람들이 나와서 관광협회들이 모여서 하는 거는 회의야! 달러 수입하라고 난리를 부리는 그거는 회의야! 관광지대를 지금 이렇게 해서 번창을 하게 도시를 깎는다, 이런 거는 회의지.

- 현: 회의를 하고 나서 교육도 하고 그랬구나?

- 정: 그래. 만약에 돼서 회의를 하게 되면 한두 시간에 끝나. 그런데 그런 슬라이드까지 다 그날로 비여주면, 세 시간은 가서 앉아 있어야 돼. 고역이지, 의자에서 앉아서 교육하는 것도. 그리고 자치회장은, 돈을 얼마를 받아서, 회비를 얼마를 받아서, 누구 죽었을 때 얼마를 썼고, 지금 현재 얼마가 남았고, 그러니까는 당신네들이 많이 회비를 내시고 회원증을 맹글어야지 이 돈이 남아갖고 언니들 돌아가실 때 보탬이 되지 않습니까? 이거지. 그거여. 그러니까 회원증 맹들어서 검진패스 맹들라는 거지. 그래갖구 회장님은 군수들 다 가고 나면은, 울면서 얘기를 하는 거지. 달러 수입도 수입이지만 니네들 챙겨라, 빚지지 말아라, 이거 얘기해주느라구. 자기가 살아온 얘기를 해. 자식을 어떻게 낳고, 6·25 때, 양색시들 죽이는 줄 알고 애를 데리고 산골로 데리고 가서…… 그런 세월을 나는 살았다, 나를 봐서라도 악착같이 희망 버리지 말고 살아라. 울어, 막.

- 현: 근데 회장들은 정부에서 월급을 받았어?

- 정: 받지. 당연히 받지. 받으니까 그거 하지.

- 현: 얼마씩 받았어?

- 정: 몰르지, 그건. 자치회에서 돈 받은 거 있잖어, 언니들(한테). 거기서도 띠지. 그 회비가 얼루 가는데? (회장) 그 사람이 다 갖고 (언니들 도와주는) 활동하는 거 아니지. 이 사람이 갖고 있는 거 많지. 공병 걷어서 갖고 있지, 언니들 죽으면 우리들이 또 돈을 걷잖어. 동두천이 크잖어. 근데 이 사람이 무슨 돈이 있어서 (미군)부대 안에 맨날 들어가서 슬롯머신[미군부대 내 도박기계] 하고 이러

나? 다 나오는 게 있기 때문에 자치회장을 하고 빽이 있지. 아니 돈 나오는 게 없는데 왜 그 지랄을 해? 왜 고민을 해? 자기가 뛰어댕겨야 하고. 이 사람은 자기 집도 있어. 거기 (자매회) 총무들도 왜 가서 총무짓을 하는데? 왜 남자들도 두고 쓰는데? 다 자기네들이 다 생기는 게 있으니까 회관을 꾸려놓고 있는 거여. 회관도 자기네 집 안에서 하지.

- 현: 응. 의정부 송산의 자매회장이 의정부시 부녀복지과에서 월급을 받더라고.
- 정: 그러니깐. 다 받어.
- 현: 난 그 회장님에게 직접 들었어, (의정부)시에서 돈 받는다고.
- 정: 다 받어. 받아야 그걸 해먹지. 받지도 않아가면서? 동두천은 한 2,000명이 넘는데. 저기 창말[현 동두천시 동두천동]까지 다 긴데, 거기 쫘악들인데, 거 끄트머리, 소요산 가는 데, 거 미군부대 있지?
- 현: 어어.
- 정: 거까지 다 맡아서 있는 사람인데, 이 사람이, 턱걸이까지 다 맡아서 있는데. 하여튼 '동'자 들어가는 동두천에 있는 양색시들이 전부 다 이 사람이 휘둘르는데. 기도들? 주인들? 이 사람한테 구불구불해[굽신굽신해]. 다 돈들 집어 줬겠지. 이 사람 (돈도 안 받고 자매회장 일을) 그냥 해? 그러면 어쩔 땐 그 (돈을 준) 집 안 들어가. 토벌해도, 토벌한다구 해서 클럽 클럽마다 다 안 들어가. 자기네들이 찍어논 클럽을 들어가는 거지. 그 집에서 술 못 팔고, 달러 수입도 좀 안 하고, 이런 데 딱딱 찍어서 들어가는 거야. 일단 관광협회에서 (자매회에) 장부를 내주지, 맥주 판 거를. 이걸 갖고 토벌을 하는 거야, 보건소에서. 왜? 이쪽 (클럽)에는 이렇게 여자가 많은데 술은 요만큼 밖에 못 판다, 한번 잡어라, (그러면) 가는 거야, 거기. 가면 틀림없이 (보건증을 내지 않은 기지촌언니들이) 있어, 그 집에는. 몇 명 끌고 나와. 그래서 주인끼리 더 싸움을 하는 거야, 달러를 더 많이 수입할려고[벌려고].

- 현: 맥주 장사, 달러 수입, 그거 해가지고 클럽업주, 포주들만 돈 버는 게 아니고.

- 정: 다! 다!

- 현: 관광협회 사람들, 보건소 사람들, 경찰서며 뭐며, 다 그 밑으로 다 들어가는 거네?

- 정: 그럼, 응응. 그래갖구 자기네들 자식들은 다 서울에다가 집 사서 다 거기서 전부 다 학교들 보내고, 여기는 두 내외만 있고, 방학 때 되면 내려오고 애들이. 그렇게 사는 거야. 차도 뭐, 마누라 차 있지, 무슨 자식들 차 있지, 다 있어. 떵떵거려. 막 두리두리[주렁주렁] (금붙이) 누런 것들 다 끼고 댕기고, 그게 전부 다 언니들 피 팔은 거야. 다 등쳐먹은 거지. 그래서 이 언니들이 (기지촌에서) 나오면은 몸은 몸대로 망가지고, 돈 벌어논 건 없고, 빚은 빚대로…… 한집에서 10년, 15년, 20년까지 있는 언니들도 있어. 그 사람이 그만큼 안 벌었겠어? 못 헤어나는 거지.

- 현: 으이구…… 그런데도 군수는 나와가지고, 이런이런 식으로 (위안부들을 위해) 턱걸이에 공장 진다, 그리고, 돈 더 벌어라, 그리고…….

- 정: 회장님도 계속 그런 얘기를 했었고. 회장한테 얘기를 한 거지. 더 이런 식으로 니네 애들을 부추겨라. 회장님도 나와서 어디다 뭐 해놓고…….

- 현: 회장님도 그 얘기를 했었어?

- 정: 그럼! (공장) 지면 된다!

- 현: 언니들이 가본 적은 없고?

- 정: 없지, 누가 가. 그냥 턱걸이 어디께다, 그럼 (우리가) 턱걸이 어딘 줄 알어? 그쪽에다 질 거다…… 그게 군청 땅이라 그랬어, 진짜. 군청 있는 땅, 정부의 땅이다, 근데 거기다 질 거다, 그래서 나이 먹은 사람들은 2층 기숙사에서 계시고, 아래층은 가발공장. 그때 가발이 유행이었었잖어? 머리카락 미장원에서 모여서 팔고 이랬었잖어? 이런 거야.

- 현: 그 얘기를 군수가 하고?
- 정: 응, 회장도 하고, 그러엄. 그러니까 정부에서 나와갖구서 핸 거야, 그 얘기를. 정부가 시켜서, 우린 그렇게 인정해. 이 사람도 비록 자치회장이지만, 정부 끈이야! 응! 정부 끈이라고! 솔직히 말해서, 자치회장이 대통령상까지 받았었는데? 이 사람은? 박정희, 이런 사람 상!

　　김정자가 심각하게 말하다말고 갑자기 우스꽝스러운 표정으로 "박! 정! 희!" 하는 바람에 나는 그만 웃음을 터뜨렸다.

- 현: 큭큭큭큭. 웃어서 미안해, 언니.
- 정: 흐흐. 뭐 웃어도 괜찮아. 아니 자치회장은 무슨 놈의 그런 상을 받어? 나도 지금이니까 웃음이 나.
- 현: 박정희가 표창장을 줬어?
- 정: 어, 국회에서도 주구. 이 사람 많이 받았어. 상장 쫙 있어. 뭐 달러 이거를, 뭐 관광을 많이 해줘가지고, 거기에 표창장을 주구…… 잔뜩 줬다니까, 이 사람. 상 엄청 받았어.
- 현: 대통령 표창장도 받고, 국회의원 표창장도 받고?
- 정: 응. 그래서 이 사람이 부산 (기지촌), 대구 (기지촌), 오산 (기지촌), 송탄 (기지촌), 이런 데 가서, 동두천의 민들레회장! 하면, 어우, 그 사람, 대단한 사람! 이래. 지네들 자치회장들끼리 모이는 데가 또 있잖아.
- 현: 아주 대표 케이스였겠네, 동두천이.
- 정: 응, 관광협회에서도 상장을 주구. 맥주를 많이 언니들이 팔아줬으니까, 고맙습니다, 이렇게 선전을 언니들한테 해갖구 언니들이 많이……. 관광협회에서도 맨날 주구. 이 사람 상장 엄청 많아. 참! 그래서 내가, 씨부랄! 박정희 님

기지촌여성들은 자매회 가입 시 회비를 내야 했고, 그 이후부터는 매달 회비를 납부해야 했다 (동두천의 경우 1970년대에는 1,500원, 1980년대에는 2,500원). 회비를 내지 않으면 보건증을 만들 수 없었기 때문에 포주들이 기지촌여성들의 회비를 내주었고, 그 돈은 고스란히 기지촌여성들의 빚으로 올라갔다. 일부 지역의 자매회에서는 장례비와 노후대책 마련(동두천), 또는 양로원 건립(군산) 등과 같이 기지촌여성들에 대한 직접 지원의 목적으로 회비를 걷는다고 설명했지만, 이후 이 약속이 지켜진 기지촌은 없었다. 즉, 기지촌여성들은 '왜 회비를 내야 하는지', '어디에 사용하는지'도 모른 채, 자신의 빚으로 올라가는 회비를 부담해야 했다.

각 자매회는 해당 지역의 모든 기지촌여성들에게 회비를 걷었기 때문에, 매달 적립된 회비의 액수가 상당했을 것으로 짐작된다. 그러나 1990년대 초중반부터 자매회에 대한 정부의 필요성이 감소되고 지원도 끊기면서 대부분의 기지촌지역에서 자매회가 자취를 감추게 되었는데, 그 과정에서 회비 적립금의 행방도 묘연해졌다. 자매회장이 착복했다는 소문(동두천, 의정부 자매회)부터 해당 자치단체에서 보관하고 있다는 소문(군산 자매회)까지, 기지촌에 따라 상황은 다양하다. 기지촌여성들은 이제라도 '자매회 회비를 착복한 사람들을 찾아내 처벌하고 그 돈을 회수해 기지촌여성들을 위해 사용해야 한다'고 주장하고 있다.

이 할 지랄이 없어서 저년 상장을 줬나! 물론 자기가 살아온 것은 불쌍해. 근데 이 사람도 나라 끈이었었다구. 이 사람도 미워. 솔직히 까놓고 그마만큼 언니들 등친 거야, 저도 그런 생활을 해왔는 사람들이. 지는 나이가 먹어서 (성매매) 안 해먹지. 안 해먹고, 그 회장 해먹는다고 각고를 딱 잡고 있는 거지. 각 클럽마다 돈 집어주구, 포주들이. (포주가) 우리 집에 지끔 새로 온 애가 있는데 (미성년자니까) 조금 더 있다가 (성병검진)패스 내게 좀 해달라고, (회장님이) 아, 알았다고, 다 이래 뭐. (포주들이) 양담배도 사다가 주구, 아유! 회장님 오셨습니까? 들어오셔서 맥주 한 잔 잡숫고 가시라, 그리고, 콜라를 따러서 주구, 막, 다들 찔러줘, 이 사람한테. 근데 인제 (언니들이) 남자들하고 살다가 정을 붙이잖아? 미군이 간단 말도 없이 휙 가. 그럼 그 철로에…… 철로 가에 가상이에 울타리가 있으면은 거기 들어가서 안 죽는데, 울타리가 없었잖어. (사람들이) 그냥 막 댕겼잖어? (철로를) 왔다 갔다, 왔다 갔다…….

- 현: 응.

- 정: 거기서 갈려서 많이 죽지, 언니들이. (자살하려고) 약을 먹어서 실패하니까는, 에이! 여기 뛰어 들어가자! 그럼 시체 하나도 못 찾잖어. 그게 난 너무 안타까웠어. 보산리에서는 뭐 일주일에 두세 번 일어난 적도 있으니깐. 너무너무 지겨웠어, 그게.

- 현: 일주일에 두세 번?

- 정: 두세 번…….

- 현: 아휴…….

- 정: 두세 번……. (철로) 이게 길잖어? 그럼, 저어기 게이트, 홍콩동네 있는 데서도 죽었다! 그리고, 이쪽 보산리에서도 죽었다! 그리고, 막, 희안하더라구……. 보통 언니가 하나가 죽으면 보통 초상이 줄줄이 나…….

- 현: 그래, 그래, 응응응.

- 정: 엊그저께 죽었어, 초상 치르고 왔는데, 또 가보면은 약 먹고 연탄불 끄집어내서 또 죽어.

- 현: 언니들이 그래서 그 얘기를 하더라. 어느 언니 죽었다, 그러면 세 번까지는 (초상이) 난다구.

- 정: 응, 금방 (초상이) 나. 한 달이면 두세 번은 장례를 치러야 돼. (내가) 미쳐 죽는 거야. 그럴 제 우리는 이 기운이 쫙 빠져버려. 이렇게 해서 (언니들이) 죽어야 하나? 개죽음을 당해야 되나? 이게 확 돌아버린다구. 에이, 시팔! 이러구 약방에서 약 사서 털어 먹는 거지, 그냥. 그거 못 보니깐……. 내가 그러구 세 번이나 죽을라 그랬는데…… 저 여자는 무슨 팔자가 돼서 죽을 때 저렇게 딱딱 죽나, 나는 세 번을 전부 다 (못 죽고) 저거를 했는데…… 이게 머리에 딱 와닿고, 한 번 더 죽어볼까? 이런 생각이 자꾸만 드는 거야. 시체 붙잡고 막 울

고……. 또 산에 갖다가 놓고 연락을 하면 부모가 와서 해부를 하라! 그래, 막. 그럼 두 번 죽이는 거잖아? 회장님은 못 하게 해. 그냥 죽은 것도 불쌍해 죽겠는데 왜 해부를 하냐? 산에다가 철막[가림막] 쳐놓고, 그 산에서 바로 해부해. 그래서 숭덩 숭덩 숭덩 꼬매서 관에다 넣고 그냥 묻어버리는 거지. 그럼 개죽음이지 뭐야? 그럼 집안이 천주교면은 천주교, (성수) 뿌리고, 그 다음엔 인제 회장님이 청실, 홍실, 부적 넣어주고, 그리고 (회장님이) 저어쪽에 가서 이러구 앉아서 우시지. 그런 건 참 좋았어. 그런데 인제 정부의 끄내끼라 화가 나는 거지. 그거 안 해도 먹고 살 수 있는데, 저 사람은 왜 그런 걸 잡았나…….

　"내 몸뚱아리 갖고 내 맘대로도 못하는 세상"

평택 안정리 기지촌

평택시 팽성읍의 '안정리 기지촌'으로 증언 여행을 가는 날이다. 김정자는 문
앞에 나와 반가운 얼굴로 나를 맞았다. 우리는 그 전날도 밤늦게까지 함께 있었
으면서, 마치 오랜만에 만난 사람들처럼 포옹을 하고 서로의 안부를 확인했다.

- 정: 일어나니까 5시 40분이야. 할 게 없는 거지. 에이 모르겠다, 주먹밥 싸고.
- 현: 하하.
- 정: 닭 굽고, 다 해서 도시락 싸놨지. 도시락 싸고, 커피 하고, 그래도 시간이 많
　　이 남는 거지. 나가서 의자에 앉아서 커피 한 잔 먹고…….
- 현: 아이고, 못산다. 언니, 힘들게…….
- 정: 괜찮아! 잠 안 와서 한 건데.
- 현: 창문 잘 잠갔어?
- 정: 응.

- 현: 보일러 *끄고*?
- 정: 보일러 안 켰어.
- 현: 텔레비전 껐어?
- 정: 껐지!

　새벽부터 일어나 정신이 없는 김정자가 못 미더워 나는 집에 들어가 안을 한 번 둘러보았다. 내가 오는 것을 못 들을까봐 소리를 꺼놓았던 텔레비전이 여전히 켜진 채였다.

- 현: 이거 봐! 이런다니까!
- 정: 애는 뭐, 그냥 주인 없는데…….
- 현: 지 혼자 *뻔쩍뻔쩍* 거리게? 하하.
- 정: 후후…….

　날씨가 무척 맑았다. 그래서인지 그녀의 기분도 한결 좋아 보였다. 간식 보따리를 차에 싣고 우리는 다시 증언 여행을 떠났다.

- 정: 안정리는…… 중간에 여기 안정리에서 넉 달이나 있었지.
- 현: 아, 홍콩동네에 있다가 안정리에 와서 넉 달 정도?
- 정: 넉 달이나 다섯 달 있었어.
- 현: 어, 그러다가 다시 홍콩동네로 간 거구나.
- 정: 응응응. 요기! 요기! 24시 마트 있잖아?
- 현: 어.
- 정: 글루 올라가.

.. 평택시 안정리의 미육군 제3지역 사령부 캠프 험프리(Camp Humphreys). 용산 미8군기지가 이전 해오는 이 기지는 수년 째 확장설비공사 중이고, 사진 속의 차량 전용 게이트도 새로 생겼다.

- 현: 어, 오른쪽으로?

- 정: 응, 이게 전부 다 '포주집'들이었어. 요거! 요거! 요 골목, 여기다 차 대.

- 현: 어어.

- 정: 요거! 요거! 요거! 없어졌잖아, 요거, 클럽! 저기 영어로 쓴 데 있지? 영어로 쓴 데.

- 현: 어어.

- 정: 저 터가 다야.

- 현: 저 옆에까지?

- 정: 저 전보선대 있잖아?

- 현: 어어.

- 정: 거기까지 UN클럽이었었어.

·· 안정리 기지촌.

·· 옛 UN클럽. 남아 있는 건물과 공터가 모두 옛 UN클럽 자리다. 공터의 바닥이 예전에 이곳이 클럽
이었다는 것을 보여준다. 당시 1층은 모두 클럽이었고, 2층은 기지촌여성들의 숙소였다. 김정자는 다
른 기지촌여성들과 함께 이 클럽의 2층에서 살아야 했다. 당시 포주의 아들 부부는 2층에, 포주 부부
는 3층에 거주하면서 24시간 기지촌여성들을 감시했다. 그뿐만 아니라 2층 계단을 올라가면 정면에
계단을 오가는 사람들을 볼 수 있도록 큰 창문을 달아놓은 방이 있었고, 감시인들은 이 방에서 돌아가
며 여성들을 감시했다. 전국의 모든 기지촌에서 규모가 큰 미군 전용 클럽들의 경우, 이러한 형태의
시설을 만들어놓고 기지촌여성들을 감금하여 감시하는 것이 일반적이었다.

10_"내 몸뚱아리 갖고 내 맘대로도 못하는 세상" *175*

- 현: 있는 동안에는 별일은 없었어?

- 정: 검진을 안 받고 토벌에 내가 걸려가갖고 2박 3일을 내가 살았었지.

- 현: 어디에서?

- 정: 유치장에서.

- 현: 어느 유치장?

- 정: 경찰서.

- 현: 평택경찰서?

- 정: 응.

- 현: 평, 택, 경, 찰, 서?

- 정: 어어.

- 현: 평택 시내에 있는 그 경찰서?

- 정: 어어, 경찰서!

- 현: 거기에 붙잡혀가서 살은 거야?

- 정: 어, 2박 3일.

- 현: 여기서 넘어갈 때 여기서 바로 끌려서 경찰서로 갔어? 아님 파출소를 거쳐 서 갔어?

- 정: 파출소를 거쳐서 갔지.

- 현: 어느 파출소, 언니?

- 정: 여기 쪼끄만 파출소 있어, 저 아래 내려가면. 동사무소 있고 파출소 하나 있지? 거기!

- 현: 응, (성병)검진패스 없다고 그때 걸려서 끌려간 거야?

- 정: 그렇지.

- 현: 아, 그럼 저 UN클럽의 다른 언니들은 검진을 받고 있었어?

- 정: 그럼, 그때 검진소가 어디였냐 하면? 여기 내려가다 보면…… 쪼끔 더 가.

‥ 안정리 옛 성병진료소. 1970년대 중반, 평택군에는 신장동의 제1성병진료소와 안정리의 제2성병
진료소가 운영되고 있었다. 안정리의 제2성병진료소는 안정리 기지촌여성들의 성병 관리를 담당하
고 있었다. 지금 남아 있는 것은 1987년에 신축된 건물이다.

- 현: 응.

- 정: 보건소가 있어, 옛날 보건소. 지금도 보건소 하드라.

- 현: 아아.

- 정: 저기 차 있는 쪽으로 가. 거기 시장께 있지? 거기서 검진을 받았지.

- 현: 그럼 UN클럽의 다른 언니들도 거기 가서 검진을 받았겠네?

- 정: 그럼, 다 일주일에 두 번씩은 열루 검진을 오지. 저게 보건소야. 요 건물!

  여기 있잖아.

- 현: (플래카드에) 이전 안내, 이렇게 돼 있네?

- 정: 응, 여기야. 이전을 시내로 가. 여기서 검진 떨어지면 (낙검자수용소에 격리

  수용되고)‥‥‥.

- 현: 파출소가 어디지?

.. 평택군 제1성병관리소(낙검자수용소). 1968년 평택군 통복리에 설치되었던 평택군 성병관리소 자리에는 현재 평택시 보훈회관이 들어서 있다.

- 정: 파출소가…… 저렇게 해서 나가야 돼.
- 현: 아아, 중간으로 해가지고?
- 정: 응. (파출소) 거기는 얼마 그냥, (다른 언니들) 잡아올 때까지 잠깐 앉아 있다가, 한 2, 30분 앉아 있다가, 다른 애들하고 해서 평택경찰서로 넘어간 거지. (경찰서) 거기서 (지장) 이거, 이거, 다 찍고!
- 현: 어, 그래서 거기 유치장에 있었던 거야?
- 정: 어, 2박 3일.

통복리 낙검자수용소를 찾는 일은 쉽지 않았다. 옛 낙검자수용소 자리에는 새 건물이 들어서 있었다.

- 정: (평택경찰서 유치장에서) 2박 3일 살고 나와갖고, 여기 보건소[낙검자수용소]에 가서 검진 합격될 때까지 살은 거지.
- 현: 아, (낙검자수용소) 거기서도 살았어? 2층에서도?
- 정: 어, 여기서 살구서, 일주일 있다 검진 합격되면 나와. 그 대신 이제 (경찰서) 여기서는 벌금을 때리면 벌금을 때리고 그냥 나오는데, (경찰서) 여(기)서 2박 3일 살았으니까 그게 벌금이래. 그래갖구 (낙검자수용소) 일루 넘어온 거지.
- 현: 벌금은 안 내고?
- 정: 어, (낙검자수용소) 이쪽에 와서 살고, 이쪽에 와서 열흘 살고, 검진 합격돼

서 나온 거지. 검진패스 이제, 열흘 돼서 (낙검자수용소에서) 합격되면 (성병진료소에서) 검진패스를 만들어줘. (성병진료소에서) 그걸 갖고 나온 거야.

- 현: 웅. 그러면은 (낙검자수용소) 여기 들어와서도 검진을 받고 계속 주사를 맞았어?

- 정: 그럼! 맞아야지!

- 현: 결과가 안 나왔는데도 맞아?

- 정: 결과가 안 나와도 나갈 때까지 맞어. 3일에 한 번씩 이렇게, 페니실린을……

- 현: 아휴……

- 정: 그리고 나서 검진을 하지. 검진을 해서 합격이 되면은 내보내주지. 3일에 한 번씩 맞어, 여기서, 열흘 동안……

- 현: 열흘 동안 한 번도 못 나가고?

- 정: 못 나가! 어딜 나가? 안에 있어야지.

- 현: 거기 2층에는 방이 몇 개 정도 있었어?

- 정: 2층에? 여덟 개.

- 현: 여덟 개……. 언니 들어갔을 때도 언니들이 많이 계셨어?

- 정: 꽉 꽉 차지.

- 현: 그럼 방 하나에 몇 명 정도씩 있었는데?

- 정: 방 하나에 다섯 명.

- 현: 40명 정도가…… 거기도 2층에 쫙 언니들이 살고, 바닥은 시멘트로 돼 있고, 그래?

- 정: 어어.

- 현: 바깥에서 문을 걸어 잠그고? 못 도망가게?

- 정: 어! 거기선 도망갈 수가 없어!

- 현: 밖에서 문을 걸어 잠갔어?

> ✣ 평택군 성병관리소
>
> 평택군은 1968년 12월 30일 성병관리소(낙검자수용소) 설치조례를 제정했고, 평택군 평택읍 통복리 72번지에 성병관리소를 설치했다. 1985년 9월 평택군은 성병관리소 설치조례를 개정하여 평택군 팽성읍 안정리 152-2번지로 성병관리소를 이전 설치했다.
>
> 즉, 1960년대 후반부터 1980년대 중반까지 안정리 기지촌여성들은 안정리 성병진료소에서 성병 검진을 받았고 낙검된 여성들은 통복리에 있는 성병관리소에 갇혀 강제 치료를 받아야 했다. 그리고 1980년대 후반부터는 낙검자수용소가 안정리 성병진료소의 2층으로 이전되었기 때문에 1층에서 검진을 받은 여성이 낙검되면 바로 2층의 낙검자수용소에 수용되었다. 평택시 성병관리소는 1997년에 폐쇄되었다.

- 정: 안에서 걸고, 자기네들 일 보고 나갈 때도, 다 퇴근들 하면 바깥에서 자물통 잠궈놓고, 그러지.

- 현: 2층을?

- 정: 응, 수위 아저씬 (1층에서 지키고) 있고…….

- 현: 여기 (안정리 기지촌) 토벌 나올 때는, 한국경찰하고?

- 정: 그러고 보건소 사람!

- 현: 보건소 사람하고 미군헌병하고 같이 나오는 거지?

- 정: 같이 나오는 거지. 다 어디를 가든지 미군이 다 껴. 미군부대, 말하자면 (미군부대의) 병원하고 나오는 거지. 에스파이브[S-5: 미군부대 민사과에서 근무하는 미군. 민사과의 역할은 미군과 관련해 기지촌 내에서 발생한 문제를 파악하고 해결하는 것이었는데, 그중에서 가장 중요한 임무는 기지촌여성들에 대한 성병 관리였다. 성병 정기검진을 받지 않고 있거나 성병에 감염된 기지촌여성들을 찾아내 강제 치료기관에 인계하는 임무를 맡고 있었다]들하고.

- 현: UN클럽 홀에서 일하고 있는데 그냥 들이닥친 거야?

- 정: 아니지. (성병 걸린) 미군이 칸텍[컨택(contact): 미군 성병 환자에게 성병을 감염시켰을 것으로 의심되는 기지촌여성]을 찍은 거지, 날.

- 현: 언니만?

- 정: 어, 미군들이 와서 칸텍을 찍은 거지. (그 미군이) 바로 저 여자한테 옮아갖고 (라고 말해서), 그래갖고 (미군들이) 검진패스를 보자고 하는데 없었다구. 검진패스가 있었으면 괜찮은데…….

- 현: (미군) 헌병만 온 거야, 처음에?

- 정: 헌병하고, 민간복 입고 씨아이디에서 겉이 한국남자랑 온 거지, 미군이랑 셋이. 그래갖구 이 여자한테 병을 옮았다고, 그래서 (내가) 난리를 부린 거지, 뭘 나한테 옮아? 난 이 미군 모른다고. (헌병이) 가자, 그러더라구. 검진패스 보자고, 없다고 그랬더니 경찰서로 가자고.

- 현: 파출소로?

- 정: 어, 그래가지구 갔다가.

- 현: 헌병들이 파출소로 데리고 나온 거야?

- 정: 한국남자한테 인계를 해준거지, 겉이 나와갖구.

- 현: 씨아이디?

- 정: 씨아이디 한국인, 내 생각에 그 사람이 민간인 형사 같애. 인계를 해준 거지. 그래갖구 파출소에 왔다가, 잠깐만 기다리라고 하고 가더니 어떤 여자를 둘 데리고 오더라구. 그래서 셋이 넘어간 거지. 셋이 경찰서에 가갖구…….

- 현: 맨 처음에 클럽에 나올 때는 미군들만 나온 거네.

- 정: 어, 그렇지. 미군들이 나와서 찍어.

- 현: 일루 쭉 갈까?

- 정: 응, 열루.

·· 김정자가 연행됐던 파출소. 김정자가 연행되었을 당시에는 '안정리 파출소'였고, 컨테이너 같은 허술한 건물이었다고 한다. 안정리 기지촌에서 성병검진패스가 없는 기지촌여성들이 토벌에 걸리면 일단 안정리 파출소로 연행된 후 평택경찰서로 옮겨졌다.

우리는 옛 안정리 파출소 앞에 도착했다.

- 정: 저거야, 저거!

- 현: 저 위의 거?

- 정: 어어, 이놈의 파출소는 여전히 있네, 으이구……. (평택경찰서) 거쪽으로 넘어와서 2박 3일, 이렇게, 유치장, 이렇게 해서, 남자들도 있고 우리들도 있고, 거기서. 그런데 얼마나 간수 개새끼들이 얼마나 드러운지 몰라, 입이. 너 저거 해줄 테니까, 야, 미군들 그거 좋냐?

- 현: 아유!

- 정: 야! 미군들하고 하면 어떠냐? 막 이래가면서, 야, 음악 틀어줄게, 안에서 춤 좀 춰라! 이 지랄하고.

- 현: 경찰인데?

- 정: 어! (우리를) 인간같이 취급을 안 하고…… 그 사람도 우리하고 겉이 유치장 생활 하는 것과 마찬가지더라구. (경찰) 하나가 들어오면은 (유치장) 거기 앉아서, 철커덕 잠그면 그 새끼도 그냥 있더라구. 그리고 (유치장은) 이렇게 칸칸이구. 여기 안에다 의자 놓구.

- 현: 그 사람, 경찰일 거 아냐?

- 정: 경찰 새끼가! 저녁에 자니까! 그러구서 (유치장에 갇혀 있던) 어떤 남자가 인제 이 밑에다가 어디를 담배를 감췄다가, (걸리니까) 디지게 발로 막 차고, 디지게 패드라구. 그러니까 (그 남자가) 민주경찰이 이렇게 해서 때리냐? 나 여기서 나가면 갖다가 당신 집어넣겠다, 막 그러더라구. 그 (경찰)놈들이 입이 거칠어. 여자 한 방에 유치장에 있는데, 우습게 알아, 여자들을. 브라자 다 끌르고 들어가라 그랬거든. 다 맽겨놓고 들어갔지, 안에. 그럼 담요 덮을 거 하나 줘. 그러면은 인제 여자들이 (담요) 하나씩은 전부 다 곁들어서 깔아. 그리고 다 (같이) 덮지. (경찰이) 야! 춤 좀 춰! 미군들 그거 좋냐? 야! 한국사람하고 한번 해봤냐? 막 이 지랄 해가면서……. 이 간수들은 완전히 입 거칠어. 야! 이 쌍년들아! 니네들 때문에 여기서 니네들하고 똑같이 24시간을 뭐 있대나? 있으라 그랬어? 우리가? 있으라 그랬냐구!

- 현: 언니 말고 다른 언니 두 명은 언니랑 같은 UN클럽은 아니었나봐?

- 정: 아니었지. 그냥 안정리에 있었지, 걔네들은. 한 클럽이 아니지.

평택경찰서 맞은편에 차를 세웠다. 수감됐던 유치장을 설명하는 김정자의 목소리가 흥분한 듯 높아졌다.

- 현: 언니, 그때 왔을 때도 이 경찰서였어?

‥ 성병검진패스가 없는 기지촌여성들이 미군에게 연행돼 유치장에 수감되었던 평택경찰서.

- 정: 평택경찰서! 이거!

- 현: 이거?

- 정: 어! 이거! (건물 1층의 오른편) 절루 들어갔을 거야. 나 처음으로 2박 3일……
나는 유치장 생활 해봤네. 야, 못 있을 데더라. 사람을 사람같이 취급을 안 해,
그 안에 간수가. 쌍년아! 똑바로 해, 이년아! 맨스가 터졌는데도, 맨스…… 그
갈아 차는 것 좀 달라구 그러니까는, 이 쌍년! 여기가 이런 거 대주는 덴 줄 알
어? 이래가면서, 진짜…… 야…… 끝내주게 다루더라……. 완전히 (양)색시
들을 취급을 안 하더라구, 인간 취급을. 지네들 밥이야. 똑바로 앉아! 이년아!
무릎 꿇어! 그리고.

- 현: 그 안에 들어갔을 때?

- 정: 그 안에 들어가서 무릎 꿇고 있는 거야.

- 현: 하루 온종일?

- 정: 그럼! 발이 재려갖구 코에다 (침을) 막 이렇게 이렇게 하고, 그리구 (다리를) 옆으로 이렇게 해지. 그러다가 그 새끼가 오면 빨리 무릎 꿇고. 하나씩 하나씩 가서 세수하고 오라고 그러고, 하나가 가면, 빨리빨리 해! 이 쌍년들아! 막 이러고…… 아유, 참…… 애국가를 왜 불러? 애국가?

- 현: 큭큭.

- 정: 다 쭈구리고 앉아갖구 애국가를 부르는 거야. 크게 해! 이 쌍년아!

- 현: 웃어서 미안해. 큭큭.

- 정: 하하. 글쎄 그런다니까.

- 현: 하하하하.

- 정: 동해물과를 우리가 왜 부르느냐구, 우리가.

- 현: 하하하하.

- 정: 크게 불르라 그러고. 야, 진짜! 나 간수 새끼 때문에, 진짜. 하하.

- 현: 하하하. 언니 미안해. 언니 미안해, 웃어서. 너무 기가 막히다, 진짜.

- 정: 그러니깐. 더 크게 해! 이 쌍년아! 더 해! 이래가면서…… 참 같잖아서……. 영창 안에서 또 동해물과 불러보기는 정말 처음이야.

- 현: 하하하하.

- 정: 난 아주 여기…… 야…… 이 경찰서…… 진짜야…….

- 현: 어디쯤이었어?

- 정: 여기 막 보이는 데 있잖아? (석가탄신일 봉축)등 달아논 데.

- 현: 등 달아놓은 데?

- 정: 걸루 들어갔어. 거기 들어가니까 옆으로 있더라구, 유치장 관리하는 놈들, 형사관가 뭔 관가.

- 현: 웃긴다, 정말.

- 정: 동해물과를 왜 부르냐구, 깜빵에서. 우리가 큰 죄 졌어?

- 현: 저기 몇 층에 있었어?

- 정: 아래층!

- 현: 1층?

- 정: 이게 형사실이잖어? 그러면 (철문) 이거 더러럭 여니까는 철커덕 들어가더라. 그리구 (철문을) 철커덕 잠그니까, 나오면 (형사과) 사무실이야.

- 현: 미안해. 너무 웃겨가지고…….

- 정: 그러니까 동해물과…… 동해물과도, 니년들이 동해물과를 알어? 애국가를? 아니, 우리가 간첩이냐구. 동해물과 모르는 사람이 어디 있냐고. 그리고 쪼끔만 박자만 틀려도, 고만! 이 쌍년! 다시 해! 이러고. 다리는 저려서 미치겠는 거야, 무릎 꿇고 앉아서. 그래서 난중엔 옆으로 이렇게 앉았다가 그 새끼가 오면은 얼른 또 무릎 꿇고. 이 쌍년들! 군기 봐라! 군기 봐라! 일렬로 이렇게, 이게 영창이면 이렇게 일렬로 앉아야 해. 여자들이 한 열두 명인가, 열세 명이더라. 근데 뭐 폭행으로 들어온 사람, 뭐해서 들어온 사람, (양)색시는 우리 셋이야. 춤추라는 거야, 우리들한테. 야! 이리 와! 셋 중에서도 나이 어린 애가 끼어 있었어. 걔보고 음악 틀어주면서 춤 좀 추래. 야, 그거 좋대? 막 이래가면서, 야, 넌 껌은 애냐? 흰 애냐? 막 이래가면서. 이 주책바가지 년, 그년 아주 나한테 욕 바가지로 얻어먹었네. 너 껌은 애냐? 흰 애냐? 껌은 애요, 껌은 애는 저기 뭐 알만하다며? 이 지랄하고…… 아, 진짜 더러워서 내가…….

- 현: 아휴…… 황당하다, 진짜…….

- 정: 진짜야, 인간 같지도 않은 것들이……. 야, 지네들 월급이 어서 나오는지는 몰라도, 우리들 피 팔은 돈에서도 나올 텐데.

- 현: 그렇지!

- 정: 다른 사람들이 다 우리를 쳐다보는 거야. 챙피하잖아, 우리는. (유치장의 다른 수감자들이) 응? (양)색시했었어요? 안정리에 있어요? 안정리예요? 어느 클

럽에 있어요? (내가) 뭘 물어보세요! 내가 쪽팔려갖구서, 진짜, 고개를 들지도 않고, 무릎은 꿇으라 그러고, 무릎을 꿇는데 세면 바닥이라 되게 아프더라구, 그냥 세면 바닥에. 그것도 여름이나 갔으니까 천만다행이지, 추운데 갔어봐. 지네들은 선풍기 코앞에다 갖다놓고 키고 있으면서. 덥기도 엄청 덥더라구, 철장 안이. 완전히 죄인들이지. 사람을 죽여도 그 정도로는 안 할 거다. 우리랑 이렇게 있는 데는 (다른 수감자들이) 우리 얼굴을 못 봤지만은, (맞은편으로) 이렇게 된 데는 여기 있는 (수감자) 놈들이 다 쳐다보는 거지.

- 현: 그렇지.

- 정: 아유, 참…… 기도 안 차……. 난 지금도 생각하면, 왜 애국가를 부르라 그러느냐구. 동해물과를 왜 불러? 야! 그럼 또 딱 그쳐. 크게 불러! 저 바깥에까지 들리게! 그 사무실에서 일 보는 (형사과) 놈들까지 들으라고 고래고래 소리를 질러야 돼? 하하. 참 나, 그 새끼들이 일은 안 하고 우리 노래를 들을려고 그러나? 아이구 참, 내가 기도 안 차서, 생각해보면…….

- 현: 큭큭큭. 어이가 없다.

- 정: 어이가 하나도 없다. 동해물, 우린 이렇게 부르지. 근데 동! 해! 물! 이렇게 부르라는 거야, 개 같은 놈이. 군인이냐구, 우리가. 살다 살다 별…… 그 동해 물과를 왜 부르래? 그걸 불러놓고 우리보러 어쩌라구? 그 새끼는 그래도 24시간 동안 있다가 그 이튿날 되면 다른 사람하고 교대해. 그러니까 다 들어오는 놈들마다 틀려. 그놈은 애국가는 안 시키더라. 1! 2! 3! 4! 이거, 이거 시키더라. 그놈은 또 1번! 2번! 3번! 4번! 이거를 시켜. 아니, 그 영창 안에서 도망갈 데가 어디 있다고, 1! 2! 3! 4! 5! 6! 그거를 외우래? 여자들 해봤자 열다섯 명이야. 시버엄! 이러구, 1, 2, 3, 4로, 별놈들 다 있더라구.

- 현: 그게 몇 년도지? 여기 안정리 온 게?

- 정: 안정리 왔을 때, 스물일곱인가?

.. 낙검자수용소 조례 별지2호서식. 성병관리소장은 낙검자수용소에 격리 수용돼 강제 치료를 받은 후 완치되어 퇴소하는 기지촌여성들에게 건강증을 발급했고, 기지촌여성들은 이 건강증을 성병진료소에 제출하면 성병검진패스를 발급받을 수 있었다. 이 건강증에는 해당 여성의 주소 및 성명, 성병 치료와 완치 사실, 퇴소일 등을 기입하도록 되어 있었다.

- 현: 스물일곱이면은 76년? 77년?

- 정: 응응, 그 정도지. 2박 3일 만에 나왔는데, 열두 시 점심시간 안으로 내보내주더라, 점심밥을 안 줄려고 그러는지. 내보내주더라, 가라구. (유치장 형사가) 검진패스들 내고서들 해먹어! 이러더라구. 뽄때를 보여준대잖아, 검진패스 없는 사람들. 기도 안 차!

- 현: 경찰서에서 협박을 하는 거야?

- 정: 응.

- 현: 본때를 보여줄 테니까 검진패스 만들라고?

- 정: 응! 검진패스 있었으면, 이년아, 여기를 왜 들어왔냐? 이 개년들아! 이래 가면서, 기도 안 차. 기도 안 차. 욕은 뭐 열 마디 하면 아홉 마디는 전부 다 욕이야. 야아, 완전히 (양)색시들 (인간) 취급을 안 하더라니까, 인간 취급을 안 해. 지네들 발 때만큼도 안 여겨. 야, 정말이지…… 다시는 내가 인제 가는 데마다 검진패스 맨들어서 해야지, 요런 데 들어와서 저런 놈한테 괄세 안 받는다, 그랬지. 아니 내 몸뚱아리 갖고 내 맘대로도 못하는 세상! 내 건강 검진을 내가 하고 싶어야 하는 거지. 그걸 안 만들었다고 잡아다가 2박 3일을 썩히고, 그 안에서 개 취급이나 하고, 사람같이 취급도 안 해주고. 이래갖구 (낙검자수용소로) 들어갔지. (순경이 낙검자수용소까지 직접 데리고 가서) 들어가라구. 들어가갖구 (내가) 전화 한 통만 하자구, 하라 그러더라구. 돈도 없구 그러니까 전화 좀 빌려달라, 그러니까 하라 그러

더라구. UN클럽에 전화했지. 나 지금 유치장에서 나왔는데…… 그랬더니 면회 왔더라구, 기도가. 뭐 필요한 거 있습니까? 비누랑 칫솔이랑 이런 거 쫌 사서 보내달라구, 그랬더니 보냈더라구. 그래서 여기서 열흘 동안 있다가 나간 거지. 보건소(안정리 성병진료소)에 (걸어) 들어가서 보건소에서…… (낙검자수용소에서) 요만한 쪽지를 해줘, 여기서. 갖다 보건소 주라구. (성병진료소에) 주니까는 (무언가를) 적더라구. 유치장(낙검자수용소)에서 나오는데 차비가 하나 있어, 뭐가 있어……. 이 (평택중앙)시장으로 이렇게 해갖구서, 와갖구서…… 안정리 들어올 돈이 없는 거야. 걸어갖구서…… 여기서 걸어서 간 거야.

- 현: 걸어서 갔어? 거기까지?

- 정: 응, 갈 수밖에 없었어. 가야지 어떡해. 그래도 그냥 걸어갔지. 다리가 막 붓고 막 이러니까…… 걸어가다 좀 쉬다가 또 걸어가다 쉬다가…… 으휴…… 안정리에서도 많이 죽었어, 언니들…… 안정리도…… 약 먹고 자살하고, 연탄 켜놓고서 연탄 뚜껑 열어놓고, 옥상에서 목 쫌매서 죽고…….

- 현: 아휴…… 언니 클럽에서도 자살한 분 있었어?

✻ 펨푸집
미군 기지촌 '포주집'의 한 유형이다. 펨푸는 기지촌 '히파리집'의 삐끼다. '히파리집' 골목 입구를 서성이며 성구매자인 미군들을 '히파리집'으로 유인하고, 소개비 조로 화대의 일부를 받았다. 포주가 고용한 펨푸들이 '펨푸집' 앞에서 호객행위를 해 미군들을 유인해오면 '펨푸집'에 감금돼 있는 기지촌여성들은 그 미군들을 상대해야 했다. '펨푸집'에는 검진증을 낼 수 없는 미성년자들이 많았다

✻ 미군들의 인신매매
미군들이 거짓으로 결혼을 약속해 한국여성들을 속인 후 기지촌의 '포주집'에 인신매매하는 일이 종종 일어났다. 이렇게 사기를 당하는 여성들의 대부분은 미성년자들이었고, 미군에 의해 이런 식으로 미국으로까지 인신매매되는 사건이 발생하기도 했다.

- 정: 그래, UN클럽에서도. 그래서 그 방이 어떤 방인지 몰르잖아? 그래서 방을 주면 무서워했지, 그 방들을, 어떤 방인지 모르니까. 약 먹고서도 죽고, 미군하고 같이 좋아하다가 미군이 가니까 그 바람에 약 먹고 죽고, 연탄 뚜껑…… 또 미군이 결혼하자, 그러고 '펨푸집'에 넣고 안 데려가서 죽고……. 뭐 많어, 안정리는. 나는 거기 6개월, 7개월 동안 있으면서, 언니들 죽었다, 그래도 어떻게 한 번도 행여[상여] 같은 거를 미지를 않고 이러더라?
- 현: 그냥 죽었다는 얘기만 들리고?
- 정: 어어. 어떻게 하는지 몰라도, 그냥 자기네끼리 쉬쉬쉬 해서 그냥 갖다 없애버리나 봐. 참…… 그래…… 참…… 언니들, 죽어나가는 언니들이 불쌍했어, 안정리는…….

안정리 기지촌에 대한 증언 여행을 마치고 다음 목적지로 가기 위해 우리는 고속도로로 접어들었다. 김정자는 연신 내 입에 떡이며 과자며 이것저것 넣어주기 바빴다.

쪼끔 좋아했으니까 여까지 따라왔지

대구 왜관 기지촌

김정자는 하필이면 수돗물도 안 나오는 구미에서 잘 생각을 했냐고 황당해했다. 나는 증언 여행을 다니느라 구미에 며칠째 수돗물 공급이 끊겨 난리가 난 줄을 몰랐다. 구미에서 불편한 하룻밤을 보내고 대구 왜관 기지촌을 찾아가는 길이었다.

- 정: 맨날 새벽 세 시, 네 시까지 미군을 못 받으면 방에도 못 들어갔어. 클럽에서 미군이 2차 하자고 그럴 때까지 거기서 밤을 새우고 새벽에 들어가서 밥을 또 해야 되니까. 밥을 해가면서, 말하자면 식모생활을 해가면서 미군을 받았지. 내가 살아온 게 너무나⋯⋯. 그래갖고 지금도 내가 몸 아프고 그러는 게, 그런 데서 다 온 거 같고⋯⋯. 동두천에 내가 있었던 '포주집'이 있거덩. 하두 (클럽)지배인이 악질 같아서 포주, 포주, 그랬는데, 근데 그 새끼가 클럽을 채렸어. 진짜 그 남자네 집에서는 많이 굶기도 많이 굶었다. 돈 못 번다고 밥도

·· 칠곡군 왜관 캠프 캐롤(Camp Carroll) 게이트. 군견순찰구역이라는 경고문이 붙어 있다.

안 준 거야.

- 현: 몇 살 땐데 그게?

- 정: 그때가 내가 스물일곱인가, 스물여덟. 고때 막 먹었지. 도저히 안 되겠길래 맨날 약으로만 살은 거지, 약으로……. 깨고 나면 약 먹고……. 약 먹으면 밥 생각도 없는 거야. 약 먹고 또 쓰러져서 자구……. 그러다가 도저히 안 돼서 인제 왜관으로 간 거지. 여기서 도저히 안 되겠으면, 구박을 맨날같이 받고 돈도 안 주고 벌어주기만 벌어주면, 친구들하고 (다른 기지촌으로) 도망을 간 거지. 도망을 가서 그쪽에서 있다가, 그쪽에서도 이 집보다 더 심하면 도루 여기로 도망을 오는 거지. 그럼 주인한테 와서 내 발로 들어와갖고…….

- 현: 다른 데 갈 곳이 없었던 거지.

- 정: 응, 내 발로 들어와서 잘못했다고, 열심히 벌겠다고, 그러고……. 대구 왜관 (기지촌), 부산 (기지촌) 이런 데는 친구들 둘이나 이렇게 도망가는 애들 끼

어서 내가 쫓아갔다 왔으니까. 그럼 그쪽 주인이 와서, 얘 어딨냐! 대라! 너 때리지 않을게, 대라! 그러면 이제 (내가) 아무개(와) 서울역에서 헤어졌다구, (포주가) 너, 어디 가 있다 왔냐? 그럼 (우리가) 대구에 있었으니까, 대전에 있다 왔다. 걔네들하고 짜야지 거기서 안 잡지. 대전에 있었어요, 대구? 아뇨, 대전! 미군부대 앞에요, (포주가) 걔네들 어디서 헤어졌냐? 서울역에서 헤어졌어요, 걔네들 집에 간다고 갔어요. 집에는 뭐를 가? 대구에서 있는데, 걔네들. 우리들이 그런 데 있다가 도망가면은 악착같이 주인이 가서 잡아오지. 돌아댕기면서 지네들은 여행을 하면서 잡으러 댕기지만은, 그 잡비용은 다 우리한테 물리고, 그리고 거기 또 이자가 붙는 거지. 아니면 이런 걸 잡으러 댕기는 남자들이 있었어. 그런 남자를 시키지.

- 현: 전문적으로 그것만 하는 남자들?

- 정: 어어, 하나 잡아오면 얼마씩 주는 놈들.

- 현: 깡패?

- 정: 똘마니지, 깡패도 아냐, 그런 놈들은. 그 지역에서 놀던 놈들, 그런 놈들한테 내일 잡아오면 얼마 주마, 하고 차비까지 주지. 잡으러 댕겨, 지네들 놀 거 다 놀아가면서, 맛있는 거 처먹어가면서. 비용이 만일 100만 원 들었다(면), 나 요년 땜에 400만 원 들었다, 그러면 400만 원 들은 줄 아는 거지. 만약 이 여자(에게) 100만 원 현상금을 걸었다(면), 그럼 (비용까지 합해서) 500(만 원), 그 새끼들한테 주는 거지. 그럼 우린 그걸 갚아야 하는 거야. 못 나오는 거지. 그러니까는 도망가다 못해서 약쟁이 애들은 이렇게 살아서 뭐하나, 죽어버리자! 그러면 연탄불 여기 올려놓고 개스불에 죽고⋯⋯ 약 먹고 자살하고⋯⋯.

- 현: 아휴⋯⋯ 그렇게 해서 쥐도 새도 모르게 간 언니들이 많아⋯⋯.

- 정: 많지⋯⋯ 많어⋯⋯. 그것만 해? 골방에다 가둬놓고 도망갔다고 죽도록 매 맞고. 매 맞아도 아야 소리도 못하는 거지⋯⋯. (도망가서) 왜관에서 빚 하나도

‥ 김정자가 미군과 동거했던 캠프 캐롤 정문 앞의 왜관 기지촌. 김정자는 왼쪽 컨테이너 건물 자리
에 미군과 동거했던 스토어가 있었다고 기억한다.

없이 클럽에 가 있다가, 거기서 흑인을 만나서 동거생활(계약동거)을 들어앉은
거야. 이놈이 그렇게 쥐패, 나를……. 나 여기, 샷터문 내린 데가 긴 거 같은
데?

- 현: 셔터 내린 데가 어딜까?

- 정: 요기! 요기! 요거!

- 현: 요거? 클럽?

- 정: 요게 방이었었는데 옛날에…… 거기에 집이 있었던 거 같은데?

- 현: 그래?

- 정: 응. 바로 정문 앞이었거든, 내려오자마자…… 그 집에 미닫이문으로 해서
방을 만들어서 세를 줬거덩. 옛날에 그게 '숫돌'이었대. 근데 그걸 방을 만들
어서 주더라구.

- 현: 아아, 그래 '스토어' 같은 분위기야, 분위기가.

- 정: 응, 그랬었어.

- 현: 미군이었었어? 민간인?

- 정: 민간인 미군[미군속(미군부대에 근무하는 미국 국적 민간인)].

- 현: 어어, 좋아했어? 언니?

- 정: 내가 좀 쪼끔 좋아했으니까 여거지 따라왔지. 히히.

- 현: 헤헤. 그랬겠지.

- 정: 싫어했으면 여거지 따라왔겠어?

- 현: 멋있었어? 언니?

- 정: 응. 밴드부라…… 색소폰 부는 애거덩.

- 현: 아, 진짜?

- 정: 색소폰 불면서 노래 부르고 이런 애거덩.

- 현: 잘생겼었어?

- 정: 잘생기고 애가 멋있었지.

- 현: 그분하고는 연락이 완전히 끊어졌어?

- 정: 그럼!

- 현: 미국 갔나?

- 정: 갔지! 걔는 민간인이라두 그전에 팀스피리트[Team Spirit: 주한미군과 대한
  민국 국군의 합동 군사훈련] 했을 때도 여기 동두천에 왔어. 여기 대구에서 헤
  어지고 나 동두천에서 와서 두 번 만났어. 근데 나는 단념을 빨리 하는 편이야.
  한사람한테 자꾸 매달리지를 않는다구. 이런 게 많이 없었는데…… 가겟방
  이…….

- 현: 왜관 기지촌이 옛날보다는 많이 줄어들었잖아?

- 정: 줄어들고…… (상점들) 이게 전부 다 클럽 자리였었어, '숫돌' 자리…… 여
  기도! 이거 새로 지었네? 여기 아파트가 다 들어왔네?

- 현: 여기 미군부대는 캠프 뭐라고 써 있지도 않네.

- 정: 부대 안에는 (생각보다) 좀 크더라구. (왜관 미군부대는 다른 지역 미군부대에 비하면) 큰 편도 아니야, 여기는.

- 현: 그냥 저기서만 살다가?

- 정: 그냥 간 거지.

- 현: 다시 동두천으로?

- 정: 그 미군이 가버렸으니깐…… 말도 안 하고 갔어…….

- 현: 언니만 놔두고?

- 정: 그래.

- 현: 그래서 어떻게 했어?

- 정: 그러니까 갔지, (포주)집으로. 우리는 아무것도 산 게 없었거덩. 그러니까 이달까지 집세를 냈으면은 요번에가 3개월인데, 이번까지 (집세를) 냈으면은. (근데) 누가 그러더라구, 그 미군 갔다고, 미국으로…….

- 현: 그 미군이 가고나서 황당했겠다.

- 정: 기가 막혀가지구…… 그 미군 몰래 쪼끔씩 쪼끔씩 돈 모은 게 한 30만 원

✻ 계약동거

기지촌여성과의 계약동거를 원하는 미군은 그 여성이 빚에 묶여 있는 미군 전용 클럽이나 '포주집'의 포주와 거래를 했다. 포주와 미군, 양자 간 어느 쪽이든 거래 조건이 만족스럽지 못할 경우 거래는 성사되지 않았다. 이렇게 동거하는 여성들도 정부로부터 '미군 위안부'로 관리되었고, 정부에 등록을 해야 했다.

미군과 동거를 하는 동안 기지촌여성들은 미군으로부터 생활비를 받을 수 있었지만, 이 생활비만으로 돈을 모아 자립하는 것은 거의 불가능했다. 기지촌여성들이 계약동거에 거는 실질적인 기대는 동거하는 미군과의 결혼과 미국 이주를 통해 기지촌을 벗어나는 것이었다. 하지만 이러한 결혼 역시 미국에서의 학대와 이혼, 인신매매, 귀국 등의 결말로 이어지는 경우가 많았다. 미군과의 결혼은 기지촌여성들에게 결코 안전한 탈출구가 아니었다.

됐었어. 그거 없었으면 차비도 없었다. 아이구…… 참…….

왜관 기지촌에 대한 증언을 마쳤다. 그러나 김정자는 선뜻 자리를 뜨지 못하고 왜관 기지촌 구석구석을 돌아봤다. 수십 년 전 이곳에 살던 김정자에게도 미군과 결혼해 미국으로 이주하는 것이 기지촌에서 벗어날 유일한 길이었을 것이다. 나는 말없이 그녀를 따라 기지촌을 걸었다.

66 여기 언니들은 다 얼루 갔을까? 99

부산 하야리아 부대 기지촌

부산의 옛 하야리아 부대 정문을 찾아가는 길이었다.

- 정: 여긴 친구들 세 명이 온 거야.
- 현: 어디에 있다가?
- 정: 저기서, 동두천에서, 동두천에 그 집단 안에 거기 '홍콩빌리지'…….
- 현: 아, 거기 있다가?
- 정: 기지촌언니들도 많은 곳이고, 이 부산이…… 한국호라스도 많고, 미군들 저거 하는 데도 많고, 그렇더라구.
- 현: 부산이 유독 많아, 그치?
- 정: 응, 부산에는 뭐, 부산 대포 부대도 있고 뭐도 있고 그래. 여기도 미군이 많어.

·· 부산 주둔사령부였던 옛 캠프 하야리아(Camp Hialeah)의 정문. 캠프 하야리아는 2006년 8월 폐쇄되었고, 2010년 1월 미군에서 국방부로, 국방부에서 다시 부산시로 반환되었다.

- 현: 이게 하야리아 부대야, 언니.

- 정: 이렇게 보니까 여기다 갖다 버려도 모르겠다.

- 현: 어느 쪽에 있었어? 클럽이?

- 정: (미군부대 정문 건너편) 이쪽에.

- 현: 이쪽에 한번 들어가볼게, 골목으로.

- 정: 없을 것 같애……. 아니네…… 순대국…… 이동식품…… 이거 아니네,
  아니네.

- 현: (클럽들이) 요쪽 (골목)까지 있었어? 언니?

- 정: 그러엄.

- 현: 기지가 반환이 됐으니…….

- 정: 저런 아파트가 어딨었어!

.. 옛 캠프 하야리아 부대의 담장과 부대 맞은편의 옛 기지촌 자리. 클럽들이 있던 곳에 지금은 고층 아파트가 들어서 있다.

- 현: 저 위에까지 부대였지, 언니?
- 정: 그러엄.
- 현: 언니가 다녔던 클럽은 요 (골목) 안쪽에 있었어?
- 정: 곁에.
- 현: 요기 곁에?
- 정: 응응.
- 현: 다 새 건물들인데 뭐.
- 정: 다 (새로) 들어왔는데 뭐. 찾을래도 찾을 수가 없네, 지금은……
- 현: 언니가 있었던 클럽은 부대 바로 앞이었어?
- 정: 바로 앞에! 하얄리아 정문하고 얼마 안 됐었어. 그래서 미군들이 나오면은 그 집을 먼저 거쳐서 갔는데.
- 현: 응, 그랬구나. 부대 바로 앞은 뭐, 큰…….
- 정: 아파트가 들어왔네. 없네…… 흔적도 없네, 흔적도…… 여기는…… 없어, 없어. (아파트가 있는 곳) 여기쯤 됐을 것 같애. 부대는 있는데…… (클럽은) 없어졌어, 없어졌어.
- 현: 그지?
- 정: 저 아파트 있는 데…… 흔적도 없네…….
- 현: 저 큰 아파트 있는, 그거라는 거지?
- 정: 응, 그쪽에, 그쪽이었어. 이렇게 변했다. 여기다 갖다 버려도 난 못 찾겠다.
- 현: 응.
- 정: 미군은커녕 미군 할아버지도 없네.

- 현: 하하하. 하야리아 부대…… 저기를 개방할 때도 있나봐. 들어가볼 수 있는 지 물어보자.

- 정: '에메이싸인'[MA(manager) Sign: 미군부대 안에 설치되어 있는 클럽의 매니저 가 기지촌여성들을 클럽으로 유입시키기 위한 목적으로 행했던 신분 확인 절차] 해 서 (부대 안의) 클럽은 한 번 가봤지. 그걸 찾을래나?

- 현: 근데 들어갈 수 있나 없나를 모르니까, 들어갈 수 있다고 하면.

- 정: 이렇게 달라졌어……. 여기 있는 언니들은 전부 다 얼루 갔을까?

- 현: 어디로 갔을까? 언니 있을 때 클럽이 몇 개 정도 있었어?

- 정: 클럽이 네 갠가 다섯 개 있었어.

- 현: 거기 언니들이 몇 명 정도 있었어?

- 정: 나 있는 데만 해도 스무 명 좀 넘었어. 근데 그 사람들이 얼루 다 갔지?

- 현: 그러게…… 어디로 갔을까?

- 정: 초량으로 갔나?

- 현: 아이구…….

- 정: 그 무서운 초량으로 갔나?

- 현: 글쎄 말이야.

---

* 1996년 새움터의 실태 조사

당시 부산 하야리아 부대 정문 앞에는 두 개의 미군 전용 클럽이 있었는데, 달라스(Dallas) 클럽에는 네 명, 레전(Legion) 클럽에는 여섯 명의 기지촌여성들이 목격되었다. 미군 전용 클럽들 주변으로는 미군들이 출입하던 '삼호장'을 비롯한 여관들이, 골목 안으로는 포주 집으로 보이는 단층집들이 자리 잡고 있었다.

또한 초량에는 6개의 미군 전용 클럽이 있었다. 초량의 미군 전용 클럽들은 규모가 컸고 클럽마다 100여 명의 기지촌여성들이 있었다.(새움터, 1997: 31)

‥ 옛 하야리아 부대 정문의 철거공사 안내문.

- 정: 부대 근처에다가는 못 세워? 이거?

- 현: 부대 근처에다 세워볼게. 여기가 바로 부대긴 하거든.

- 정: 그러니까.

- 현: 부대 안으로는 아마 차가 들어가지는 못할 거고, 그래도 차량들이 (부대 안 으로) 왔다 갔다 해?

- 정: 안에 무슨 부대가 있겠지. 그러니까 (차단기) 저거 내리고 올리고 하지?

- 현: 공사 차량인가? 한번 들어갈 수 있나, 그냥 차로 밀고 가볼까?

- 정: 응, 들어갈 수 있나. 못 들어간다, 그럼 차 세워놓고, 사람도 못 들어가냐고 물어봐서, 안 된다, 그러면 나오지.

- 현: 들어가보지 뭐. (안내표지판에) 공, 사, 중, 뭐야? 무슨 공사? 캠프 하야리아 지장물 철거공사……

- 정: 철거를 하는구나……. 거진 뭐 다 부셨네. 이거 정문도 찍어.

- 현: 내가 들어갈 수 있나 물어볼게.
- 정: 응.

　　나 혼자 차에서 내렸다. 우리를 계속 수상한 눈초리로 쳐다보고 있던 공사장 경비가 우리 쪽으로 다가왔다.

- 현: 안녕하세요?
- 공사장 경비: 지금 뭐해요? 지금 뭐하실려고 찍는데?
- 현: 혹시 차량이 이 안에 들어갈 수 있어요?
- 공사장 경비: 못 들어가요. 뭘 하는데요?
- 현: 부산 역사 공부요!
- 공사장 경비: 네?
- 현: 부산 역사요!
- 공사장 경비: 부산 역사요? 이거 찍어야 아무 소용없는데요. 근데 뭐하러 찍어요?
- 현: 네에!

　　차에서 내렸다. 우리는 부대 안으로 못 들어가고 대신 정문 앞에 설치해놓은 부지개방 안내물을 살펴봤다.

- 현: 언니, 이게 정문이거든. 우리가 지금 여기 있는 거거든. 그리고 보니까 이게 사병클럽이라고 돼 있네? 이거였을까? 언니가 간 데가?
- 정: 응, 여쪽에……. 뭐야? 왜 또 와? (경비) 저 사람!
- 현: 히히. 비키라고……. 네, 네.

·· 옛 하야리아 부대 앞 부지개방 안내물.

·· 기지촌여성들을 '매니저 사인'으로 유입시켰던 하야리아 부대 내의 사병클럽.

- 정: 비킬라 그런다, 이놈아!
- 현: (경비)아저씨가 이거 사진은 왜 찍습니까? 그러는 거야. 그래서 내가 부산
  역사를 공부하고 있다고 그랬어. 하하하. 옆에 앉아 계신 분은 교수님인가? 그
  랬겠다.
- 정: 어떤 할머니를 데리고 다니면서 사진을 찍네? 그러겠지, 저 사람들은……

  결국 우리들은 더 머무르지 못하고 경비에게 쫓겨 하야리아 부대를 떠나야
했다.

❝ 미군 접대하라구 사인을 해주는 거야 ❞

삼각지 기지촌

장시간 운전으로 깜빡 졸았다. 김정자가 안쓰럽다는 표정으로 음료수를 건넸다. 서울의 삼각지 옛 기지촌을 찾아가는 길이었다.

- 현: 언니, 잘 먹을게요.
- 정: 네에.
- 현: 맨날 얻어먹어서 죄송합니다.
- 정: 군산 갈 때는 사먹지 말고.
- 현: 웅.
- 정: 밥을 싸갖고 가서.
- 현: 또 싼다고?
- 정: 이런 데 앉아서 먹게.
- 현: 또 싸가지고 온다고?

- 정: 그럼, 싸와야지. 가다가 (사)먹으면 시간도 조이니까는, 그냥 이런 데서 앉아갓구.
- 현: 그러니까…… 하하.
- 정: 맥여가면서 운전을 시켜야지. 운전기사가 기운이 없어 운전 못 하면 나는 다 가네. 나는 아무 데도 못 가네.
- 현: 하하하하.
- 정: 길 가다가 (차가) 스면 진짜 입장 곤란하네. 나는 안 먹어도 운전기사는 먹여서 보내야 되지. 하하.
- 현: 흐흐흐흐.
- 정: 내려가다 보면 이런 공원이 있을 거 아냐? 그때는 햇볕이 좋아. 하하. 따뜻해지니까, 금요일 날은.
- 현: 어.
- 정: 주먹밥을 싹 해갖고, 찬합에다가 오이지를 쫌 사다 무치고, 그래서 가져가면 돼.
- 현: 으휴…… 하하하.
- 정: 걱정할 것 없어. 저기 뭐야, 좋아하는 커피나 일루 한 통 싸면 하루 종일 먹으니까는.
- 현: 하하하하.
- 정: (커피) 찐하게 타고.
- 현: 응.

그녀가 힘들까봐 사먹자고 우겨도 소용이 없었다. 밤늦게 헤어지고 다음날 아침 일찍 다시 만나도 그녀는 새벽부터 일어나 음식을 만들어놓곤 했다. 그녀가 "다음 증언 여행에는 뭐가 먹고 싶냐"라고 내게 물었다. 그렇게 즐거운 실랑

이를 하다가 어느덧 우리는 삼각지 부근에 도착했다.

- 현: 에휴…… 언니가 눈물 콧물 흘렸던, 죽을 뻔했던 곳을 또 찾아가네…….
- 정: 삼각지에서도 내가, 언제야…… 미군부대가 있으면 이게 동네야. 그 골목
  에서 내가 살았었어. 나는 포주라면 기도 안 차. 클럽이나 포주나 거기서 거기
  야. 똑같애. (미군 전용 클럽 포주들) 이 사람들이 운영하는 클럽만 운영했다 뿐
  이지, 거기서 방에 있으면서 거기서 2차, 3차[성매매] 다 시키는걸 뭐. 말만 클
  럽이지, 남 듣기 좋게.
- 현: 그러면은 (삼각지 기지촌) 거기는 클럽은 없고 '포주집'들만 있었으면 히파
  리를 했겠네?
- 정: 히파리를 못 해, 나오지를 못하니까. 부대 안으로 들어가구, 아니면 이태원
  으로 갔지. 부대 안에 '에메이 싸인' 해서 들어가는 거지.
- 현: 엠에이(MA) 사인인 거지?
- 정: 응, '매니저 싸인'. 부대 매니저야, 클럽 매니저.
- 현: 그럼 클럽 매니저가 나와가지고 언니들을 데리고 들어가는 거야?
- 정: 그럼, 싸인해서 데리고 들어가면…… 거기 신병들이 여자들이 있어야 술을
  먹잖어.
- 현: 미군부대에서 '매니저 싸인' 해서 데리고 들어가고 그러면은, 들어가는 여
  자 분들이 우리 언니들인 거 다 아는 거잖아?
- 정: 알지. 술 팔려고 끌고 들어오는 거지. 여자들 있어야 (미군들이) 술 먹으러
  오지. 그러지 않으면 미군들이 다 (기지촌) 동네로 나가잖어. 그러니까는 '에메
  이 싸인' 해주면, 여자들은 부대 안에서 신병들 꼬시러 들어가는 거지. 그럼 신
  병들 꼬시면 신병들 그냥 꼬셔? (미군들이) 술 사주지, 여자들. 그럼 여자들 술
  사준 돈, 모두 (클럽 업주들) 지네들이 먹는 거지. 배랙스(barracks: 막사, 병영)

가서 2차 뛰는 거지. 그렇게 해서 돈 벌라 그러는 거지, 여자들은.

- 현: 그러면은 맨 처음에 엠에이가 사인을 하고 들어갈 때에는 포주가 몇 월, 며칠, 몇 시까지 그 부대 정문으로 가라고 그러겠네?

- 정: 아니야, 매일매일 있어. 매일매일 정문에 가서, 나 부대 들어가야 되는데요, 에메이 좀 불러주세요, 그럼 이 정문에서 전화해, 에메이한테. 여자 몇 명 왔으니까 싸인해서 데리고 들어가라구.

- 현: 미군이?

- 정: 어, 그럼! (미군이 전화하면) 한국남자가 나와, 책임자가. 책임자가 나와서 데리고 들어가는 거지. 그러면 그 사람 위로는 전체 매니저가 있어. 그건 미국사람이야. 말하자면 기도하고 지배인이야. 지배인은 미국사람, (한국남자) 이 사람은 기도나 마찬가지야.

- 현: 그리고 그 위에는 미군부대가 있는 거네?

- 정: 그러니까.

- 현: 그렇게 해서, 미군부대에서 언니들 사인을 해서 들어가게 하니까, 미군헌병이 (영내) 클럽으로 전화를 하는 거잖아?

- 정: 어.

- 현: 여자들 몇 명 와 있으니까는 데리고 들어가라고?

- 정: 어, 그럼. 여자가 여기서 부대로 들어가고 싶어 하는데 나와서 데리고 들어가라고 하면, 에메이가 나와. 득달같이 나와서 싸인을 하고 데리고 들어가지. 그리고 뭐 부대 안에서 파티가 있다 그러면 아가씨들 구하러 나오는데, 에메이가. (기지촌여성들을) 파티에 참석시킬라고, 포주들한테 얘기하는데.

- 현: 매니저가 나와서 포주들한테 얘기해?

- 정: 응, 오늘 부대 안에 장교클럽에 파티가 있으니까 니네들이 예쁜 여자들 몇 명을 보내다오, 몇 시까지 정문에 와라, 그럼 몇 시까지 정문으로 가. 그럼 에메이가 나와서 싸인하고 데리고 들어가.

- 현: 그 클럽에 있다가 또 배럭스 갈 수도 있고 그런 거지?

- 정: 그럼. 장교들도 (기지촌여성들을) 배럭스 데리고 들어가. 쫄병만 데리고 들어가나? 다, 걔네들이라고 여자 안 해? 아휴…… 민간인 복 입고 있으면 모르지, 누가 장곤지.

- 현: 언니는 '엠에이 사인'으로 부대 들어갔던 게…….

- 정: 많어!

- 현: 삼각지 있는 부대하고, 또 어디? 안정리?

- 정: 응.

- 현: 그러면은 안정리하고 삼각지하고 동두천 부대?

- 정: 그렇지! 동두천하고 삼각지를 제일 많이 갔었지, 내가.

- 현: 그 미군부대 안의 클럽은 누가 운영하는 거야?

- 정: 클럽? 미군들이 운영하는 거지.

- 현: 그렇지?

- 정: 그치.

- 현: 그래서 그 돈은 미군부대로 들어가는 거잖아?

- 정: 그치! 맞어!

- 현: 민간인에게 주는 게 아니지?

- 정: 아냐! 아냐!

- 현: 매니저나 그런 사람들은 미국사람들이야?

- 정: 미국사람도 있고, 한국사람도 있고.

- 현: '매니저 사인'이 우리 언니들 말고, 그냥 한국남자들이나 외국 관광객들에게도 '매니저 사인'을 해줘?

- 정: 아니지!

- 현: '매니저 사인'이라는 건 우리 언니들 데리고 가는 사인이잖아?

- 정: 언니들만이야.

- 현: 관광객들을 매니저가 나가가지고 데리고 오지는 않잖아?

- 정: 아니! 그 사람들은 못 데리고 들어가. 언니들만 들어가는 거야, 거기, 언니들만! 부대 안에서 전부 다 (미군들) 지네들이 북 치고 장구 치고 다 해처먹는 거지.

- 현: '매니저 사인' 해서 데리고 들어가는 사람은 클럽만 가는 거잖아?

- 정: 그렇지! 고 클럽(만)! 그런데 거기서만 돌지 않어. 2차도 잠깐 갔다가 오지. 그냥 미군들이 '매니저 싸인' 해서 들어왔다 그러면은, 아, 알았다구, 고 시간에 데리고 온다구, 우리 다른 데 밥 먹으러 스낵바[미군부대 내 음식점] 갔다 오겠다고 그런다구. 스낵바 갈 수 있거덩. 왜냐하면 그 미군이 나를 에스코트[escort: 동행. 미군부대의 출입이나 부대 내 이동은 미군이나 미군속 등의 동행증명이 있어야 가능했다]를 해갖구 갈 수 있거덩. (부대에서) 나갈 때는 매니저가 데리고 나가구. 이 사람이 매니저한테 얘기를 하는 거지. 아, 지금 스낵바 가서 밥 먹구 오겠다구. 그럼 뭐 밥 먹어? 2차 뛰고 오는 거지. 그렇게 해서 하는 거지. 어떤

사람은 (신병교육기간이 끝나고) 자기가 (기지촌) 동네 나갈 때까지 '매니저 싸인'
해서 들어오라는 거지. 그리고 나갈 때 10불, 15불 차비 하라구 (화대를) 주는
거지. 그러니까 (매니저가 미군들을) 접대해라구 싸인을 해주는 거야, 접대해라
구!

- 현: 미군부대에서는 오히려 언니들이 안에 들어오는 게 낫겠네?

- 정: 그렇지!

- 현: 나가서 자기네 군인들이 사고 안 나니까.

- 정: 어! 그렇지! 그럼!

- 현: 언니 들어갈 때 보건증은 확인해?

- 정: 어쩔 때는 검진패스하고 인제 주민등록, 어쩔 때는 그냥 주민등록(만).

- 현: 그럼 검진패스를 가지고 들어가야 하는 거야?

- 정: 그럼! 왜냐하면 나올 제 바깥에서 토벌할지도 모르잖아.

- 현: 들어갈 때 미군부대에서 확인은 안 해?

- 정: 어쩔 땐 확인해, 막고 있는 헌병들이 보면, 거 문지기.

- 현: 헌병들이 검진패스 있는지 확인해?

- 정: 어.

- 현: 자주 갈 때는 며칠에 한 번씩도 가고 그랬겠네?

- 정: 며칠에 한 번? 매일매일 가지. 동두천에서도 오늘 갔다 오면 내일 또 가고,
  십어 년을 그렇게 살았는데 뭐.

- 현: (그러니 부대 내에서 성매매가 이루어지고 있는 것) 그걸 어떻게 모르겠어? 미
  군부대에서?

- 정: 그 사람들이 맨날 오던 여자들이잖아. 알지.

- 현: 그러니까 며칠에 한 번씩 검진패스 보는구나. 매일 볼 필요도 없네, 보건
  증을.

✻ 미군부대 출입과 검진패스

[✎ **관련 기사**] "몇 년 전 우리나라 고급장교 부인이 8군 사령부 영내에서 열린 파티에 참석하기 위해 영문초소를 지나려고 했다. 보초를 서고 있던 미군 MP는 고급장교의 부인인 줄을 까맣게 모르고 여느 때처럼 검진증을 보여달라고 했다. 검진증이 무엇인지조차 모르는 이 부인은 VD카드(성병검진증)라는 MP의 설명에 깜짝 놀랐다. MP는 이 부인을 영내 클럽에 들어가는 위안부로 오인해 큰 실례를 범한 것이다. 위안부들 사회에서 미군MP나 경찰의 취채를 받지 않기 위해서는 검진증의 소지는 의무적이어서 정규 위안부들은 '장미회' 회원증과 함께 건강진단서(카드)를 가지고 다닌다. 이 카드 뒷면에는 병이 없으면 확인 도장만을, 있을 때는 P자 도장을 찍고, 생리 중인 때는 M자 도장을 찍어 이 기간 동안에는 일체의 영업을 못 하게 하고 있다. 용산 지역 위안부 지정 검진소는 2개가 있다. A검진소는 텍사스촌 옆에 있고, B검진소는 삼각지에 있다."(《경향신문》, 1971년 7월 7일자, 6면)

- 정: 그리고 정문에서 헌병이 검진패스 없는 사람 찍어줘. 거기 그 정문에 민간인 형사들이 와서 서 있으면 헌병들이 이 사람 없다, 이 사람 없다, 찍는다구.

- 현: 그럼 이제 끌려가는 거야?

- 정: 그렇지. 검진패스 있을 때까지는 그 부대 출입금지야. 그리고 나서 검진패스가 있으면 가지고 간다고, 한 번. 검진패스 없으면 (미군헌병이) 안 된다고, (언니들이) 왜 안 되냐? (미 헌병이) 검진패스 없어서 안 된다구. 그럼 난중에 검진패스 만들어서 가져가면 들어갈 수 있는 거야. 서울은 직업보도소로 다 넹겨버렸어, 잽히면, 청량리 직업보도소로.

- 현: 그럼 헌병들이고 뭐고 다……

- 정: 알지!

- 현: 언니들이 누군지 안다는 거잖아?

- 정: 아가씨인줄 알어, 다! 미군부대에선 다 알어! 부대 댕기는 웨이트레스들 그 중 있잖어, 일하는 중, 그거 비이고 들어가면 돼. 그런데 우리들은 싸인을 해고 들어가잖아.

- 현: 그거랑 위안소 하는 거랑 뭐가 틀린 거야?

- 정: 그러니까 자기네들 돈 벌고.

- 현: 응, 돈은 돈대로 벌고. (동두천) 캠프 케이시 안에는 클럽이 몇 개 있었어?

- 정: 많지. 클럽은 중대에, 게이트에 하나야. 그것도 이씩스[E-6] 들어가는 데, 캡
    틴[captain: 대위. 김정자는 장교의 의미로 사용하고 있다] 들어가는 클럽, 쫄병들
    들어가는 클럽, 이렇게 세 개야.

- 현: 그 세 개에 다, 매일 언니들이 들어가 있는 거야?

- 정: 다 있지.

- 현: 안정리 부대에는 클럽이 몇 개나 있었어?

- 정: 하나야, 딱. 커.

- 현: 삼각지 부대는, 언니?

- 정: 삼각지에는 많이…… 거기 얼마나 넓어! 한 정문으로 가면 여러 군데를 댕
    길 수 있는데.

- 현: 거기는 클럽이 몇 개 정도 있었어?

- 정: 최하 중대에 세 개 내지 두 개는 있어. 제일 쪼끔 있는 게 두 개는 있어. 무
    궁화 애들 가는 클럽, 장교들 클럽, 그리고 쫄병들 클럽, 그렇게 두 개는 있었
    어. 장교들은 쫄병 클럽을 들락거릴 수가 있어. 그치만 쫄병들은 장교 클럽 못
    가지.

- 현: 그러면은 한 클럽에 언니들이 몇 명씩 와 있고 그랬어?

- 정: 한 클럽에 많아. 여자들 한 2, 30명씩 있어.

- 현: 매일?

- 정: 그럼.

- 현: 다 '엠에이 사인'으로 들어가는 거네?

- 정: 그럼, 응. '에메이 싸인'은 많을수록 좋아해. 클럽이 멀면은 큰 이런 봉고차

가 와, (미군부대) 정문에, 다 태워서 데리고 들어가게. 다 있었어, 왜관도 있었고 다 있었어, '에메이 싸인'은.

- 현: 그래서 언니들이 바깥에 있는 클럽만 클럽이 아니다, 부대 안에, 거기 더 한데가 많다, 그랬구나…….

- 정: 그래. 배깥에는 솔직히 말해서 한국사람이 포주지만은, 안에서는 미군이 포주여, 뭘.

- 현: 맞아.

- 정: 난 너무…… 난 내가 살아온 게 너무…… 진짜 기가 막혀……. 내가 살아온 게 진짜 너무…….

- 현: 옆에서 내가 듣기만 해도 기가 막혀.

- 정: 내가 살아온 게 너무 저거 하게 살아왔어, 나는, 인간적으로……. 다른 사람은 객지에 나와서, 뭐, 이런 생활로 들어와서, 뭐 해갖고 끝났다 그러는데, 난 내가 살아온 게 너무 허무해. 죽을 고비도 많이 냉겼고…… 난 죽을 고비를 많이 냉겼어. 그래서 내가 그랬잖아, 오죽하면, 죽는 사람도 팔자다! 죽는 것도 내 맘대로 안 되는 거야, 죽는 것도……. 이것도 팔자구나…… 팔자더라구, 죽는 것도. 내 맘대로 못 하고 살고, 내 뜻대로……. 애들이 얘기를 하면은, 막, 나는 이렇게 너무 힘들었어, 그러면 내가 웃지, 혼자. (속으로) 나같이 힘들게 살았냐? 나같이 죽을 고비를 이렇게 많이 냉겼냐? 니네들은 나의 살아온 거는 아무도 몰른단다. 나 혼자만 알고 히히덕거리구 웃고 그러니까는, 내가 편해서 웃는 줄 알지만, 속은 문드러진다, 기와집을 부쳤다 졌다…… 속은 저거해도 표시를 안 낼려고……. (삼각지에서는) '포주집'에 살았는데 거기서 황달병

[당시 기지촌여성들은 외출이 자유롭지 못하고 포주가 돈을 주지 않아 병원비를 마련할 수 없었기 때문에 병원 치료를 제대로 받을 수 없었다. 김정자도 병원 치료를 받지 못했는데, 주변의 기지촌여성들이 이런 중상을 '황달병'이라고 불러서 그렇게

알고 있을 뿐, 정확한 병명조차 모른다]에 내가 걸린 거야. 황달에 걸려서 막 달 달달달 달달달달 떨고 있는데, 방을 변소칸을 헐어서 만든 골방을 나를 주더라구, 나보고 쓰라구. 그래서 그 방에 가 있는데 막 뭐가 (가위가) 누르는 거지. 변소칸에다 방 지은 데는 안 들어가는 거래. 사람을 몰르고 사경을 헤매고 내가 있었어. 그래서 (포주가) 나를 2층 방으로 올려보내더라구, 옆에 집, 2층 방으로. 거기 있는데 내가 오줌을 엄청 쌌대. 그래서 내가 살아난 거지. 거기서 인제, 아, 난 죽나보다…… 그리고 막 형광등이고 뭐고, 이게 이만하게 보였다 쪼그맣게 보였다, 막 이러는 거지, 밥은 못 먹지…… 밥을 쫄쫄쫄 굶으면서 그냥 그 병하고만 싸우는 거지, 내가. 너무 죽겠는 거지, 일어나지도 못하고, 물도 못 먹고. '포주집'에서 죽으면 소문이 날까봐 2층에다가 나를 던져놓은 거지. 매트리스[침대의 매트리스] 그거 하나만 딱 있는 데다가 갖다놓은 거지.

김정자가 울먹이며 힘겹게 말을 이어나갔다.

- 정: 거기서…… 난 살아야 되는데…… 난 살아야 되는데…… 이것만 하고 난 못 죽는데…… 뭐 좀 줬으면 좋겠는데 안 주더라구. 황달병이 노랗게 들었는데, 막 (피부) 껍질이 벗겨지고…… 그냥 팽개쳐놓구서…… 거기서 석 달 만에 깨어났어, 내가. 석 달 동안 병하고 막 싸움을 한 거지. 일어나려고 암만 해도 안 일어나지고, 침대가 막 올라가는 거지. 난 드러눠 있는데, 아무 이상이 없는

데, 침대는……. 그리고 막 사람이 이렇게 오면은 막 크게 보였다가 없어졌다가, 사경을 헤매는 거야, 내가. 근데 (꿈을 꾸는 데) 큰 강물에 있어, 내가. 시커먼 강이 있는데 다리가 크게 있는데 저기 하얀 소복을 입은 할아버지가 막 부르더라구. 그래서 거기를 건너가려고 막 가는데, 할아버지가 중간에서 도루 가라구, 가라구, 그러더라구, 날. 그래도 거기를 건너갈려고 그러는데, 큰 호랑이가 덥썩! 무는데 내가 뚝 떨어졌어. 그때 오줌을 한바탕 쌌어. 그러고 나서부터는 도저히 내가 죽겠는 거지. 그래서 그 앞에 집에, 그 밑에 내가 어렸을 때 있었던 식당[명자 언니를 만나러 청량리588에 왔다가 일을 하게 됐던 식당], 거기에 가서 밥 좀 달라고, 엉금엉금 기어가갖고 밥 좀 달라고 그러니까 그 아줌마가, 어머! 너 이거 웬일이야? 3개월 동안 안 보이더니 너 이거 웬일이냐? 웬일이냐? 말도 못 하겠는 거지, 입술이 다 갈라지고. 그 아줌마가 자기 방에, 걸로 나를 끌어다놓구서 밥을 바로 주면 안 된다고 아줌마가 뭐라 그러는데, 귀에만 뭐가 쪼그맣게 들리는데, 웅성웅성 웅성웅성 그려. 그래갖구서 아줌마가 누룽갱이, 그걸 맹글어갖고 나를 한 모금씩 줬나봐. 그러고 나서부텀은 정신이 쪼금씩 쪼금씩 들어오드라구. 아니면 그냥 갔지……. 이년아! 남의 집에서 죽지 마! 이년아! 누구 신세를 족칠려고 남의 집에서 죽냐고. 내가 뭐라 그랬냐면, 죽는 사람이 니 집 내 집이 어딨어? 아무데서나 죽으면 되지…….

- 현: 그 음식점 아줌마가?
- 정: 응, 절대 남의 집에서 죽으면 객사죽음이야! 막 이래. 객사죽음하지 말고 고향이 천안이라고 하니까 천안 가서 죽으래. 내가 속으로, 살으라는 거야? 죽으라는 거야? (아줌마가) 너 가라! 이 바닥에서 떠라! 너 이러다간 죽는다, 이 집에서 하나 죽어나왔는데, 가라! 너 살 궁리하려면 가야 돼, 내가 돈 주께. 그 언니가 나를 2만 원인가, 3만 원을 줬어. 언니, 갈 데가 없어……. 너 옛날에 있었던 데 어디니? 글루 가! 가! 난 진짜 죽을 고비 엄청 넘겼어, 나는……. 나 그

러고 살았어…….

- 현: 참…… 그때는 정말 죽을 뻔했다…….

- 정: 응…… 그냥 갈 뻔했어, 나……. 그래도 내가 막 살아난 거지. 살자! 살려구 물 좀 달라구, 물 좀 달라구, 물 좀 달라구……. 난리를 부려도, 누가 뭐 있어야 물을 달라고 해도 들지. 그래갖구 내가 너무나 목이 타니까 이런 데를 막 긁어갖고, 벼름박[벽(충청도 방언)] 같은 데가 다 홀러덩 까지고, 나 그랬었다니까. 그래도 잠자는데 이젠 죽는가보구나! 이러는데, 소리가 윙윙윙윙 나고, 미군들 지나가는 소리가 윙윙윙윙 들리고, 그런데 (꿈에) 그 강이라는 데, 나 그래서, 사람 죽으면은 저승길 있다는 말이 있더라구. 그 파란 물이야, 막. 다리는 길어. 저기서 막 할아버지가 불러서 중간에 가니까, (할아버지가) 가라고 막, 그래서 안 간다고 내가 막 이러는데, 호랭이가 확 달려드는 거야. 악! 하고 내가 떨어졌는데, 일어나 보니까 뭐 엉망이야, 다. 그랬더니 그냥 정신이 들어서 눈을 (겨우 뜨고) 이렇게 하구서 기어 나왔지, (포주)집에서. 황달병 딱 걸렸을 때는, 그때는 살고 싶었어. 개죽음이잖아, 말하자면, 그렇게 죽는 건. 아프면서 죽는 건 싫더라구. 그때도 그거 후유증이었어, 약 먹고…….

- 현: 그때 약을 끊으려고 그랬어?

- 정: 약도 끊으려고 그랬지. 약을 끊고 밥은 악착같이 먹으려고 했는데, 밥이 자꾸만 안 들어오더라구. 밥을 굶으면서 약을 끊으려고 하니까 한바탕 되게 아프더라구.

- 현: 그런데도 약을 안 먹고 버텼어?

- 정: 버텼어, 난. 살려고 마음을 먹었다니까. 나 살아야 되겠다, 여기서 죽으면 안 된다, 나 살아야 되는데…… 나 살아야 되는데…… 이것만! (돈) 없이 살아도 상관없어. 살고, 이제는 사람답게 살라고 결심까지 했는데…… 약을 끊고…….

- 현: 언니, 삼각지에 가서 약을 끊고 살아야겠다는 결심이 선 거야?

- 정: 그렇지!

- 현: 그럼 삼각지에 가서 그런 생각을 하게 된 계기가 있었을까?

- 정: 마약쟁이들이 엄청 많아, 삼각지에. 맨날 쩔고…… 필로폰…… 거기 나하고 같이 있는, 포주들하고 같이 있는 아가씨들이, 열 명이면 열 명이 다 쩔순이들이야. 나보다 더 많이 먹어. 그 사람들은 한 주먹씩 먹어. 근데 거기서 왜 더 계기가 됐냐면, 거기서 약 먹고 죽어나가는 사람을 봤어, 내가. 그 집에서…….

- 현: 누가?

- 정: 그 집 아가씨! 나 있는 집의 아가씨! 왜냐면 맘대로 자기가 되지도 않고, 자기가 좋아했던 남자가 미국사람인데, 그 사람이 결혼도 안 하고 가버렸어. 그래서 그 여자가 순간적으로 약 털어 먹고 구멍탄 연탄구멍 열어놓고 죽은 거야. 거기서 내가 쇼크를 확 받은 거지. 맑은 정신이면 구멍탄 뚜껑을 열어놔도 냄새 땜에 기어 나온다구. 근데 약 먹고 쩔어갖고서 그 뚜껑 열어놓고 죽었을 때는 그걸 몰르는 거지. 완전히 개죽음을 당했더라구. (포주가) 그냥 이만한 관에다 너갖고, 갖구 나가더라구.

- 현: 그걸 봤어?

- 정: 봤지, 내가. 나랑 살던 애구, 한집에 살고, 나랑 개랑도 좀 친했어, 옥자라구. 잊어버려지지도 않아, 옥자……. 근데 자꾸만 그년이 그래. 나 죽고 싶다,

> **✻ 기지촌 주변의 환각제 및 약물 복용**
> [✎ **관련 기사**] "기지촌 주변에 나도는 환각제는 한국산 대마초를 원료로 하는 해피스모크, 미군들이 주로 APO(미국 군사 우편)를 통해 들여온 마리화나(인도산 대마초) '바비탈'과 '츄릭 사이트' 계통의 각종 신경안정제, 전쟁공포증 환자 치료에 쓰이는 군용 마약 메스카린 LSD 등 갖가지 종류가 있고 향수에 젖은 이국 병사들은 단속의 눈을 피해 위안부의 구석진 방이나 아편굴 같은 골목방을 찾아들어 대마초를 피우며 환각의 상승 효과를 얻기 위해 신경안정제인 알약을 혼용한다는 것이다."(《동아일보》, 1972년 2월 15일자, 7면)

죽고 싶다, (내가) 죽긴 왜 죽어? 이년아, 내가 막 그러니까 (옥자가) 아니야, 살고 싶지가 않아, 벌어두…… 벌어두……. 걔가 열여덟 살에 그 (포주)집에 왔대. 벌어도 벌어도 표시가 안 난대. 맨날 빚만 있대. 살고 싶지가 않다고 그러더라구, 걔가. 그래서 빚이 많아서 미군하고 결혼도 못 해갖고 못 간 거야. (옥자가) 죽고 싶어…… 죽고 싶어……. (내가) 왜 죽어! 그러구서 처음으로 자기가 고아라는 걸 얘기를 해줬지, 걔가. 나는 아무도 없어. (내가 '포주집'에 들어간지) 3일 됐나, 그런데 우리 앉아서 소주를 마시는데, 정자야, 나 죽고 싶다, 왜? 그 미군 때문에? 아니…… 여기서 벌어도 벌어도 끝이 없대. (옥자가) 나 여기 열여덟 살에 이 집에 들어왔거덩, 미성년자 때부텀……. 근데 걔가 그때 나이가 스물여덟인가? 그랬어.

- 현: 10년을 넘게 그 집에 있었는데도 빚을 못 갚은 거야?

- 정: 응응, 못 갚구…… 올라가면 올라갔지, 빚이. 옥자가 그 집에 왔을 때는 소개쟁이가 데리고 와서 그때 처음 들어온 거래. 그래서 첫 순정도 미국사람에게 뺏긴 거지. 고아원을 뛰쳐나와갖구, 안성? 안성? 무슨 고아원이라고 그러더라구…… 걔가…… 거기서 도망나왔다고 하더라구. 그런 얘기를 하는데 기가 막히더라구. 아휴…… (내가) 죽는 소리 하지도 말라구, 나도 세 번이나 죽을라고 했다구, 내 얘기를 쭉 해줬지. (옥자가) 그럼 안 죽을까? 그래도 살을까? 내가 죽을 운명이 아니면 살까? 살까? (내가) 그럼 야, 그럼 야. 그리고 나서 그 이튿날 돼서 이년이 나를 안 만나줄려구 그래, 냉정하게, 정 딸라구 그런지 어쩐지……. 그러구 나서 3일 딱 되는 날, 걔 방에 내가 뭘 가지러 들어갔을 거야. 야! 그리고 문을 열었는데, 가스 냄새가 코를 찌르는 거지. 뚜껑 확 열어놓고, 아저씨! 아저씨! 막, 막, 뛰어가갖고 막 부르니까, 주인아저씨가 오더니막 난리가 난 거지. 이미 끊어졌지, 숨은……. 그랬더니 뭐라는 줄 알어? 포주가? 개 같은 년! 누구 신세를 망칠려구 여기서 뒈지냐구. 나가서 뒈지지! 거기

에 내가 쇼크 확 받은 거지. 아휴, 내가 약 더 먹다간 이 집에서 나도 개죽음이다! 그러고 나서 그 약을 악착같이 한 달을 안 먹었어, 내가. 근데 뭘 밥을 먹어야 하는데 밥도 안 맥혀. 그래서 황달이 온 거지. 지금도 어쩔 때는 누가 죽었다, 그러면 문득문득 걔 생각나더라구. 옥자…… 옥자, 생각나, 난……. 애 예뻐. 키가 호리호리해갖고, 생머리가 이만큼 오고, 깔비씨야. 얼마나 미군이 많이 따랐다구. 벌면 뭐하냐고. 미군 막 보내고 그랬어, 앤. 싫다구, 자기가 죽자구 벌어봤자 자기한테 남는 게 아무것도 없대. 벌면 뭐하냐구. 그렇다구 짐도 없어. 침대 하나 달랑이야. 그러니까 이거는…… 우리는 그런 생활을 한 거지, 이용당하면서……. 기도 안 차더라구…….

- 현: 이쪽이 삼각지!
- 정: 부대 정문으로 가야 돼! 부대 정문 앞이야, 바로.
- 현: 언니가 있었던 곳이?

·· 삼각지 옛 기지촌의 '포주집' 골목. 골목 왼쪽으로는 당시 '포주집' 모습 그대로 남아 있는 건물들도 보인다. 골목 오른쪽으로는 모두 재개발돼 새 건물들이 들어서 있다.

‥ 옛 '포주집'. 2층 두 번째 창문의 방이 김
정자가 병에 걸려 누워 있던 곳이다.

- 정: 응, 바로. 부대 정문하고 붙었어. 부
  대 정문이 요거면, 요기, 쭉들 있어.
- 현: 어, 쭉 가볼게.
- 정: 요게 부대 정문이지?
- 현: 응응응. 그럼 유료주차장에 차를 대
  놓고……
- 정: 부대 정문에서 바로야. 내가 저기
  …… 본 거 같은데…… 그 집을……
- 현: 본 거 같아?
- 정: 나 있던 집을……. 이쪽으로 슬슬 가
  면 돼…… 으휴……
- 현: 옛날에는 (새 건물들) 이것도 없었던
  것 같은데.

- 정: 없었어. 전부 다들 집이었어, 하꼬방집들……. 저기 있네!

김정자가 아직도 남아 있는 옛 '포주집'을 발견했다. 그녀는 울먹이기 시작했다.

- 정: 이거…… 노란 거…… 음식점…….
- 현: 노란 거 보이는 데, 저 집이야?
- 정: 어…….
- 현: 저거? 2층에 있었어?
- 정: 저 집이네…….
- 현: 어어.

미군 위안부 기지촌의 숨겨진 진실

김정자는 온몸을 떨며 옛 '포주집' 주위를 서성였다. 지금은 음식점으로 바뀐 옛 '포주집'에 앉아 식사를 하고 있는 손님들은 마냥 즐거워 보이기만 했다.

여기 저기 사진을 찍으라고 안내하다가 결국 그녀는 눈물을 흘리고야 말았다. 지나가는 사람들이 이상하다는 표정으로 우리를 쳐다봤다.

‥ 옛 '포주집'의 계단. 계단을 올라가면 왼쪽으로 출입구가 나오고, 문을 들어서서 두 번째 방이 김정자의 방이었다.

- 정: 흑흑…… 에휴…… 흑흑흑…… 이 집인데……. (골목 맞은편) 이 빌딩이 없었구. 이 집같이 저기가 있었지, 2층이…….
- 현: 아아, 거기가 '포주집'이야?
- 정: 어, 이게 '포주집'!
- 현: 이쪽이 '포주집'이고, 언니가 있었던 데는?
- 정: 2층……. 거기 아줌마들한테 밥을 얻어먹은 거지, 여기서 창문에서 불러도 영 안 되니까는. 저 가운데 창문이 있네…… 가운데 방…….
- 현: 이쪽에서 두 번째?
- 정: 응응, 2층. 아래층, 전부 다, 이게 한 건물이야. 흑흑…… 다 그대로 있네 ……. 흑흑흑…… 이거…… 여기 대문이야……. 여쪽으로 전부 다 이런 '포주집'이었어……. 저쪽으로 가자…….
- 현: 응……. 저쪽으로 가요…….

- 정: 어떡해…… 어떡해……. 내가 찾는 곳마다 다 있어.

- 현: 응…… 그러니까…….

- 정: 그, 내가 아파 누워 있던 방이…… 두 번째 창문도 그냥 있네.

- 현: 그러네…….

- 정: 기도 안 차다. 다리가 후들후들 떨리네……. 기도 안 차, 기도 안 차 ……
  아흐…… 아흐…….

  차에 타자마자 김정자는 애써 참고 있던 울음을 터뜨렸다.

- 정: 아아…… 아아…….

- 현: 언니…….

- 정: 흑흑흑.

- 현: 언니, 괜찮아?

- 정: 이거 두 번만 하면 죽겠다……. 으흑…… 으흑…… 아휴…….

- 현: 아휴…… 그 옥자라는 언니도 저 집에서 죽은 거야?

- 정: 응…….

- 현: 저 집, 언니 옆방에서?

- 정: 내 창문 여기, 고 다음 창문.

- 현: 으휴…… 쯧…….

- 정: 근데 왜 저런 집들은 안 부숴져? 왜 안 부수고 먹자판으로 했어? 손이 후들
  후들 떨리고 다리가 후들후들…… (포주는) 저 건물을 팔고 얼마나 돈을 (많이
  벌어서) 저거해갖구 나갔나? 응?

- 현: 돈 벌고 나갔겠지, 그 사람들은. 저거 팔구.

- 정: 기도 안 차다. 으흑…… 무섭다, 현선아…… 나 무서워…… 어떻게……

어떻게 내가 있었던 데는 다 그렇게 남냐…… 무서워 죽겠어.

- 현: 그러니까 우리 이거 하라고…….

- 정: 아휴…… 무서워, 난……. 쓱 지나오는데 딱 그 집이 보이는 거야. 잘못 봤나? 나갔다가 도루 이렇게 해서 온 거지, 내가.

- 현: 응응.

- 정: 이런 건물도 없었다구. 이런 건물이 어딨었냐구. 하꼬방집들, 전부 다 그랬지.

- 현: 이 앞쪽에 있었던 건물들은 다 새로 지은 거야.

- 정: 여기 어디 (이런) 교통순경이 누가 있었어? 어디 역전이 생기구 그래? 응? 무슨 역전이 있어, 그땐? 기도 안 차다…….어쩌면 거기에 그게 있냐, 무섭게…….

- 현: 아휴…….

우리는 차량으로 옛 삼각지 기지촌을 둘러봤다. 김정자는 울먹이며 힘겨워했지만 신축 건물들 사이로 옛 흔적을 하나라도 더 찾아내려 애썼다.

- 정: (저거) 약방이구. 저 약국에서 많이들 (세코날을) 사다 먹었어. 기도 안 막혀. 먹자판이 들어왔네. 기도 안 차.

- 현: 언니, (그 미군부대 게이트가) 여기였던 거야?

- 정: 그래, 여기 건너가갖구서, 여 뒤에 부대.

- 현: 이게 지금은 전쟁기념관이 됐어.

- 정: 그러니까…….

- 현: 요기 앞에 (기지촌여성들이) 서 있었던 거야?

- 정: 거기 가서 인제 얘기를 하지. '에메이 싸인' 하러 들어왔다구. 그러면은 이제

·· 기지촌여성들에게 세코날을 팔았던 약국. 약국 간판 오른쪽이 옛 '포주집'들이다.

들어가는 거지. 저 교회가 어딨었어? 없었어. 교회? 무슨 교회가 있어.

- 현: 이쪽으로 전부 다였어?

- 정: 응, 전부 다 '포주집'…… 전부 다 '포주집'들……. 저기 다 쓰러져가는 하
  꼬방집들…….

- 현: 응.

- 정: 이 건물도 없었어. 저 밑에 있는 건물들도 그거였지.

- 현: 여기부터 쫙 미군부대였었어?

- 정: 그래! 이거, 여기 길이 어딨었어. 길도 없었어, 여기. 으휴…… 집에서 나와
  갖구 여기 정문에들 있었지. 기도 안 차! 기도 안 차! 내가 살아서 여기를 오는
  구나…….

- 현: 그러게……. 여기가 서울 한복판인데, 사람들이 어찌 알겠어, 그거를…….
  그치, 언니?

·· 옛 육군본부(현 전쟁기념관) 옆으로 삼각지 기지촌여성들이 '매니저 사인'을 받고 미군기지 내 클럽으로 출입하던 용산 미8군 사령부의 게이트가 있었다.

- 정: 다야! 무슨 놀이터가 있었어? 전부 다지. 그 쌍놈의 집구석!

- 현: 옹……. 여기 한 3개월 있었던 거야?

- 정: 여기? 3개월 넘게 있었지. 거진 1년 있었지, 내가. 그리구 그 병이 걸리구

  나서 나간 거지, 아휴…….

- 현: 어떻게 그 집은 남아 있네……. 그치, 언니?

- 정: 무서워, 난……. 내가 살던 집은 다 남아 있어. 무섭다…….

- 현: 저 집은 2층에 방이 몇 개 있었어?

- 정: 저 집에? 하나, 둘, 셋, 넷. 저쪽 편으로 또 있어. 다섯, 여섯, 일곱 개는 있

  어. 아래층 있구.

- 현: 거기에 언니들이 한 명씩 살았던 거야?

- 정: 그렇지, 아래층(에도) 있구.

- 현: 그럼 열 명 넘게 살았겠네?

- 정: 어, 아래층(까지).

- 현: 근데 언니, 내가 옛날에 왔을 때 그렇게 생긴 집들이 양쪽으로 쭉 있었거든.

- 정: 많았어. 전부 다 '포주집'들이야, '자치포주집'. 얘네들은 클럽을 안 가지면 자치포주래.

- 현: 그러면은 저 동네만 언니들이 수백 명 살았겠다.

- 정: 그럼.

- 현: 여기 있었던 언니들은 다······.

- 정: 얼루 갔을까? 어디로? 다른 데로 간 사람들도 있고, 죽어서 나간 사람들도 있겠지······. 내가 제일 그 집 아가씨 중에서 빚이 제일 적었어. 20만 원인가 25만 (원)밖에 안 됐었어, 내가. 옛날 돈 25만 원이면 컸지만은, 그래도 고것밖에 안 됐어. 다른 애들 전부 다 100(만 원)이 넘었어.

- 현: 그 죽은 언니는 몇이었어? 죽었을 때?

- 정: 죽을 때 나랑 거진 비슷한 나이였어. (빚은) 걔는 한 300(만 원)이 넘었어.

- 현: 아휴······.

- 정: 근데 그냥······ 무슨 사고 나서 죽은 걸로 알더라구. 그렇게 해서 딱 정리해 버리더라구. 우리들보러는 다 들어가라고 그러고. 지금 같으면 용기가 있어서 나가서 얘기를 했는데······ 그 당시에는 무섭고······ 포주가 무서우니깐······ 여기서 더 살다가 저 여자같이 죽어서 내가 나가는구나······. 걔 죽구서 얼마 안 돼서 내가 황달병이 난 거야.

- 현: 응응. 그 언니 죽고 나서부터 언니가 약을 안 먹었다며.

- 정: 슬슬 몸이 아프더라구. 걔가 살려줬는지도 몰라, 옆에 방이었으니까······.

- 현: 응, 언니랑 친했다며?

- 정: 응. 옆에 방이고, 뭐만 있으면 불러다 같이 맥이고, 걭이 걔 방 가서 깔깔거

리고 같이 놀고, 아이고 진짜…… 속 터져, 속 터져…… 쯧……. 그 집만 남았네…….

- 현: 그 집만 남았더라고……. 그 '자치포주집' 포주는 여자였어? 남자였어?

- 정: 남자, 여자, 다 곁이 살았지.

- 현: 다 같이 살은 거야? 부부가?

- 정: 부부도 살고, 애들도 살고. 거기서 학교 댕기니까. 고등학교하고 대학교 애들 있었어. 머스매는 대학교 댕기고, 기집애는 고등학굔가 그랬었어.

- 현: 그렇게 해가지고 자기 자식들은 대학교 보내고.

- 정: 피 팔은 돈으로 그렇게 한 거지, 다 등쳐갖구. 결국은 그거 팔아갖고 딴 데로 이사 갔겠지. 그런 데, 후지부지한 데, 살겠어?

- 현: 응.

- 정: …….

- 현: 언니…… 괜찮아?

- 정: 괜찮지 않으면 뭐해? 괜찮을 것도 없고, 괜찮지 않을 것도 없지…….

아직까지 삼각지의 옛 '포주집'이 그대로 남아 있는 것을 보고 김정자는 충격을 받은 듯했다. 온몸을 떨며 흐느꼈고 울음을 그친 후에도 한동안 불안해 했다. 나는 어디에 가서 마음을 좀 가라앉혀보자고 했고, 그녀는 그럼 조계사에 가보자고 했다.

석가탄신일을 맞아 조계사는 분주하고 화려했다. 사찰에 모인 사람들 속에 섞여 우리도 여기저기 구경하고 사진을 찍었다. 하지만 그녀의 표정은 여전히 어두웠다. 조계사 산책을 마치고 사찰 앞 식당에 들어가 저녁을 먹었다. 늦은 시간이라 다행히 손님은 우리뿐이었다. 식당 종업원이 뒷정리를 하러 부엌으로 사라지자 식당에는 우리만 남게 되었다. 그녀가 하고 싶은 말이 있다고 했고 나는 녹음기를 켰다.

- 정: (군산 기지촌) 여기는 금방이야. 어디 가서 울 필요도 없어. 여긴 미련이 없어, 여기에 가서 고통을 별로 안 당했으니까. 딴 데는 많이 힘들었지. 그런 힘들었 던 데는 다 끝나구, 여기는 그냥 힘들지 않고 그냥 덤덤하게……. (용주골 갔을 때는) 난 눈물 나서 혼났어. 너무나 가슴이 아픈 거야. 그리고 통곡을 하고 내 가 울었어. 너무 통곡이 된 거지. 거기에 들어갔을 때…… 우리 엄마가 나한테 이렇게 잘못했던 거…… 이런 거, 전부 다……. 내가 (용주골) 여기서, 저쪽 대 춧벌로 가서…….
- 현: 언니가 저쪽에서 전봇대를 붙들고 우는데, 난 이 사진을 찍어야 하잖아. 사 진을 찍는데, 난 미치겠는 거지. 언니는 저기서 대성통곡을 하고 있지, 나도 대 성통곡을 하고 싶은 걸 참고, 찍고 가서…….
- 정: 못 그치는 거야, 내가. 나의 복받치는 게……. 거기 가서는 복받치는 게 나 와. 내가 열여섯 살에 나와서 이렇게 한 게, 막 복받치는 거지. 그리구 내 가…… 애기 아빠가 살았던 부대도 거기 있고…….
- 현: 그러니까 딱 그 방만 있는 걸 볼 때, 내 느낌은, 언니가 언니 자신의 모습을 …….
- 정: 나는 너무 힘들은 거지.
- 현: 살아온 모습을, 외롭고 힘들게 살아온 모습을, 딱 보는 것 같은…….
- 정: 너무나 난 괴로웠어.
- 현: 그 사진을 찍고 있는데, 나도 부들부들…… 아휴…….
- 정: 그거를 생각하면 너무 골치가 아퍼.
- 현: 보니까 언니는 완전히 주저앉아서 대성통곡을 하고 울더라구.
- 정: 우리 엄마가 돌아가신 것보다 더 눈물이 났어. 너무 복받쳐서…… 현선아!

여기야! 현선아! 여기야! 이랬을 때 그 자리에서 정말 죽고 싶었어. 나 요번에 이거 할 때 죽고 싶었어, 너무 힘이 들어서. 내가 왜 이거 한다고 했나……. 그러다가두, 아니야! (다른) 언니들이 언젠가 하게 되면은 나같이 상처를 받고……. 내가 해야지! 내가 무슨 생각해, 이년아! 내가 혼자 속으로, 이걸 내가 안하면 (다른) 언니가 해야 돼, 다른 언니가. 그 사람 다 똑같이 상처받지. 나는 그 사람보다는 단단하지. 정자야! 정자야! 정자야! 너는 그 사람보다 나! 그러면서도 이걸 할 때 죽고 싶었다.

그녀의 뺨으로 눈물이 흘러내렸다. 그러다 더 이상 참지 못하고 소리 내 울기 시작했다. 나는 위로할 말을 찾지 못하고 그녀의 퉁퉁 부은 손만 쓰다듬고 있었다. 그녀가 내 손을 꼭 쥐더니 말을 이어갔다.

- 정: 너무 힘들어서…… 내가 이게 언제(까지) 갈지 몰라, 얼만큼 오래 갈지. 내가 그저께도 자다 깨다, 자다 깨다 했지만은…… 나 미치겠어, 현선아……. 내가 이러다가 돌아버리겠어……. 왜? 잊어버렸던 내 과거를 발바닥서부텀 도루 캤었잖어.
- 현: 응응…….
- 정: 캐서 왔잖어, 약 먹은 거…… 다…… 이런 거…… 나 너무 괴로워, 지금……. 나 오늘 집에 가서 잠을 잘지 못 잘지 몰라. 잠을 더 못 자면 나 술 먹을지도 몰라, 집에 가서. 술김에 잘지 몰라. 너네들한테는 미안하다는 말밖에 못 해.
- 현: 언니야, 왜 그런 얘기를 해…….
- 정: 내가 니네들한테 어른인데…… 어른인데…… 내가 정신을 바짝 차리고, 울지도 말고, 그리고 내가 단단하다는 걸 비여줘야 하는데…… 그걸 못 비여줘서 너무 미안해.

- 현: 아니, 얼만큼 더 단단해져야 되는데? 그런 말 하지도 말아. 언니는 진짜 단단하고 용감하고 똑똑하고, 그런 사람이야, 우리한테 너무나…….

- 정: 내 반김정자는 다른 기지촌여성들을 가리켜 '내 반', '내 살'이라는 표현을 자주 사용한다. 이것은 '다른 기지촌여성들도 나와 같은 생활을 걸어오고 나와 같은 고통을 겪어왔기 때문에, 그녀들을 보면 내 맘이 찢어지듯, 내 살이 찢어지듯 아프다'라는 의미이다에 대해서 내가 한 건데, 니네는 나 쫓아다니고, 내가 울 제 너네들 따라서 울고, 니네들이 이 직업을 안 가졌다면 안 그러지.

- 현: 난 너무 중요한 일 하고 있다는 거 아니까, 언니…….

- 정: 나는 니네들한테 너무 고맙고 감사해, 언니들이 있는 그 생활을 도루 캐서 모든 국민들한테 알린다는 게.

- 현: 나는 이거를 평생 못 잊을 것 같아, 언니랑 이렇게 같이 다닌 거. 처음에 정자 언니에게서 내가 기지촌을 이번에 배우겠다고 했지만, 진짜 이게 배우는 길인 거야, 같이 다녀보니까. 진짜 배우는 건 거야……. 언니야, 집에 가서 잘래? 아니면 나랑 바람 쐬러 갈까?

- 정: 난 집에 가서 잠 못 잘 것 같애.

- 현: 그럼 갈까? 그냥 바람 쐬러?

- 정: 응, 난 집에 가서 못 잘 것 같애.

- 현: 어, 그럴 것 같아서, 나도 정말 걱정스러워서…….

- 정: 나는 어디 가서 실컷 울고 싶어.

- 현: 울고 싶어? 어디를 갈까? 바닷가로 갈까? 가까운 바닷가 갈까?

- 정: 아무도 없는 데…….

- 현: 아무도 없는 데?

- 정: 아무도 없는 데로 가서 실컷 울고 싶어. 그러구 나서 집에 가면 좀 풀어질 것 같아. 지끔은 사람들 눈이 있어서 울지도 못하겠어.

- 현: 그래, 그래, 곧장 가자.
- 정: 니가 힘들어…….
- 현: 안 힘들어!
- 정: 그냥 집으로 갈게.
- 현: 안 힘들어…….

　김정자는 처음으로 증언의 고통을 내게 털어놨다. 그대로 집에 가면 그녀는 밤새 혼자 술을 마시고 울 것이 분명했다. 그래서 근처 바닷가로 가자고 했다. 그곳에서 소리 내 함께 엉엉 울고 나면 조금이나마 후련해질 것 같았다.
　식당을 나섰다. 사람들이 돌아간 어두운 골목에는 보슬비가 내리고 있었다. 우리는 서로의 손을 잡고 빗속을 씩씩하게 걸어나갔다.

66 여기서 죽어나간 사람이 몇인지 몰라 99

두 번째 동두천 기지촌

동두천은 김정자가 인생에서 가장 긴 시간을 보낸 기지촌이다. 보산리 기지촌 입구에 도착했다.

- 정: 보산리, 두 번째 와서 빚을 땡긴 거지.
- 현: 삼각지에서 도망쳐서 여기로 다시 왔잖아? 그때 빚이 생긴 거구나?
- 정: 그렇지. 왜냐하면 당장 있을 데가 없잖아, 내가. 옷도 하나도 없지. 그래서 인제 포주집으로 들어간 거지.
- 현: 동두천 '포주집'?
- 정: 응. 그 집에서는, 이건 그때 막 통행금지가 없었어, 미군들. 아니, 새벽까지, 돈 벌 때까지, 못 들어가게 해. 시팔! 밥도 제대로 안 주고!
- 현: 요 사이로 들어가야 되잖아?
- 정: 그렇지. 글루 해서 들어가! 그렇게 해서 쭉 들어가! 그러면 (사진) 찍을 수가

.. 미군범죄로 악명 높은 동두천 캠프 케이시의 정문.

.. 보산리 기지촌 입구. '동두천시 외국인 관광특구'라는 간판이 붙어 있다.

14_ "여기서 죽어나간 사람이 몇인지 몰라" 235

있지. ('외국인 관광특구' 간판) 저게 언제 생겼어? 옛날엔 없었는데? 외국인 관광특구? 으이구…….

- 현: 참! 할 말이 없다……. 일루 들어가면 되지?

- 정: 응, 일루 쭉 들어가. 쭉 가갖구서 가운데 길로 들어가야 돼. 그쪽으로 들어가야 한다구. 아…… (여기) 다 '포주집'이었었는데, 공원이 다 생기구.

- 현: 초소 있던 자리는 화장실이 생기고 초소는 요 뒤로 갔네?

- 정: 그 '포주집' 년! 이 방범초소에서 일했었잖어, 그년이. 재작년만 해두 완장 차구 댕겼잖어, 모자 뒤집어쓰구, 정화위원같이. 그래서 내가 기가 차서.

- 현: 포주가?

- 정: 포주가!

- 현: 웃긴다! 여기는 웃기는 곳이야, 진짜! 이쪽도 다 '포주집'이었잖아?

- 정: 이건 '히파리 골목집'. 클럽은 그대루고.

- 현: 언니, '포주집'하고 '히파리집'하고 틀린 거가 뭐야?

- 정: 달르지. ('히파리집'은) '펨푸'를 돈을 띠어주고, 만약에 10만 원을 벌었다, 그럼 '펨푸'가 3만 원을 주고, 7만 원을 (포주와 기지촌여성들이) 반씩 나눠 갖는 데, '히파리집'이 그렇다구. 히파리를 해다가 붙여주니까. 미성년자들이 많지. 그러니까 돈을 띤다구, 끌어다주고. 그게 '히파리집' 포주야. 그건 악질 포주지. 그냥 ('포주집'의) 포주는 만약에 내가 10불을 벌었다, 그러믄 내가 만약 4만 원을 썼다, 그럼 4만 원하고 이자를 빼고 그 나머지는 내 꺼지. 내 꺼에서 방세 빼고 밥값 빼고 뭐 빼고 나면, 뭐가 있어? 개뿔이나! 그러니까 말만 그냥 포주다 이러지. 이 '히파리집' 골목보덤 더 지독한 인간들이지. '히파리집'은 방은 여러 명이 쓰는 거지. 내 방이 없어. 클럽의 '포주집'들은 방을 하나씩 주지, 아가씨들 방을. 방세를 내라는 거지, 집세를. 집세를 안 내면 거기에 이자가 붙는 거지. 그 다음에 붙은 이자까지 3만 원이다. 다음 달에 또 못 냈다. 그럼 8만 원을

내야 되는 거지.

- 현: 클럽 안에서 그냥 사는 언니들도 있었잖아? 그 언니들은?

- 정: 그 사람들도 똑같애.

- 현: 업주들에게 방값을 줘야 하는 거지?

- 정: 그럼! 방세, 밥값, 다 줘야지! 안 주는 게 어딨어? 그래, 그렇게 하는 거야. 그러니까 결론은 '포주집'이고 '히파리집'이구 전부 다 사기지! 다! 요리조리 다 뺏는 거지. 이 집은 미성년자니까 못 나가서 끌어다준다, 이러구 다 뺏고, 이쪽 집은 미성년자 아닌데도 나가서 영업 다 해주고 술 다 팔아주고, 이렇게 해서 다 뺏는 거구, 그러는 거여. 다 똑같다니까. 뭐 동아일보니, 신문에 (광보) 봐 봐. 그냥 뭐 써비스에, 으리으리한 가구에, 밥도 주고, 다 그게 거짓말이야. 숙식 제공을 한다는 둥, 월급을 뭐, 백 얼마 준다고? 그거 다 거짓말이야. 모르는 사람들 그거 보고 들어온다고. 그러면 와서 한 달만 있으면 빚이 확 뛰잖아. 그럼 못 나가는 거지, 나같이…….

- 현: 이 한들이 구천을 떠돌 텐데, 언니……. 그치?

- 정: 맞어! 여기서 죽어나간 사람도 몇인지 몰라……. 기지촌마다 다 물어보면, 정말 많을 거야. 그런 거 보면 우리 언니들이 고생을…… 진탕 남 좋은 일만 다 시키고, 당신 죽을 때는…….

- 현: 너무나 외롭게…….

- 정: 아무것도 가진 것도 없어.

- 현: 가진 것도 없고, 보살펴주는 사람도 없고, 너무 아프게 외롭게…….

- 정: 개죽음보다도 더 못하게 죽은 거지. 지금까지도 떠돌아다니는 언니들 (영혼이) 많어. 다야, 거진. 구천을 떠돌면서…….

- 현: 우리 언니들이 한풀이는 해야 하는데…….

- 정: 다 여기 있는 것들은, 진짜 부자 된 것들은 전부 다 그렇게 해서 부자 된 거

·· 동두천시 보산리 기지촌. 왼쪽 미군 전용 클럽들 사이의 건물 틈이 '히파리 골목' 입구다. 이 길 끝의 3층 집이 김정자가 있었던 '포주집'이다.

야, 개뿔이나 뭐 지네들이 뭐 잘나서 부자가 됐겠어?

우리는 동두천 기지촌을 거쳐간 수많은 기지촌여성들을 기억하고 있다. 김정자는 '포주집'과 미군 전용 클럽에서, 나는 기지촌여성들을 지원하며, 우리는 많은 언니들을 만났다. 보산리 기지촌 곳곳에는 그 언니들의 사연이 묻혀 있다. 저 클럽에 있었던 그 언니는…… 이 골목에서 살해당한 그 언니는…… 보산리 골목을 지나가며 우리의 이야기는 끝이 없었다.

- 정: '서' 언니가 이 클럽에 있었잖아. 이 클럽! 이 클럽! 여기 있는 거를 우리가 끌어낸 거잖아.
- 현: 어, 맞아!

- 정: 그래, 여기서…… '서' 보고 얘기하구서 우리 저기 앉아서 나랑 얘기했었는
  데……. 처음에 '포주집' 살 때는 '서'가 요 골목에도 살았었지. 여기서 언니들
  죽었잖어, 목매달아갖구.

- 현: 미군한테 살해당한 언니도 있었어.

- 정: 그러니까 그 언니! 그 골목!

- 현: 신차금 언니!

- 정: '유' 언니도 그 골목에 살았구. 무섭다 그랬지, '유'가. 아휴……. 저기 이층
  집 있지? 막 보이는 집! 저기 여자 하나 왔다 갔다 하잖아? 저 밑에, 저 밑에, 고
  집! 저 샷다문 저기, 저기 아줌마!

- 현: 아줌마 서 있는 집?

- 정: 어, 그 집 2층까지야. '포주집'이지. 살수록 이게 악질이라는 거지, 이 쌍년
  아! 그래가면서. (양)색시들 오면 얼마 있지를 못하고 도망가는 거야. 왜 저러
  나 했어. 그랬더니 그렇게 악질이야. 일체 팁 타도 전부 다 뺏어. 미군이 팁을
  줘도 뺏어, 화대로 올려노라구. 그 지랄을 해, 팁도 못 타게 해.

- 현: 팁은 왜 못 타게 해?

- 정: 팁을 화대로 올려노래, 화대로, 도망칠지 모르니까는. (팁을 뺏는 핑계가) 밥
  값을 벌어라 이거야, 밥을 먹었으니깐.

✻ 신차금 씨 살해 사건

1999년 1월 동두천시 보산동 '히파리집'에서 신차금 씨가 전깃줄에 목이 졸린 채 숨져 있는
것이 발견되었다. 당시 미군 성구매자를 소개한 '펨푸'가 증언을 했고, 사건 현장의 벽에는
'Whore'(창녀라는 뜻의 속어)라는 영어가 쓰여 있었으며, 피해자의 몸에서 발견된 정액의
DNA검사 결과 외국인에게 많이 나타나는 염색체 구조가 발견되었다. 당시 범인으로 지목된
미군 용의자가 있었으나 그 미군은 사건 직후 미국으로 송환되었고, 범인은 끝내 잡히지 않
았다.

- 현: 화대로 하라는 게 무슨 뜻이야?

- 정: 말하자면 인제 미군이 팁 5불도 주고, 3불도 주고 막 이래. 그럼 그걸 모여 갖고 화대로 올려노라는 거지, 2차 간 걸로.

- 현: 왜?

- 정: (포주가) 니네들 밥 먹고, (나한테 빚진 거) 뭘로 (내가) 받을 거냐, 이거야. (우리들에게) 돈 10원 하나 없어야지…… 아가씨들 도망갈까 봐. 그러니까 싹 뺏는 거야, 돈을. 거 아가씨들 수중에 돈이 없어야지 도망을 못 가잖어. 아가씨들이 돈이 있으면 도망을 가잖아, 그 돈 갖고. 그 대신 스타킹 같은 거, 이런 거는 자기네들한테 이자로 빌리라는 거지. 막 1,000원이면, 1,000원에 이자가 100원이잖어?

- 현: 응응.

- 정: 어, 그렇게. 그래서 빚을 많이 지게 하는 거지. 미군이 3불을 주면 그럼 스타킹 몇 개를 사잖어? 그럼 난리 나. (돈을) 들여놓고 나서 스타킹 값은 타가라는 거지.

- 현: 그리고 자기는 이자 받고?

- 정: 응, 그렇지.

- 현: 미치겠다!

- 정: 방세에서도 이자를 받고, 밥값에서도 이자를 받고.

- 현: 아휴…….

- 정: 방세, 밥값 합쳐갖고 60만 원이야. 60만 원에 거기 이자가 붙지. 그럼 다음 달에는 육십 몇만 원인데 또 이자가 붙는 거지. 그럼 칠십 몇만 원이 되는 거지. 여가 '포주집'이었어…… 동두천 '포주집'……. 2층까지였거든. 3층은 없었어. 위에 또 집 올렸네. 2층에는 아가씨들 살고, 아래층은 클럽이었었어, 쪼끄만 클럽. 클럽에 들어갈 때 (성병검진)패스를 (클럽 입구에) 꽂고 들어가야 되

는데, 부대의 헌병들하고 인제 합동토벌이 나오잖아. (한국)형사, 미국헌병들,
감찰들[자매회에서 운영한 기지촌여성 자원봉사자들]. 이렇게 해서 나와. 감찰들
이 뒤로 이렇게 퍼져 있지. 왜냐하면 (감찰들은) 다 같은 (양)색시니까, 이 사람
들이. 보건소, (한국)형사들, 부대에서 헌병, 씨아이디에서 일하는 놈들, 그놈
들, 감찰들, 이렇게 가지. 그래갖구 세 명이 들어가서 토벌을 하지. 그리고 왜,
왜 형사가 끼냐면 (토벌에 걸린 기지촌여성들을) 경찰서로 넹겨야 되니까. 검진
패스 없으면 벌금을 내야 되잖아. 그래서 경찰서 끌고 가는 거지, 인제. 일단은
먼저 경찰서로 가서 처벌을 받아.

- 현: 언니, 그때 '포주집'에 있을 때도 경찰서로 끌려갔어?
- 정: 아니지. 나는 검진패스가 있는데, 검진이 떨어졌는데 내가 클럽에 나가서

일을 하는 바람에[정기적으로 받아야 하는 성병 검진에서 성병이 발견된 기지촌여
성들은 모두 낙검자수용소에 수용되었다. 그러나 포주가 성병 검진 담당자에게 뇌
물을 주고 성병에 걸린 여성들을 빼내는 경우가 있었는데, 이 여성들이 미군을 상대
하다가 다시 단속에 걸리면 낙검자수용소로 끌려가야 했다], 염증이 있대는데 왜
나가서 일을 하냐구, 그래서 인제 바로 끌려간 거지, 소요산…… 가자! 거기
있어, 아직도. (차) 돌려!

- 현: (낙검자수용소) 거기로 곧장 끌려간 거야?

- 정: 그렇지! 보건소[동두천시 성병진료소]가 이렇게 있으면 열루 검진하러 와. 검
  진 슬라이드 이렇게 봐서[성병진료소에서는 자궁에 기구를 넣어 채취한 분비물을
  유리 슬라이드 위에 올리고 염색한 후 현미경으로 세포의 상태를 검사하는 방법으
  로 성병을 검진했다] 검진 떨어지잖아? 그러면 (성병진료소) 거기다 그냥 놔놔.
  집에 안 보내. 그리고 (낙검자수용소의) 버스가 와. 거기서, 그 병원 버스에 다
  타고 가는 거야. 그러면 (포주)집에다만 연락하는 거지, 나 검진 떨어져서 지끔
  소요산 갑니다, 이렇게…….

- 현: 그때 보건소[동두천시 성병진료소]는 어디였는데?

- 정: 보건소는 그 시장 있는 데께. 지금도 여기 있지. 그거야.

- 현: 그 보건소가 그 보건소야?

- 정: 그럼! 어! (보산리 기지촌에서 성병진료소까지) 걸어왔어. 걸어서 거기 가서
  검진해구. 어디냐면, 그 지하철 있지?

- 현: 응.

- 정: 거기 못 미쳐 있잖아.

- 현: 그러니까는 동두천(중앙)역 못 미쳐…….

- 정: 어어, 그거! 보건소! 그거 그대루야…….

… 동두천 성병진료소. 성병진료소 자리에는 현재 동두천시 노인복지관이 들어서 있다.

- 정: 보건소!

- 현: 어, 보건소!

- 정: 일루! 일루!

- 현: 어? 이거! 이거! 노인복지관으로 바뀌었어?

- 정: 치!

- 현: 이 자리였는데?

- 정: 이거야, 이거! 웃긴다잉? 노, 인, 복, 지, 관……

- 현: (성병)진료소는 어디로 간 거야?

- 정: 없어졌네.

- 현: 없어졌어, 요 자리에……

- 정: 보건소가 없네……. 이거 우리 피 팔은 돈으로 전부 다 빌딩 졌을 거야. 다
  언니들이 검진패스 낼 때 돈 들어가고……. 시팔, 웃기고 있어. 야, 이걸 이렇

게 지어났냐. 쭉 가버려!

- 현: 응…… 여기 있는 (검진)기록들은 다 어떻게 했을까?

- 정: 다 태워서 버렸겠지. 버렸지. 그걸 지네들이 왜 갖고 있어? (정부의 잘못을 입증하는) 증건데. 아니면 딴 데로 보냈던가. 저기 있는 '언덕 위의 하얀집'[소요산 입구에 있던 낙검자수용소를 기지촌여성들은 '언덕 위 하얀집', 미군들은 '몽키하우스'라고 불렀다]에 있는 그것들은 또 어쨌을까? 다 태워서 버렸을까? 언니들 혼인데…….

- 현: 어딘가에 뭔가는 남아 있을 텐데…….

- 정: 그럼, 냉겨놨겠지. (미군)부대 안에는 기록이 있겠지, 아직도 미군들이 안 떠나서. 웃기지도 않네.

- 현: 홍콩클럽 있을 때도 거기 가서 검진받았던 거야?

- 정: 그렇지, 응.

- 현: 여기는 있었던 거지, 낙검자수용소가?

- 정: 응, 미군부대가 컸잖아.

- 현: 홍콩클럽에 있을 때도 낙검자수용소가 있었어?

- 정: 다 있었지, 참…….

- 현: (언니가) 낙검자수용소 간 게 82년, 83년?

- 정: 그렇지! 고때 간 거지. 고때도 안 할려고 했었어. 내가 검진패스를 안 하고 막 도망댕겼었거덩. 토벌 나온다고 하면 감찰들이 다 갈처줘. 자기네 족속들 안 잡아가게. 야, 토벌 나온대, 오늘 클럽에 나가지 마! 야, 집토벌도 한대, 이러면 (언니들이) 다 숨지. (포주집) 안방에 가서 앉아 있고, 안방 장롱에 들어가 있구, 다 숨어. 왜냐하면 그 '언덕 위에 하얀 집' 거기 가기 싫고, 그리구 끌려가면은 경찰서로 간다구. 경찰서로 가면 2박 3일 유치장에 살고 있어야 돼. 그러다 인제 재판받는 날 가서 재판받고, 벌금 내는 사람은 벌금 내구, (낙검자수용

소) 글루 가구, 벌금 안 내는 사람은 2박 3일 (유치장에서) 그냥 살구 (낙검자수용소) 글로 넘어가구. 이런 식인 거지, (성병 걸린 게) 죄도 아닌데. (경찰서에서) 이거, 이거, (지장) 다 찍어야 되구, 옘병! 아니, 뭐 큰 죄를 졌어? 내 몸에 병이 있다는데, 왜 이거 까만 걸로 이거 손도장을 찍고 다 해야 되는데?

- 현: 아휴…….

- 정: 그거 솔직히 말해서, 벌금 내는 거, 우리 피 파는 돈(으로) 벌금 내는 거 아냐?

- 현: 검진패스를 낸 사람은 안 잡아가구?

- 정: 그치! 검진패스 있는 사람들은 회비도 내고, 따박따박 검진하구 해니까 안 잡아가지. 관광클럽이니까 미군들을 받을려면은 미군들에게 성병은 주지 말아야 될 것 아니냐? 아니, 걔네들이 와서 주지 우리가 주냐고! 어? 어? 그것들이 미국에서 뭔 짓을 하고 있다가 병을 주는데? 그때는 거기 낙검해갖구 병원에 들어가면, 거기는, 그 '언덕 위에 하얀집'은 가상이에 전부 다 사과밭, 이런데였었어, 그래갖구 아가씨들을 거기다 갖다가놓으면 애네들이 도망을 가기가 힘드니까. 거기 들어가면 운동장이야. 말하자면 교도소나 진배없어.

- 현: 그치.

- 정: '언덕 위에 하얀 집' 하나 있고, 운동장은 크고, 철문 철커덕 잠그고, 꼭 교도

소지. 그래갖구 그 안에 들어가면 또 (건물 출입문) 철커덕 잠궈. 그러면은, 우리 나가서 좀, 바람 좀 쐴게요, 그럼 (수위가) 옥상 위로 올라가라! 그래. 옥상에서 떨어져 죽는 사람도 있었어. 거기서 인제 도망 나가다가 떨어져서 즉사해서 죽었지. 숟가락은 (포주)집에서 하나씩 가지구 갔어, 밥을 먹어야 되니까. (낙검자수용소에서) 숟가락 안 줘. 그러면 인제 (포주)집에다 연락을 하면 집에서 인제 빠스니, 뭐 필요한 것들, 비누니, 뭐 치약이니, 가지고 오지, 면회를. 누구 면회 왔다, 그러면은 인제 수위 아저씨가 불러주지. 그럼 우리 내려와서 요만한 구녕으로 받지. 완전히 감옥살이라니까. 아니 검진 떨어져서 갔는데······ (창문) 요만한 데 얘기하잖아, 우리? 교도소 가면?

- 현: 응응.

- 정: 그런 식이야. 걸루 끌려가면 거기서 인제 놔주지, 주사를. 페니실린 맞고 죽는 사람도 있구, 부작용[페니실린 쇼크(penicillin shock): 페니실린 주사로 인한 심한 이상 반응. 귀울림, 호흡곤란, 발한 따위가 일어나며 죽기도 한다] 나서. (주사를 맞고 나면) 걸음을 못 걸어. 이 다리가 끊어져나가는 것 같애. 그걸 이틀에 한 번씩 맞춰줘. 그런데 그거를 맞은 사람은 다른 주사가 안 받어. 젤 쎈 거라, 페니실린이. 부작용이 나서 죽지. (팔뚝) 요런 데 테스트하잖어? 부작용이 이렇게 부풀어 오르잖어? 그런데도 그거를 이만큼을 맞으니까는 죽더라구. 맞았는데 한두 시간 됐어. 우린 두 시간 됐으니까 괜찮겠지······. 아니! 변소칸에 가가지고 변소에서 쭈그리고 앉아서 죽은 사람도 있었는데? 그러니까 그것만 맞는다 하면 덜덜 떨었지. 그걸 누가 가지고 오냐. 미군들이 가지고 와, 부대에서. 그거 맞는 거지. 기도 안 차. 쯧!

- 현: 여기가 소요산 올라가는 길이야.

- 정: 어! 거기야! (음식점들) 이게, 이런 게 어딨었어? 여기, 이쪽에는 아주······ 여기가 전부 다 과수원이었어.

- 정: 저기 있잖아! 하얀 집! 들어가 봐. 저기 있잖아, 저기, 저거, 이거 있네.

- 현: 어어.

- 정: 여기 전부 다 논이었었어. 그쪽은 과수원. 보건소 있네, 아직도……. (예전에) 어디 여기 (음식점) 이런 게 있었어? 저기 이렇게 들어가는 길목만 있었지. 옛날 그대루네…….

- 현: 비가 이렇게 와…….

- 정: 슬퍼서 그래…….

- 현: 여기서 사진 찍고, 안에 좀 들어가서 사진 찍고 올게.

- 정: 가봐!

- 현: 같이 갈래?

- 정: 응.

관광지로 변한 소요산 입구는 음식점과 주점들이 즐비했다. 우리는 차에서 내려 옛 낙검자수용소로 걸어갔다. 어디선가 익숙한 가요가 흘러나오고 있었다. "모닥불 피워놓고 마주 앉아서, 우리들의 이야기는 끝이 없어라, 인생은 연기 속에 재를 남기고, 말없이 사라지는 모닥불 같은 것, 타다가 꺼지는 그 순간까지, 우리들의 이야기는 끝이 없어라……."

·· 옛 양주군 성병관리소(낙검자수용소). 양주군(현 동두천시)은 1965년 5월 7일 성병관리소(낙검자수용소) 설치조례를 제정, 양주군 동두천읍 생연2리 678번지에 성병관리소를 설치했다. 1973년 성병관리소 설치조례를 개정하면서 이곳에 있던 성병관리소를 양주군 동두천읍 상봉암리 8번지로 이전 설치했다. 동두천시 성병관리소는 1996년 3월 5일에 폐쇄되었다. 현재 남아 있는 옛 양주군 성병관리소 건물 1층 맨 왼쪽에는 진료소와 사무실로 들어가는 출입구가 보인다. 2층은 모두 수용소이고 출입구는 건물의 앞쪽에 있다. 2층 창문에는 기지촌여성들을 감금했던 쇠창살이 남아 있다.

- 정: 그려, 이거, 이거야. (우산) 잡아!

- 현: 어.

- 정: 저거! 저거! 저기 있네, 보건소.

- 현: 저기로 돌아서 가야 되겠네.

- 정: 저거 그 전에 테레비 나왔었어.

- 현: 언제?

- 정: 그때! 그것이 아십니까?

- 현: 〈그것이 알고 싶다〉? 우리 숙희[기지촌에서 불린 가명] 언니?

- 정: 숙희 언니 때 나온 거지. 있네, 전부 다. 왜 저거를 안 헐었지? 한이 많아서

언니들이 못 헐게 했나?

- 현: 그런가? 그럴까?

- 정: 들어가는 길이 있어, 아직도……. 여기 전부 다 과수원 했었거덩. 이거, 저 옆으로 있네. 기도 안 차, 기도, 진짜……. 저 옥상에서 뛰어내리고……. 잘난 것도 아닌데 (여기를) 관광지로 해놨어? 여기를? 저 (관광지) 사진은 뭐야, 응? (낙검자수용소 주변에) 철조망 다 해놨잖아.

- 현: 응응, 아휴…….

- 정: 도망가지 못하게…… 저 봐! 전부 다 철조망이잖어! 아휴…… 언니들…… 우리 왔어요…….

- 현: 아이구……. 정자 언니, 잠깐만 여기 들어와볼래? 언니, 이게 1층인가보네?

- 정: 응.

- 현: 여기는 뭐였을까?

- 정: 여기? 보건소! 여기 검진하고 이러는 데.

- 현: 이게 무슨 접수 받고 그런?

- 정: 어, 맞어.

- 현: 여기서 언니들이 기다렸을까?

- 정: 아니야. (성병진료소) 거기서 싣고 일루 왔지. 그러면 여기는 사무실이지.

·· 소요산 낙검자수용소의 진료실. 이 진료실에서 미군들이 가져온 페니실린이 기지촌여성들에게 강제로 주사되었다.

·· 낙검자수용소의 사무실. 성병 강제 치료를 받던 기지촌여성들은 성병이 완치된 후 이 창구에서 건강증을 발급받아야 풀려날 수 있었다.

·· 낙검자수용소의 정면. 1층 맨 왼쪽이 매점이고 그 옆에 줄이 쳐져 있는 곳이 2층으로 올라가는 계단 입구다. 이곳에 철문이 설치돼 있었고, 이 문의 쇠창살을 사이에 두고 강제 수용된 사람들과의 면회가 이루어졌다.

여기 접수받고 서류 같은 이런 거 하는 거지. 여기서 주사 맞고 검진해고, 여기

서. 저쪽 앞문도 있어, 2층으로 올라가는 앞문.

- 현: 응.

- 정: 아휴······.

- 현: 응, 가자.

- 정: 응······. 저기도 문 쪼끄만 데로 숟가락 같은 거 대줬어. 매점! 매점! 매점이

　었어.

- 현: 저기가?

- 정: 응, 여기서부텀 저 끄트머리까지 식당, 밥 먹는 식당, 여기.

- 현: 어어.

- 정: 저 위에는 '몽키하우스'[monkey-house: 미군들이 낙검자수용소를 이른 말로,

매춘굴을 의미하는 영어 속어다. 기지촌여성들은 몽키하우스를 '동물원'의 의미로 이해하기도 했는데, 낙검자수용소에서의 생활이 동물원에 잡혀와 갇힌 원숭이나 마찬가지라고 느꼈기 때문이다 같은 데지.

- 현: 2층이 '몽키하우스'고?

- 정: 응, 2층이 숙소들.

- 현: 저 옥상에서 저렇게 떨어져 죽었다는 거야?

- 정: 어, 그렇지! 옥상에서…… 주사 맞고 거기서 뛰어내려갖구……. 또 저기! 여기는 문 들어오는 데께.

- 현: 응.

- 정: 여기는 문지기! 차가 들어오면 문을 철커덕 내리고, 문을 지키는 문지기.

- 현: 어어.

- 정: 경찰서야? 문을 지키게?

- 현: 저렇게 철조망이 돼 있었어?

- 정: 다 돼 있었지, 저기 문 들어오는 데부텀.

- 현: 아휴…… 저 문이 예전에는 철커덕 걸어 잠그게 되어 있었던 거네?

- 정: 그럼, 그럼, 응.

- 현: 아휴…… 여기는 다 그냥 산이고?

- 정: 응.

- 현: 저 옆에도 다 담으로 돼 있고?

- 정: 철망으로 해놨어. 여기도 가시철망으로 해놨었지, 옛날엔.

- 현: 가시철망을 위에?

- 정: 응, 여기, 여기. 돌망서부텀 돌맹이 위로 가시철망을 그렇게 해놨었지.

- 현: 응응.

- 정: 아휴…….

.. 낙검자수용소의 옛 정문(왼쪽)과 경비실(중앙).

.. 낙검자수용소의 철조망. 격리 수용된 기지촌여성들이 도망가지 못하도록 쳐놓았던 철조망이 아직도 남아 있다. 철조망이 끊긴 부분이 예전에 정문이 있던 자리다.

14_ "여기서 죽어나간 사람이 몇인지 몰라"

김정자가 낙검자수용소 쪽으로 두 손을 모아 합장을 했다. 억울하게 돌아가신 기지촌여성들에게 기도를 하는 것 같았다. 사진을 찍다 말고 나도 그녀를 쫓아 두 손을 모으고 고개를 숙였다.

- 정: (우리가) 언니들 한을 풀어줄게요, 응? 많이 좀 도와주세요.
- 현: 진짜, 언니들…… 아휴…… 진짜…… 우리 좀 많이 도와주세요, 우리 힘으로 안 되니까.
- 정: 우리 좀 많이 도와줘…….
- 현: 에휴…….
- 정: 기도 안 차, 난…….
- 현: 그래, 진짜 기도 안 찬다, 진짜…….
- 정: (건물 뒤쪽으로) 이쪽 문은 없었거든, 여기까지 까시철망이 있었지. 아까 거기가 앞문이구.
- 현: 정말 이렇게 넓은 땅 하나 있으면 너무 좋겠다.
- 정: 응! 우리들 이 땅을 주면 우리가 여기다가 (언니들을 위한) 쉼터를 진다!
- 현: '땡빚'을 내가 내서라도!
- 정: 그러니까…….

김정자는 낙검자수용소를 나오자마자 화장실로 뛰어가더니 아침 먹은 것을 다 토하고야 말았다. 얼굴이 하얗게 질린 그녀에게 좀 쉬었다 가자고 해보았다. 하지만 그녀는 아직도 다닐 데가 많다며 오히려 날 재촉했다. 결국 증언 여행을 계속하기로 하고 그녀를 부축해 차에 태웠다.

- 현: 소요산…… 아휴…….

낙검자수용소로 끌려가는 것은 기지촌여성들에게 공포 그 자체였다. 감옥살이 같은 수감생활과 페니실린 쇼크로 인해 죽을지도 모른다는 두려움 때문이었다. 기지촌여성들은 수용소 내에서 실제로 페니실린 주사로 인해 사망하거나, 수용소를 탈출하다가 사망하는 사건들이 발생했다고 증언하고 있다.

낙검자수용소에 끌려간 여성들은 여러 가지 방법으로 탈출을 시도했다. 그중 탈출가능성이 가장 높은 방법은 수감되는 과정에서 탈출하는 것이었다. 보건소 차량이 낙검자수용소로 들어가기 위해 정문 앞에 잠시 정차했을 때 기지촌여성들이 탈출을 시도하면 차량에 동승한 성병진료소 직원들과 낙검자수용소의 수위 및 직원들이 여성들을 붙잡기 위해 뒤쫓았다. 다행히 붙잡히지 않은 여성들은 과수원에 숨어 있다가 빠져나오곤 했다.

수감된 후에는 수용소 옥상에서 뛰어내리는 방법밖에 없었다. 무사히 뛰어내린다고 해도 담과 철조망을 다시 넘어야 했다. 기지촌여성들은 이 과정에서 골절상을 입거나 추락사 하는 경우도 있었다고 증언한다.

- 정: 기도 안 차······.

- 현: 응, 기도 안 차.

- 정: 이게 다 과수원 자리야, 배 밭, 포도밭. (낙검자수용소) 차에서 내릴 때 (언니들이) 이런 데를 뚫고 막 도망해서 가. 도망을 가도 버스가 없으니까 도루 잽혀서 오는 거야.

- 현: 쯧쯧쯧쯧.

- 정: 안 들어갈려고 언니들이······.

- 현: 응······.

- 정: 거기 들어 안 갈라고 도망가면 또 잽혀오고······ 꼭 감옥살이잖아. 봤잖아? 철조망? 주사 맞구서 거기서 떨어져 죽구. 기도 안 차, 진짜, 으이구 ······. 그래도 저거는 빨리 안 없어졌네? 한이 많아서 언니들이 누가 땅 사러 와도 그냥 보낼 것 같애, 무슨 트집을 잡구.

- 현: 여기 낙검자수용소에 언니가 갇혀 있었던 건, 그때 2주 간혀 있었다 그랬잖

아?

- 정: 응응, 보름.

- 현: 그때 언니 가 있을 때 (언니들이) 몇 명이나 갇혀 있었어?

- 정: 거기 방 하나에 네 명씩 있어. 넷, 다섯 명씩 있었어, 방 하나에.

- 현: 근데 방이 몇 개가 있었어?

- 정: 그게 유리창 있는 게 전부 다 방이야, 2층에. 철사로 된 유리 있지?

- 현: 그럼 복도 양쪽으로 방이 있었어?

- 정: 그럼! 복도 전체야! 2층은 다!

- 현: 어어, 방이 한 쪽으로 쭈르륵 있었어? 양쪽으로?

- 정: 양쪽으로.

- 현: 헤…… 방이 열 개는 됐겠네?

- 정: 그럼! 토벌해서 잡혀오는 사람이 얼마나 많다구. 토벌해서 잡혀오면 스무 명, 스물다섯 명, 이래. 검진패스 없어서 잡혀오는 애, 검진 떨어져서 오는 애, 합쳐봐. 스무 명 넘어. 최하 거기 쪼끔 있는 게 열다섯, 열일곱 명인데, 거기는, 제일 쪼끔 있는 게. 어떨 땐 자리도 없어. 자리가 있다고 해서 무슨 침댄 줄 알어? 아니야! 그 안에 들어가면 이런 세면이야. 이게 올라가면 세면이니까 장판 깔고 거기서 그냥 얇은 이불, 담요 같은 거 주면 하나 깔고 하나 덮고 자. 비게 도 없어. 그래서 우리 옷 가져간 걸로 이렇게, 이렇게, 해서 비게 비지.

- 현: 무슨 군대처럼 돼 있네.

- 정: 그렇지! 딱 군대! 군대 하면 딱 좋아! 그런 식이야, 그렇게. 그러니까 완전 히 '몽키하우스'라니까. 그러니까 미군들이 몽키하우스! 몽키하우스! 그렇다고 (면회자들이 2층으로) 올라가지도 못해. 나와서 그 문 철커덕 잠그면 거기 이렇 게 내밀면서 어, 알았어, 줘, 그러면 돈도 이렇게 해서 주고. 돈도 갖고 있으면 잊어버리니까 점방[낙검자수용소 매점]에다 맡겨. 그럼 점방에서 과자 사 먹고,

나올 때 찾는 거지. 거긴 완전히…….

- 현: 그럼 그 마당은 뭐였어?

- 정: 이불 같은 거 가서 털고, 다 대청소 할 때가 있잖어? 그러면 그때 마당에 가
  서 공기도 좀 먹고…….

- 현: 매일매일?

- 정: 무슨 매일이야. 그것도 딱 지정이 돼 있지. 한 달에 한 번이나 두 번.

- 현: 그러면은 그 외에는 방 안에 갇혀 있는 거야?

- 정: 그렇지! 못 나와! 거기 '몽키하우스'라니까. 거기서 왔다 갔다 하는 거야.

- 현: 2층 복도는 나올 수 있어?

- 정: 복도는 왔다 갔다 하지, 화장실도 가고 목욕도 하고 그러니까는. 철커덕 잠
  그면 여기 운동장에는 못 나가는 거지. 운동장에는 자기네들 차들 같은 거를
  세워놓지. 면회들 오면은 거기다 차 세워놓고 면회들 하고 가고, 완전히 영창
  이라니까. (쇠창살 사이로) 이렇게 내밀고서 안에서 바깥하고 얘기하는 거여.
  꼭 유치장하고 똑같애. 그러니까 검진에서 떨어져서 우리 몸에 병이 있는데 왜
  지네들이 그러냐구! 으이구…….

- 현: 기가 막혀. 면회도 안 되구?

- 정: 안 돼, 면회. 면회도 시간이 있어.

- 현: 허어.

- 정: 몇 시에서 몇 시까지, 그 시간에 맞춰서 와야 돼. 그 시간 넘어서 오면 면회
  못 해. 그냥 왔다 그냥 가. 그러면 돈이나 좀 집어주면은 해주지. 수위 아저씨,
  돈 슬쩍 주면은, 야! 야! 면회 왔다, 내려가봐라! 이러지. 돈 집어줘야지 해주
  지. 그때는 인제 직원들 없구, 늦게 오라 그러지, 7시나 그때쯤 돼서. 돈들 쪼
  끔 집어주구선, 그럼 창살에서 얘기하는 거지, 바깥에 하고 안에 하고.

- 현: 복도 끝에 창살이 있었어?

- 정: 응. 그럼 거기에 요만하게 뚫어져 있다구. 그럼 저런 걸로 된 거, 저런 (철) 문 있지?
- 현: 응응.
- 정: 저 (집) 대문에 저런 쇳덩어리? 그런 거였다니까, 그 문이. 나오지 못하지, 어떻게 나와. 저 사이로 얘기하는 거지, (나는) 안에서 (면회 온 사람은) 바깥에서. 그렇게 살은 거지. 그러니까는 옥상은 이불 널러 올라간다고 그러고 글루 가고, 또 아저씨가 어떨 때는 옥상을 못 잠궜어, 잊어버리고. 그럼 거기에 올라가서 뛰어내려서 그냥 죽는 거지, 약 처먹고. 페니실린 주사 맞고 그냥 거기서 뛰어내리면 병신이 되지 않으면 죽는 거여.
- 현: 약은 어디서 구해서 먹어?
- 정: 약은 약쟁이들 전부 다 와서, 동네에서 사갖고 와서 몰래 주지. 면회할 때 슬쩍 돈으로 이렇게 해갖고. 약을 털어 먹고, 안에 들어가서 먹구, 그 안에선 쩌는 거지, 맨날. 쩔어서 사는 거지, 약쟁이들. 그거 하나는 또 의리 좋았어, 약쟁이들이. 이런 약방에서 사갖고 와서 주지. 아니면은 맨스대 있지?
- 현: 응.
- 정: 그거 찢어갖구 그 속에다 넣어서, 야, 맨스대 가져왔어, 그래서 맨스대 전부 끌러보면 그 안에 있어. 찢어서 그 안에다 넣구. 근데 그 안에서 보름 있는 게 얼마나 오래 있는지 몰라, 답답하니깐. 보름 있는 게 아니라 한 달 넘게 있는 거 같애, 기분에. 아우…… 시간만 재는 거지. 아우…… 몇 시, 오늘 하루 지나가면 내일…… 며칠 남았네…… 며칠 남았네…… 그것만 재는 거지. 검진을 해서 합격이 돼야 나오는 거야. 불합격이면 또 그대로 (낙검자수용소에서) 살아야 하는 거야. 이름 불러, 이름, 와서, 합격된 사람. (직원이) 준비해서 내려와요! 그럼 내려가는 거지. 그 사무실 옆에 이렇게 (창)문 두 개 있지?
- 현: 응.

- 정: 거기서 인제 검진패스(낙검자수용소 소장이 발급하는 건강증)를 주는 거지. 받아갖구 나올 때는 그 철문, 철컥 열어주는 거지, 아저씨가. 그리고 자물통 이만한 거 가지고 철커덕 잠궈놓지.

한 기지촌여성이 보낸 문자메시지 때문에 대화가 갑자기 중단됐다. 사라지겠다, 잘 있으라는 내용의 문자메시지였다. 깜짝 놀라 전화를 걸었지만 그녀는 전화를 받지 않았다. 나는 새움터 선생님들에게, 김정자는 다른 기지촌여성들에게 전화를 걸어 상황을 알리고 도움을 요청했다. 이렇게 한동안 우리는 둘 다 비상이었다.

잠시 후, 우리가 보고 싶어서 보낸 장난 메시지였다는 말을 전해 듣고 한바탕 웃었다. 하지만 놀란 마음에 방금 전까지 무엇을 하고 있었는지, 여기가 어딘지, 정신이 없었다.

66 변소칸도 쫓아오더라니까 99

두 번째 평택 기지촌

김정자는 동두천의 포주로부터 도망쳐 평택 기지촌에 숨어 살았다고 했다. 그녀는 일단 안정리의 미군 전용 클럽으로 도망쳤다가, 포주가 잡으러 올까봐 불안해 다시 송탄 기지촌의 미군 전용 클럽으로 도망쳤다. 그때를 찾아가는 중언 여행을 하는 날이다.

- 정: 동두천 포주한테 도망갔다고 그랬지?
- 현: 어어.
- 정: 그래서 평택에서 살은 거지. (성병관리소) 아래층에서 떨어지면, 2층에서부 팀…… 검진 떨어지면 여기서 살았기 때문에…… 이게 다 보건소야[1층은 성 병진료소, 2층은 낙검자수용소였다]. 여긴 (안정리 기지촌) 동네 안에 있었어. 토 벌에 보건소 사람들이 나와서, 토벌에 걸리면은 주인이 (낙검자수용소에 돈을) 맥인다구, 영업 잘하는 애는. 그러면은 (그 언니가) 저녁에 (클럽으로) 나와서 영

·· 1980년대의 평택군 성병관리소(낙검자수용소). 1985년 9월 평택군은 성병관리소 설치조례를 개정하여 평택군 통북리에 설치했던 성병관리소를 평택군 팽성읍 안정리 152-2번지로 이전 설치했다.

업하고 낮에 (낙검자수용소에) 들어가 있는다구. 낮에 (낙검자수용소로) 들어와. 저녁엔 영업하구, 클럽에 가서. 지네들, 얘가 돈 달러 수입이 괜찮다, 하면 돈을 맥여.

- 현: 돈은 누구한테 먹이는데? 수위 아저씨?
- 정: 수위 아저씨가 아니라 거기 있는 책임자에게 주지, 주인이. 그럼 수위는 또 내보내라면 내보내야지. 소장이 있겠지. 그 사람한테 맥여야지. 아침에 오면 다른 직원들이 다 보는데, 수위가 맘대로 할 수 없지.
- 현: 그치.
- 정: 응, 다 웃대가리가 다 먹는 거여. 저녁엔 일곱 시쯤 돼서 내보내주고, 아침에 아홉 시 안으로 들어오라고 그러고, 주인한테 다 돈 먹고. 주인이 영업 좀 잘하는 애는 빼지, 그렇게. 빼서 영업시키고 보내는 거야, 아침에 들어가라고.

보건소 사람들 보면은 뭐 바리바리 해. 미제 술이니 뭐니, 뭐 바리바리야. 샴푸, 린스 뭐, 커피 뭐, 과자 뭐. 안정리는 또 바로 코앞에 보건소였기 때문에, 클럽에 와도, 보건소 사람들 와서 토벌 아닌데도 와서 술 처먹고 가. (업주가) 저쪽 구석쟁이에다가 양주랑 해서 (언니들을) 보내지. 그중에서도 인제 주인이 저거 하는 사람은, 보건소 남자하고 들어가 자라고 그러는데 뭐. 그럼 자야지, 주인이 그러는데, 화대를 올려줄 테니 모시고 가 자라고[포주가 보건소 사람들로부터 화대를 받지는 않지만, 마치 기지촌여성들이 화대를 받아 포주에게 준 것처럼 해당 기지촌여성의 장부에 올려놓겠다는 의미다. 이는 포주들이 공무원이나 경찰 등에게 성상납하도록 기지촌여성들을 강요할 때 쓰는 방법이다]. 그렇게 해놔야지 자기네 집에 아가씨들 검진에 떨어지면 눈감아주잖아, 합격하잖아. 그 슬라이드 보는 놈[성병검사원]만 돈 집어주면은 그놈이 합격! 합격! 해서 내보내면 끝나는 거여. 그리고 (검사원이) 주인한테 슬쩍 염증 쫌 있으니까 약 같은 거 사다 맥이라구. 그럼 야매[불법: 암거래를 의미하는 일본어 야미(闇)에서 유래된 말] 아줌마 불러다가 주사 맞고.

- 현: 다 한통속인 거지.
- 정: 그럼, 지네들…… 다 그렇게 해서 처먹고…… 그렇게 해서 돈 벌고…….

영어로만 쓰여 있는 간판들과 요란스러운 음악 소리, 외국인들……. 송탄 기지촌에 도착했다.

- 정: 내가 송탄에서 그때 흰 애 클럽 있었잖어. 그 흰 애 클럽에서도 많이 괄세
[괄시] 받았어, 나. 돈 못 번다구 지배인이 막 뭐래. 대꾸하지 말아야 해. 대꾸하면 맞는 거야. (내가) 죄송해요, 벌려구 노력할게요, 죄송합니다, 죄송합니다, 이러면 때리진 않더라구.
- 현: 무슨 클럽이었는데?
- 정: 농협 요기 옆에 밑으로 내려가는 클럽 있어. 무슨 클럽이었는지 이름은 몰라. 요 집에 방이 이렇게 되어 있어, 들어가면.
- 현: 그러면은 저 (클럽) 안에서 살았던 거야?
- 정: 어, 저 집 안에, 문 열고 들어가면 (클럽) 안에 방이 있어. 거기에서 잡혀왔잖어, 동네 나갔다가. 도망간 지 15일 만에 잡힌 거지. 근데 (클럽) 거기서 돈을 주셨어, 내가, 지갑을. 그래갖구 돈을 빼고 쓰레기통에 버려버렸어. 은행에 가서 바꾸니까 50만 원 돈이잖어. 그러고 났는데, 좋아갖구서 시장에 뭐 사러갔

·· 김정자가 살았던 송탄 기지촌의 옛 미군
전용 클럽. 계단을 내려가면 왼쪽으로 클럽
의 출입구가 있었다.

다가 잡힌 거지.

- 현: 동두천 포주가 왔어?

- 정: 응.

- 현: 직접 왔어?

- 정: 어, 깜짝 놀랐지. (포주가) 이 쌍년이! 그러는데 깜짝 놀래서……. 마누라랑 온 거지. 누가 봤다는 얘길 했겠지. 나를 봤다 했겠지. 나는 그 사람을 못 봐도 그 사람은 날 볼 수가 있거덩. 잡으러 왔더라구. 그래갖구 (포주가) 그 자리에서 빙글빙글 도는데, (송탄 기지촌에) 아침에 왔대. 근데 날 저녁때쯤 만난 거지.

- 현: (붙잡혀서) 다시 동두천 '포주집'에 가가지고?

- 정: 있다가…….

- 현: 그때 한 일 년 정도 있었나?

- 정: 1년도 못 있었어. 한 5개월 정도 있다가, 그래갖구 의정부로 팔린 거지. (포주가) 도망갔다 왔으니까 또 (내가) 도망갈까봐……. (차를) 여기다 세워놓고 갔다 와야 되겠다.

- 현: 어.

차에서 내려 송탄 기지촌 거리를 함께 걸었다. 우리는 관광객인 것처럼 괜히 옷 가게들을 두리번거렸다. 그녀는 생각보다 쉽게 그 장소를 찾아냈다.

·· 미7공군사령부 오산 미공군기지 K-55 앞의 송탄 기지촌. 김정자는 이 거리에서 동두천 포주에게
붙잡혀 끌려갔다.

- 정: 여기서 잡혔어. 여기서 옷 볼라고 이러고 있는데, 이렇게 (뒷덜미 잡으면서)
  이 쌍년! 깜짝 놀래갖구……. (클럽)집이 (바로) 저기잖어? 그러니까 여기로 딱
  나온 거지, 집이 저기니깐.

  서둘러 차로 돌아왔다. 차 안에서 그녀의 이야기가 이어졌다.

- 정: 으이구…… 나 그때만 (생각해)보면 긴장이 돼갖구. 가서 말 한마디 안 하
  구, 그냥. 말하다가는 한 방 맞겠어. 그러니까 아뭇 소리도 안 하고 쫓아갔지,
  그냥. 쌍년아! 막, 욕들을 막 하더라구, 두 부부가. 그래서 가만 있었지. 네, 네,
  그러구 가만 있었지. 그리고 나선 변소 간다고 그래도 쫓아오더라구.
- 현: 그 남자가?

- 정: 응, 변소 간다고 해도 문 앞에서 기달리는 거지.

- 현: 아휴…….

- 정: 그러구선 3개월인가, 4개월 있다가 (의정부 기지촌으로) 냉긴 거지.

- 현: 응, 그럼 그때는 빚이 생겼겠네.

- 정: 그러엄. 여기 잡으러 온 거.

- 현: 그거를 올린 거지? 언니한테?

- 정: 그렇지!

- 현: 얼마를 올렸어?

- 정: 얼마 올린 거는 난 모르지.

- 현: 알지도 못하고?

- 정: 어.

- 현: 넘길 때 보니까 300(만 원)이라 그런 거지?

- 정: 어, 그렇지!

- 현: 아휴…….

- 정: 여기 오는 것도 자기네들이 점심 먹고 하루 종일 있다가 여관에서 잔 거.

- 현: 다 올린 거지? (언니) 밑으로?

- 정: 그럼! 그럼!

- 현: 에휴…… 지긋지긋해.

- 정: 포주들 다 그래. 여자들 도망가면 잡으러 댕기면서. 그래도 내가 두 명은 안 불었지.

- 현: 두 명?

- 정: 응. 세 명이 왔어, 우리 세 명이. 세 명이 (동두천에서) 도망 온 거야. 두 명은 그 (동두천 포주)집에 있고, 한 명은 다른 (포주)집에 있었어. 그러니까는 (포주가 다른 친구들은 어디 있는지) 대라구, (내가) 몰른다구, (포주가) 너 잘하면은 개

네들 빚까지……. (내가) 걔네들하고 안 왔다구, 혼자 왔다고. (포주가) 쌍년아!
그런 소리 하지 말라구.

- 현: 안 무서웠어? 어떻게 안 불었어?

- 정: 안 불었지, 죽어두. 난 몰른다구. (포주가) 너 진짜 경찰서 갖다 집어넣어?
(내가) 맘대로 하시라구, 난 몰른다구. 걔네들은 빚이 엄청 많았어, 동두천 포
주네 집에. (포주가) 이 쌍년! 내가 꼭 잡으러 여기 올 거라나? 가거나 말거나
난 몰른다구, 진짜 몰른다구. (포주가) 진짜 한집에 없었냐구. 없(었)다구, 나 여
기 혼자 왔다, 혼자 와갖고 여기서 그냥 껌은 애 클럽도 모르고 숫기가 없어서
그냥 아무 데나 들어가서 있게 해달라 그러니까 있으라 그랬다. (포주가) 나를
이렇게 쳐다봐. 쳐다보거나 말거나. 집에 갔는데도 막 난리를 부리더라구. 이
쌍년! 내가 너 쥐패기 전에 불으래. 그래도 몰른다고. 난중엔 또 꼬셔, 내가 빚
감면해줄게. 나는 진짜 몰라요! 그냥 냉겨줘요! 여기 있기도 싫고 따른 데로 가
겠다고. 독종년이래, 나보고. 독종 같은 년! 너 언젠가 걔네들 잡아갖구 너도
안다고 그러면 그때는 너는 아주 작살날 줄 알으래. 너 있는 데를 내가 아니깐
가만 안 둔다는 거지. 그렇게 하시라구.

- 현: 언니 그러면 '포주집'에 붙잡혀 오고 감시 엄청 받았겠다.

- 정: 맞아! 받았지! 감시만 받어? 변소칸에 간다고 그래도 쫓아오더라니까, 3개
월을. 그리고 자나 안 자나 이렇게 보구. 그러더니 인제 2층 방 빈 데다 재우더
라구, 나를. 2층에 문, 탁 자물통 잠가버리면 못 나오는 거야. 그 안에 그냥 변
소 다니고, 왔다 갔다 하면 되지. 안집하고 아가씨 집은 달랐거덩. 그러니까 인
제, 너 땡겨 가라! 했으니까 곧 기별이 올 때까지 2층에서 살으라구. (나는) 딴
데로 갈려구 2층에서 그냥 살았어, 아뭇 소리 않고. 신나게 일하구, 마포질 다
하구, 내가. 일 시키더라구. 야, 이년아! 내려와! 내려가면 포주는 바깥에 의
자 놓구 앉아 있고, 나는 걸레 빨아다 마포질 다 하구, 변소칸 다 닦고. 시팔! 3

개월을! 도망간 죄로. 도망간 것도 도망간 거지만, 거 내 친구들이 잡혀올까봐
난 3개월 동안 가슴이 두근두근 거린 거지.

- 현: (다른 언니들에게) 연락도 못 한 거지? 그렇게 감시를 당하고 있으니까.

- 정: 그럼, 무슨 연락을 해? 만약에 잡혀와갖구, 얘도 안다고 그럴까봐, 그러면
인제 그 새끼는 좆나게 쥐패지, 그런 놈들은…… 아유…… 악질들이었어, 악
질…….

　　김정자는 친구들이 어디에 있는지 끝까지 말하지 않았고, 결국 포주는 친구
들의 빚까지 그녀에게 얹어 다른 기지촌으로 인신매매해버렸다. 그 고생을 했
지만, 그녀는 끝까지 친구들을 지켜낸 게 지금까지도 잘한 일로 생각한다고 말
했다. 그 말을 끝으로 그때 일은 더 이상 생각하기도 싫다는 표정이었다. 한동안
그녀는 아무 말도 없었다.

66 너는 나의 분신이야 99

의정부 뺏벌 기지촌

점심을 먹지 않겠다는 김정자를 억지로 끌고 음식점으로 들어왔다. 기지촌에 가서 속상한 일이 떠오르면 또 토할 텐데 점심을 먹어봤자 뭐하냐는 그녀를, 그럼 나도 덩달아 굶겠다는 말로 겨우 설득했다.

1990년대까지만 해도 의정부시에는 여섯 개의 크고 작은 기지촌들이 있었다. 미군기지가 반환되면서 그곳들도 대부분 재개발되었고 지금은 가능동 기지촌과 뺏벌 기지촌, 두 개만 남아 있다. 김정자에게는 그중 두 개의 기지촌에 대한 기억이 있다. 만가대 기지촌[현 의정부시 용현동 일대]과 뺏벌 기지촌[현 의정부시 고산동 일대], 오늘은 그 두 곳에서 증언 여행을 하기로 했다.

- 정: 옛날에, 여기, 여기, 만가대는 신랑 없이 살아도 장화 없이는 못 살았어. 이게 전부 다 진흙탕이야.
- 현: 어, 나도 그 얘기 들었어. 만가대는 집에 계속 곰팡이 올라오고…….

- 정: 어, 맞어.

- 현: 여기 엄청나게 많이 바뀌었어. 여기는 (국군)보충대고…….

- 정: (한국남자들) 군대 오면 일루 온대면서? 훈련받으러? 여기서 배치한다며?

- 현: 언니가 만가대에 있을 때도 보충대가 있었어?

- 정: 그럼!

- 현: (이 골목) 일루 들어가는 거지?

- 정: 그렇지! 미군부대 쪼끄맣게…… 일루 들어가서…… 일단 들어가봐. 동네
  가 깜깜했었어, 여긴……. 뭐야? 이거 없어졌네?

- 현: 그래!

- 정: (기지촌) 동네가…….

- 현: 동네가 아예 없어졌어, 언니!

- 정: 여긴 없네. 저쪽으로 한번 가봐, 뒷골목! 여긴 없네. 이거 못 찾겠다. 저 뒤
  로 한번 가봐.

- 현: 학교도 원래 없었는데.

- 정: (만가대 기지촌 자리에) 학교가 생긴 거네! 없었어, (학교) 이거! 없었어, 이거!
  저 땅같이 저렇게 질척거렸다구. 없었어, 무슨 학교가 있어. 저쪽으로 더 가봐
  봐.

- 현: 그래, 저쪽 편으로 가보자.

- 정: 더 밑으로 내려가봐.

- 현: 응.

- 정: 요기! 요기! 아냐…… 없어……. 없어졌어, 없어졌어, 없어졌어.

- 현: 완전히 없어졌네, 언니.

- 정: 없네, 응, 만가대 없어졌어……. 동네 없어졌네……. 그려…… 여기 미군
  부대가 쪼끄맣게 있었는데…….

우리는 옛 만가대 기지촌을 빠져나와 **뺏벌**[뺏벌 기지촌지역의 행정구역 명칭은 한때는 '송산동'이었고 지금은 '고산동'으로 변경돼 있다. 그러나 실제로는 '뺏벌'로 더 많이 불린다. '뺏벌'의 어원에 대해서는 이 일대가 습지였던 것과 연관이 있다고 하는데, 기지촌여성들은 한번 이 기지촌에 유입되면 빠져나가는 것이 불가능하다는 뜻이라고 설명하기도 한다]**로 향했다.**

- 정: 동두천에 있다가 동두천 '포주집'에서 의정부로 넘어간 거지, 블랙로즈 클럽에. 그래서 그 집에서 있었지, 내가. 그 집에서 한 번, 두 번, 세 번을 이사를 갔어. 거기서도 안 되겠더라구. 너무 일이 힘들고, 박스 채로 맥주 들어다가 다 쟁겨야 하고 그랬어. 그런데도 월급은 하나도 없지. 으휴…… 그 집에서 밥해주고, 옘병! 카운터 봐주고, (포주가) 나 돈 줬어? 언제? 10년만 (일)해도, 30만원씩만 준다고 그래도, 얼만데 그게. (나는) 버는 대로 (포주에게) 다 들여놔주고……. 돈을 뭐 줄 사람이 챙겨야지, 달라고만 하면 뭐해? 말로만 뭐, 적금통장 만들어준다, 그러고, 말로만……. 해주긴 뭘 해줘!

·· 미2사단 포병대대 캠프 스탠리(Camp Stanley) 정문. 뺏벌 기지촌은 이 미군기지 바로 옆에 형성돼 있다.

·· 뺏벌 기지촌 입구. 미군기지 담 앞에 안내물이 설치돼 있다.

‥ 기지촌으로 연결돼 있는 캠프 스탠리 후문.

‥ 뺏벌 기지촌의 옛 '포주집'들.

‥ 옛 블랙로즈 클럽.

- 정: 아, 이 동네는…… 야, 맨날…….

- 현: 징글징글해…….

- 정: 전부 다 이거 '포주집'이야, 전부 다, 이거, 다 '포주집'들이야.

- 현: 언니, 여기가 (뺏벌에) 처음 왔던 클럽이야?

- 정: 어, 블랙로즈.

- 현: 어, 이 자리가 블랙로즈였어, 웅, 맞아. 블랙로즈였어, 여기가.

- 정: 옛날에 블랙로즈…….

- 현: 여기 뺏벌에 있을 때에는 계속 클럽 안의 방에서 살았어?

- 정: 그렇지!

- 현: 언니가 그러면 뺏벌에 90년대 초에 있었네?

- 정: 그렇지!

- 현: 웅, 나랑도 보고 그랬으니까, 그치?

- 정: 응, 맞어!

- 현: 그때만 해도 여기에 200명 그렇게 있었어, 언니들이.

- 정: 응응, 많았지. 쩔순이들도 얼마나 많았다구.

- 현: 여기도 약을?

- 정: 거기! 할머니 나와서 처다본 데, 그게 약방이잖아.

- 현: 지금은 아니잖아?

- 정: 아니지. 거기 불이 났었어, 약방에.

- 현: 이 동네는…… 언니, 불이 참 많이 났어.

- 정: 응, 많이 나. 그리구 불나면 다닥다닥 붙어서 확 탔었어. 그럼!

- 현: 그래서 죽은 언니들도 많을 거야.

- 정: 그럼! 거긴 또 불자동차가 들어오기도 힘들어요. 들어오면 나가기도 힘들고, 뻣벌은……. 뻣벌에서 많이 죽었어.

- 현: 뻣벌은 맞아서 죽은 언니, 찔리고 불태워져 죽은 언니, 연탄 펴놓고 자살한 언니, 약 먹고 죽은 언니…….

- 정: 많았어…….

- 현: 진짜 많았어…….

- 정: 여기 송산에서 언니들 죽으면 저기 공동묘지에 갖다 묻었어, 저기 산에…….

- 현: 어느 산에다 묻었어?

- 정: 저쪽에…….

- 현: 근데 양귀비 언니 돌아가셨을 때, 언니들이 클럽을 다 돌았어, 돈을 걷는다고. 그런데 한 언니가 와서 하는 말이 블랙로즈를 갔대.

- 정: 나는 줬어, 돈을.

- 현: 근데 갔는데, 거기 언니들이 다 줬대. 근데 언니 한 명이, 업주한테도 받아!

- 정: 어, 당연하지!

- 현: 왜 업주는 안 받아? 하면서 얘기하는 사람이 있었대.

- 정: 어, 당연하지.

- 현: 그게 혹시 언니야?

- 정: 당연히 했었어! 나! 나!

- 현: 하하. 그게 언니야?

- 정: 왜? 업주도 걸이 걸었어!

- 현: 그때 기억나?

- 정: 응응.

- 현: 그래서 언니가 걸으라고 그랬었어?

- 정: 응응, 그래! 걸었어!

- 현: 그래서 업주가 냈다며?

- 정: 응, 냈어. 애들 간 다음에 나보고, 야! 너는 왜 그따위로 얘기해?

- 현: 하하하.

- 정: 내가 하는 말이, (양귀비 언니도) 이런 클럽에서 벌었던 사람 아니냐! (다른) 언니들도 알아, 내가 얘기한 거를. (포주는) 왜 못 주냐? 먼저 내시오!

- 현: 그래가지고 그 얘기를 와서 하니까 장례식장이…….

- 정: 이틀, 3일을 내가 (포주한테) 욕을 얻어먹었어, 왜 그따위로 얘길 하냐고. 그럼, (기지촌에서 죽음을 맞는 기지촌여성들) 그 사람들이 우리 클럽에 와서 벌었던 사람이야, 맥주 하나라도. 나는 우리 하나만 업주한테 받지 말고 옆에 가서도 받고 앞에 가서도 받고, 받아라!

- 현: 그렇게 했대. (언니들이) 그 말도 했어. 양귀비 언니 돌아가셔서 마음이 너무 슬퍼서 장례식장에 앉아 있는데, 언니들이, 돈 우리(가) 모은 거야, 가져와서 조문을 딱 하고 나서 그 돈을 주면서 이 얘기를 하는 거야. 나랑 애들이랑 다 눈물바다가 됐었잖아.

- 정: (양귀비 언니) 그 사람이 (네가) 언니들한테 잘해준 걸 너무 좋아하는 거야, 자기도 자기지만은. 왜? (언니들이) 자기의 반이라는 거지. 맨날 내가 가면, (양귀비 언니가) 정자야! 어? 왜? 넌 나의 분신이야, 너랑 나랑 겉이 알지 못했다 해도 너는 나의 분신이야, 내가 갔던 길을 너도 걸어왔어, 내가 그런 언니들 좋아한다, 밥 먹어, 먹어! 먹어! 먹어!

　　김정자가 양귀비 언니의 표정과 말투를 똑같이 흉내 냈다. 뺏벌 기지촌의 골목을 둘러보다 보니 바로 어제 일처럼 양귀비 언니의 모습이 생생했다.

- 현: (양귀비 언니는) 맨날 먹여…… 맨날…….
- 정: 맨날 잔치를 했어.
- 현: 그러니까 거기서 지나다닐 때, 업주들이 날 막 째려보고…….
- 정: 맞어!
- 현: 몽둥이 들고 쳐들어오는 포주도 있고……. 우리가 언니들 (미군 전용 클럽에서) 도망시켰을 때, 우리 진짜 죽는 줄 알았어. 양귀비 언니가 병 얻고 매일 그 평상에 앉아 있을 때, 내가 지나가면 양귀비 언니의 그 표정이 있어. 웃으면서, 어, 너 또 상담하러 가는구나!
- 정: 후후.
- 현: 고개 끄떡끄떡 하시면서, 얼른 가라고 얼른 가라고 그러시고, 그 모습이 아직도 선해.
- 정: 내가 이렇게 지나가지? 내가 괴로워서 (고개 푹 숙이고) 이러고 있으면, 정자야…….
- 현: 어어! 양귀비 언니 표정이 그래!
- 정: (표정을) 이렇게, 이렇게, 정자야…… 이렇게 하구서.

- 현: 눈을 깜빡 하는 거야. 기운 내라는 표시야. 기운 내…… 용기 내…….

- 정: 그럼, (내가) 알았어! 언니! 갔다가 올 때 (양귀비 언니가) 불러. 밥 먹구 가
  …… 밥 먹구 가…….

- 현: 하하. 밥 먹고 가!

- 정: 언니, 먹었어. 먹구 가! 한 숟갈이라도 먹어야지 좋아해. 안 먹으면 자기 쳐
  다도 보지 말래, 양귀비 언니가.

- 현: 응, 그랬었어. 마지막 돌아가시는 날도…… 점심을, 항상 오면 내 옆에서
  드서, 나를 되게 예뻐하셔가지고. 그래서 함께 앉아서 그날 드시는데, 원래 숨
  이 가쁘고 그러시니까 한 그릇을 다 못 드시는데…….

- 정: 어, 못 먹어.

- 현: 나랑 같이 앉아서 밥을 먹었어. 그런데 언니가 세상에 그날따라 한 그릇을
  다 드시더니, 현선아, 니 밥, 반 좀 나 떠다오!

- 정: 거 봐! 떠날려 그러는 거야.

- 현: 그래서 나는 내가 이렇게 먹은 밥을 반 그릇을 달라고 그러시니까, 아유, 언
  니, 내가 새로 떠다 드릴게요, 하니까 나를 딱 잡고, 아니야! 현선아, 니 밥 반
  그릇 줘, 그러시는 거야. 내 밥을 반 그릇 달라는 거야. 그래서 내가, 아, 이거
  지저분한데……. 괜찮아! 괜찮아! 니 밥 반 그릇 줘! 평상시에는 나한테 이 밥
  한 그릇 다 먹기 전에는 일어나지도 말라고 그랬던 언니가 내 밥을 달라 하시
  는 거야. 이상하다…… 그러면서 밥을 반 그릇을 떠서 드렸어. 맛있게 드시더
  니, 현선아, 내 말 잘 들어라, 그러시면서, 너는 니가 하려고 하는 거 잘 될 거
  야, 언니들 많이 도와주고 그렇게 살어, 현선아. 네! 맨날 좋은 얘기만 해주시
  니까, 그날도 좋은 얘기 해주시나보다 하고, 예예, 예예, 그랬지. 그리고선 한
  시쯤 가셨거든. 두 시 십오 분 딱 돼서 영숙이가 사무실로 뛰어올라온 거지. 양
  귀비 언니 집에 갔는데 쓰러져 계시는 것 같다, 언니, 어떡하냐……. 주저앉아

서 엉엉 우는 거야. (내가) 너 여기 있어보라고, 가니까 벌써 가신 거지, 아휴…….

- 정: 나 진짜 대성통곡했어. 왜? '포주집'에서는 미신을 믿어. 못 가게 하는 거지, 재수 없다구, 가고는 싶어 미치겠는데. 내가 그것 때문에 5일을 곤조[성깔: 근성을 의미하는 일본어 '곤조(根性)'에서 유래된 말]를 부렸어, 약 먹고. 방에서 안 나왔어. 다른 언니들도 안 나왔어. (내가 다른 언니들한테) 야! (클럽에) 나오지 마! 너 나왔다면 죽여! 그렇게 곤조 부리고 안 나갔지. 아니, 내 저거가 죽었는데, 못 가게 하고, 뭐가 잘못돼서 안 된다고. (내가) 그래? 너 엿먹어봐라! 바로 고기 앞에가 약국이었잖아? 아줌마! 약 좀 주세요! 그러니까 줘……. 우리는 남의 돈을 (빚)지고 있잖아. (포주 말을 안 듣고) 그 언니한테로 가지? 열 번을 가고 싶지. 근데 그 언니가, 그렇게 해서 우리가 간다, 그러면 (포주가 딴 데로 넘기면) 우리는 얼루 가? 다시 땡겨 가면 또 빚이야. 빚이, 이자가 늘고…… 만약에 돼서 소개(소) 남자한테 얘기하면 빚이 더 늘지. 그 당시엔 주인한테 잘 보여야 해. 드러워도 아부를 떨어야 돼. 진짜야…… 많았어……. 근데 그 당시에만 해도 빨리, 더 일찍 사회복지사가 있었으면, 성매매 이런 거를 단속하는 사람이 있었으면, 언니들이 많이 도움을 받았을 거야. 우리가 상처받을 거 다 받고…… 뒤늦게 이게 생긴 거지. 늦게 생긴 거지, 이게.

- 현: 너무 긴 세월이야……. 저 성병진료소에 민들레[의정부 기지촌 자매회 이름] 회장이 살았잖아? 방 하나에?

- 정: 그 회장 언니? 알지. 그 안에서 그거 봐주면서 그래갖구서 일했잖아. 그러고 거기서 자고 먹고 그러는 바람에, 보건소 남자가 오기 전에, 검진 날 되면 (순서를) 다 써갖구서 (언니들에게) 쪽지 나눠주고. 누가 보건소에 가서 회장이 그런 쪽지를 나눠서 줘? 언니들 검진시키려고 나래비[줄: 줄을 의미하는 일본어 나라비(並び)에서 유래된 말]를 서게 해놓구. 내 생각에는, 동두천의 (자매)회장

·· 뺏벌 기지촌의 입구에 있는 옛 성병진료소.

은 그래도 이 사람보다는 난 거야. (뺏벌 자매회장) 이 사람은 오리주둥아리나 닦고, 맨날 이랬잖어? (성병진료소) 거기서 자고, 왜 저 사람은 저렇게 살고 있나? 참 안타까웠어, 내가. 난 처음에 가서, 막 그런 거 닦고 그래서, 여기도 알 배아르바이트가 있나? 그랬는데 그 사람이 회장이래. 그래서, 아니, 자치회장이 저런 데 가서 왜 저래? 그 보건소 사람 오기 전에 정리 다 해놓고, 그리고 그것만 해? 언니들 들어오면 남바까지 다 써서, 1번, 2번, 그 남바까지, 그 검진하는 남바!

- 현: 응, 나도 봤어.
- 정: 응, 그것까지 주면서, 야, 기도 안 차더라구.
- 현: 언니, 오리주둥아리가 뭐야?
- 정: 산부인과 가면 이렇게 쇳덩어리 된 거, 이거 긴 거 있잖어? 그게 오리주둥아리야, 자궁에다 넣고 이렇게 (검사)하는 거.

- 현: 아아.

- 정: 그걸 오리주둥아리라 그래, 우리 언니들이. 그런 거나 닦고 있고, 삶고, 참 희한하더라구.

- 현: 근데 언니들 아프든 말든 그 회장님은 정말 신경 안 썼어.

- 정: 그러니까는 그런 거야. 누구 돕지도 않은 거지.

- 현: 그리고 회비만 걷으러 다니고.

- 정: (회장이) 야! 돈 줘라! 무슨 돈이요? 회비 줘야지! 그 돈 받아갖고 뭐했는지 도 몰라, 그 사람. 그렇다고 언니가 돌아가신다고 해서 해준 게 뭐가 있어? 그 러구서 그 회장이 돈이 많았었다고 하더라.

- 현: 응, 많았어.

- 정: 회장이 무슨 돈이 많았어. 그렇게 해서 한 사기 돈이지. 공짜를 얼마나 바 라는데, 그 회장은. 그러엄! 집세 안 내겠다, 아휴……

- 현: 여기는 저 성병진료소에서 검사를 해서 떨어지면 (언니들을) 어디로 보냈 어? 언니?

- 정: 여기 군단[의정부 미2사단 사령부 캠프 레드 클라우드(Camp Red Claud)] 앞 에! 군단 앞에 보건소가 있어.

- 현: 그 보건소가 바뀌었나? 그대로 있나?

- 정: 몰라! 그 보건소 2층에……

- 현: 언니는 (낙검자수용소에) 가본 적은 없지?

- 정: 거쪽에?

- 현: 어.

- 정: 검진은 갔었지, 내가. 이쪽에서 검진 못 할 땐 그쪽에서 처음에 했었어, 검 진을. 그랬다가 이쪽으로 해구, 그러는 바람에 안 간 거지. 의정부 보건소, 거 기가 (낙검자)수용소였어.

·· 의정부시 옛 성병관리소(낙검자수용소)와 현 의정부시 보건소. 의정부시는 1965년 3월 8일 성
병관리소 설치조례를 제정, 의정부시 의정부동 266-5번지(경기도립병원 내)에 성병관리소를 설치
했다. 그리고 1994년 3월 5일 성병관리소 설치조례를 개정, 성병관리소와 보건소가 통폐합됨에 따
라 낙검자수용소가 이곳 의정부시 의정부동 516번지에 이전 설치되었다. 성병 진료는 1층에서 이
루어졌고, 낙검된 여성들은 2층에 격리 수용되었다. 의정부시 성병관리소는 2001년 3월 5일 폐쇄
되었다.

- 현: 저거! 저거!

- 정: 이게 보건소야, 맞어!

- 현: 옛날 자리 그대로네.

- 정: 건물이 좀 이상해졌네. 여기서 (낙검된) 언니들이 수용하고 이럴 제, 동네에

　서 막 난리가 난 거지.

- 현: 수용할 때? 왜?

- 정: (보건소 주변) 여기는 가정집이었잖어. 기지촌언니들 여기 와서 보건소에

　있으니까는 난리들 부리지. 시끌시끌거리고 막 그러니까 (동네 사람들이) 애들

　자라는데 나빠지는데 여기다 보건소 차리면은 어떡하냐고 난리 났었어. 보건

소, 여기, 여기 차가, 봉고차 같은 게 (낙검자들을) 데릴러 (뺏벌 성병진료소로) 오
잖어.

- 현: 그래, 봉고차가 와 있잖아.
- 정: 그러니까…….
- 현: 그 의사랑 같이 싣고 오잖아, 검진하는 날은.
- 정: 떨어지면 (낙검자수용소) 가는 거야.
- 현: 그냥 그 자리에서 데리고 가잖아.
- 정: 응, 그럼.
- 현: 옛날에 보건소 앞의 안내판에 그런 게 써져 있었어. '1층 성병진료실' 이런
  게 써져 있었거든. 근데 지금은 없네.
- 정: 그 사람들이 또라이입니까? 후후…… 지끔 그런 걸 써서 붙이게요? 없어
  진 게 몇 년인데?
- 현: 그러네…….

　　김정자가 양귀비 언니의 유골을 어디에 뿌렸냐고 물었다. 광릉의 야산에 뿌
려드렸는데, 나중에 그곳이 그녀의 고향이라는 것을 알게 되었다고 말해주었
다. 김정자가 다음에 올 때에는 뺏벌의 기지촌여성들이 묻혀 있는 공동묘지에
도 한번 가보자고 했다. 소주나 몇 병 사가지고 가서 그녀들의 넋이라도 위로해
주자고 했다. 나는 꼭 그렇게 하겠다고 약속했다.

66 젊은 포주들이 돌아가면서 정문 보초를 섰어 99

군산 기지촌

오늘의 증언 여행지인 군산 기지촌을 가기 위해 서해안 고속도로를 달리고 있었다.

- 현: 언니, 배 안 고파?
- 정: 휴게실에서 밥 먹어.
- 현: 그래, 그래, 그러자, 언니. 우리 첫 번째 휴게실에서 밥 먹자.
- 정: (도시락 가방) 이거 가지고 들어가야 돼.
- 현: 응, 언니, 내가 들게.
- 정: 요것만 들면 돼.
- 현: 그러니까, 내가 들을게.

우리는 휴게소 앞 벤치에 마주앉았다. 김정자는 새벽부터 준비한 도시락을 내 앞에 펼쳤다.

- 현: 아우, 나 이거 먹고 싶어서 죽는 줄 알았어, 언니야.
- 정: 저기서 (휴게소 사람들이) 그러겠다. 아니, 저놈의 집구석은 왜 밥을 싸가지
  고 다니냐구.
- 현: 난 솔직히 말해서 여기서 파는 거보다 이게 더 맛있어. 이게 얼마나 맛있는
  데.
- 정: 보리차 내 꺼 있구, 니 꺼는 저거 있구.
- 현: 커피?
- 정: 아니, 커피 말구, 헛개차!
- 현: 헛개나무차? 이거 먹구 간 해독되라고?
- 정: 어.
- 현: 오케이!
- 정: 이게 맛있는 거야.
- 현: 이게 맛있는 걸 어떡해. 언니한테는 너무 미안하지만, 이게 너무 맛있어.
- 정: 파김치!
- 현: 언니! 사랑해! 언니! 너무 맛있어!
- 정: 따뜻하네. 집에서 해갖구 온 밥이야. 맛있어.
- 현: 너무 맛있다, 진짜. 휴게소에서 가족들이 이런 걸 싸와가지고 먹잖아. 난
  그런 거 너무 부럽더라.
- 정: 휴게소에 (도시락) 싸오는 사람?
- 현: 응, 지나가면서 보면 너무 부러운 거야.
- 정: (우리도) 가면서 좀 맛있게 먹어야지.
- 현: 언니, 너무 맛있어.

- 정: 익었어, 파김치가.
- 현: 응. 언니, 나중에 언니 기력 딸리면 맛은 좀 덜해도 나도 열심히 만들게. 그런데 이렇게는 못 해! 미리 말을 하잖아!
- 정: 알았어. 하하하. 운전하는 사람 잘 믹여야지.

　　점심 식사 후 우리는 군산을 향해 다시 출발했다.

- 현: 군산으로 가서, 군산에서는 그 '타운' 안에?
- 정: 아니, '타운' 안에 아니라 배깥에.
- 현: 바깥에 있었어?
- 정: 이게 '타운' 정문이잖아?
- 현: 어.
- 정: 그럼 여기에 동네들이 있잖어?
- 현: 알어, 알어.
- 정: 거기!
- 현: 아…… 그럼 거기서 살면서 클럽을 다녔던 거야?
- 정: 클럽은 못 들어갔지. 그 (타운 정문 앞의) 동네 클럽이 있었잖어.
- 현: 그 동네에? 아아.
- 정: '슛돌'들이 있었잖어.
- 현: '타운' 밖 '스토어'에서?
- 정: 응응.
- 현: 거기 안에서 살았어?
- 정: 응, 그 집 안에서. 밥 맥여주고, 우리가 뭐 거기서 (빚진) 돈이 하나도 없으니까 당당하게 살았던 거지. 그런데 그 '타운' 안으로 들어갔으면 내가 빚져서

못 나온 거지. 그 '타운'으로 안 들어갔으니까 천만다행인 거지. 그때는 그 '타운'도 아는 사람이 있어서 싸인을 해서 나를 데리고 들어갔었어, 부대같이. 이렇게 맘대로 못 드나들어. 근데 아는 사람이 없잖어, 내가.

- 현: 그 '타운' 앞에도 미군들이 갔어?

- 정: 그럼, 미군들이야 뭐, 정문에 들락날락 들락날락거려도 (포주들이) 아뭇 소리 안 하지, 뭐. 싸인이 무슨 필요 있어? 미군들이야 뭐. 근데 미군들을 큰 (미군) 버스 있지? 버스?

✽ 군산 기지촌 '아메리칸 타운'

• "기지촌 중에는 아예 인위적으로 형성된 곳도 있다. 전북 옥구군 미면 북산리 들판에 인접, 미공군부대를 겨냥해서 세워진 '실버타운'이 바로 그러한 경우다. (중간 생략) 1만 2천 평 대지에 건설한 '실버타운'은 한국 속의 '또 하나의 한국'으로 독립돼 있다. 우선 무슨 수용소처럼 시내에서 뚝 떨어져 있을 뿐만 아니라 온 마을에 울타리를 치고 정문에는 경비원이 서서 한국인의 출입을 금하고 있다. (중간 생략) 양색시들은 1백여 채의 아파트에 분산, 수용되어 있다. (중간 생략) '실버타운'이 형태 면에서 다른 기지촌과 이같이 다른 것은 이 마을이 '실버타운 주식회사'에 의해 운영되고 있기 때문이다. 이 회사를 76년에 맡았다는 송수완 사장은 많은 얘기를 했다. (중간 생략) "한곳에 모아놓으면 관리하기도 쉽고 또 사고가 나도 처리하기가 쉽다는 데서 우리 행정당국이나 미군 측이 다 같이 편리하게 생각하는 것이 이 마을이죠."(≪동아일보≫, 1978년 10월 16일자, 5면)

• "당시 중앙정보부 제6국장 백태하 장군이 그 해외를 가서 보면 그 나라에도 기지촌이 있는데 뭣인가 좀 짜임새 있게 되어 있는데 그런 것을 보고 오셔가지고 한국에도 그런 식으로 만들면 우리가 외화 획득도 하면서 국위선양도 하고…… 백태하 장군 조카가 일주일이면 일주일, 열흘 쯤 이곳에 와서 체결된 것을 확인하고 계약서를 가져가면서 또 앞으로 할 것을 돈으로 주고 가고 그런 식으로 했기 때문에 뭐 거의 매입할 단계까지도 우리는 그것이 쉽게 말하면 농장이 들어서는 것으로만 알았었죠. (아메리칸 타운은) 완전 (미군부대) 영내 같은 그런 분위기 조성을 해줬죠. 미군들한테는 안심하고 놀 수 있는 여건 형성을 해준 거죠. 긍지를 갖고 우리가 항상 부각시키는 것이 외화 획득! 아무 원자재를 안 들이고 외화 획득하는 업체다, 이것을 내세웠거든요."(〈이제는 말할 수 있다〉 61회, 2003년 2월 9일 방송, 전 아메리칸 타운 주식회사 전무 김영권의 인터뷰)

- 현: 응.

- 정: 버스로 실어날르더라구. 저녁에 갈 때 쯤 되면 거기다 태워서 가구. (미군들이) 그 시간 되면 그 안으로 들어가, 군산 '타운' 안으로. 그래갖구 한 바퀴 돌고 그 버스 타고 가지.

- 현: 응. 다른 기지촌들처럼 '타운' 안에 헌병이랑 돌구?

- 정: 그래, 맞어. 포주들은, 젊은 포주들은 돌아가면서 정문 보초를 섰대는데, 포주들은 알잖어, 쟤는 누구집 애기, 쟤는 누구집 애기, 이거를. (언니들이) 도망을 못 가지.

- 현: 그러니까 언니들이 도망을 못 가잖아, 그 안에서.

- 정: 그렇지, 그것도 모르고 들어가서는 못 나가지.

- 현: 그렇게 지키고 있는데 어떻게 도망을 나가.

‥ 군산 기지촌 '아메리칸 타운' 진입로에 있는 안내물.

- 정: 맞어. 그래서 군산 '타운'에선 많이 죽었다 그러더라구, 언니들.

- 현: 응, 맞아.

- 정: 여 군산 '타운' 안에서 사람이 죽어도 바깥에 있는 사람들은 몰르잖어, 누가 죽었는지도, 지네들끼리 쉬쉬쉬 하면, 우리가. 그런 거를 왜 지어놓고들 있었는지 몰라.

군산 아메리칸 타운 진입로에 도착했다.

- 현: 언니, 여기 아냐?

- 정: 군산 '타운'? 맞어!

- 현: '국제문화마을'이란다, 언니야.

- 정: 칫! 그리고 옛날에는 (아메리칸 타운 정문에) 이 문이 있었어, 여기, 철커덕 잠그는 문이. 그리고 이쪽엔 담이 있었구. 담이 있었지. 아, 저 뒤에 전부 다 헐었네. 야…… 아직도 문지기가 있구나…….

- 현: 웅.

- 정: 칫! 근데 담은 없어졌네. 저거 얼마나 죄를 받을려고…… 다 저거 포주들이여, 문지기들……. 밥 처먹고 일할 데가 없으면 비실비실 저거래도 해갖구……. 뭐래? 문화마을?

- 현: 이게 문화마을이야?

- 정: 문화마을? 하하. 뭐가 문화마을이야? 문화마을? 뭔 문화마을? 아유, 진짜……. 이젠 이름 지을 게 없으니까 별놈의 걸 다 갖다가…….

- 현: 언니는 여기 살았었어?

- 정: 어, 저 이층집 방.

- 현: 몇 번째 방에?

- 정: 두 번째.

- 현: 저 오른쪽에서 두 번째?

- 정: 어, 다 있네, 여기. 전부 다들 '숫돌', 요기 의자 몇 개들 놓고, 여긴 여기대로 먹고살았다구. (새 건물) 저런 집도 없었어. 나 있는 집은 그대로 있네.

- 현: 그러네…….

- 정: 웅? 무슨 한이 있어서 여적까지 있어? 어쩌라구?

- 현: 들어가는 입구 쪽에 쭉 저렇게 있었던 거네?

- 정: 어, 맞어. 입구 쪽에 있었으니까.

- 현: 이 동네 무섭지 않았어?

·· '아메리칸 타운' 정문. 예전에 정문에는 철문이 설치돼 있었고, 입구에는 24시간 감시인이 지키고 있었다. 지금은 철문의 양쪽 기둥만 남아 있다.

·· '아메리칸 타운' 후문. 여기에는 아직도 철문과 감시인 초소(오른쪽), 담 위의 철조망 등이 그대로 남아 있다. 1990년대까지도 아메리칸 타운은 기지촌 전체가 이런 담과 철조망으로 둘러싸여 있었다.

·· 김정자가 일했던 옛 '스토어'. 2층의 두 번째 방이 그녀가 거주했던 방이다. 왼쪽으로 '아메리칸 타운' 정문이 보인다.

- 정: 무서웠지. 무서워도 동두천 갈 차비가 없는 걸? 세 명이 와갖고 두 명은 '타
  운' 안에 들어갔으니까. 글로 들어가도 되는지 알았지. 나는 들어가고 싶지 않
  더라고. 그래서 그냥 '목포집'에 거기에…… '숫돌'이 었었거덩. 가서, 여기서
  일하면 안 돼요? 그러니까, (포주가) 어어! 아가씨가 일하면 안 되냐 그러는데
  주인이야 얼싸 좋다 그러지. 아, 그렇게 하라고. 나 몇 달만 일하다 갈라 그런
  다구, (포주가) 어디냐, 그러더라구. (내가) 구라 쳤지. 나 결혼한 미군도 있고
  이래서 그 남자 만나러 도로 가야 된다고, 친구랑 같이 놀러왔다가 돈이, 차비
  가 하나토 없다구, 그 얘길 하니까 10원 한 장 안 주더라. 내가 버는 돈, (팁)만
  쓰라 그러더라. 못 벌면 그냥 꽁이야. 주인은 나 10원 한 장 안 주는 거야. 담배
  도 못 사 폈어. 그래도 난, 군산 안으로, '타운' 안으로는 안 들어가고 싶었지,
  무서워서. 그때는 뭐 이런 거 막 해놓고, 철망을 막 저렇게 해놓고, 여기 대관

절 기집애들은 두 년이 들어가서 안 나오는 거야. 여기는 왜 여자들이 저렇게 들어가면 왜 안 나오나…… 나오면은 어떤 사람이 데려다주고 또 데리고 들어가고 그러더라구. 어떻게 생겼나? 부대로 생각했지, 나는.

- 현: 부대처럼 생겼잖아, 꼭.
- 정: 응, 부대로 생각했지. '타운'이라고 생각 안 했지. 여기는 그래야 됐잖아. (포주들이) 여기는 싸인하고 들어가고 싸인하고 나와야 된다고 그래서, 부대는 싸인하고 들어가고 싸인하고 나오잖아. 그런데 부대에 막 아저씨들 아줌마들이 들어가. 아, 부대에서 일하는 사람들인가 보다, 이러고. 동네가 쪼끄매가지고 미군들이 없더라구. 다 안에를 들어갔지. 미군들을 막 국방색 버스로 날르면은 (미군들이) 훈련 갔다 오는구나, 그랬지. 부대에서 그렇게 (기지촌으로) 날르는 줄 몰랐지, 참…….
- 현: 큰일 날 뻔했다, 그때는 언니, 진짜.
- 정: 맞어. 지금까지 못 나왔을 거다, 만약에 (그때 '타운' 안으로 들어갔으면). 근데 검진 날만 되면 거기서 (언니들이) 우루루 우루루 남자들하고 나와. 그게 말하자면 지배인였었어, 지배인!
- 현: 어어, 검진하는 데까지 쫓아나와갖고.
- 정: 그럼! 그리구서 또 데리고 들어가야 되니까. 자기네 식구들 인원수 세갖고 데리고 나왔다가 인원수 세갖고 데리고 들어가고. (그걸 보면서 나는) 군인이야? 이거 뭐야? 그랬지.
- 현: 옛날에 내가 여기 처음 드나들 때만 해도 못 들어가게 했었어, 나를.
- 정: 왜?
- 현: 어디 왔냐고, 막 이러고.
- 정: 어, 그려. 누구네 집, 몇 호실까지 대야 되고, 호수가 있더라구. 어디 택시들이 저 안에 들어가 있어? 바깥에 있지, 참……. 군산 '타운'에도 아직까지 있

‥ '아메리칸 타운' 정문 앞에 설치되어 있는 성병진료소.

는 언니들이 있을 거야, 미군도 받고 한국사람도 받고……

- 현: 그럴 거야……. 언니도 여기 성병진료소에서 진료를 받았었어?

- 정: 그럼!

- 현: 요기?

- 정: 그럼, 받아야지. 요거! 요거! 지금은 비어 있나봐?

- 현: 그러네?

- 정: 텅텅 비었네, 안 하니까는. 보건소를 새로 싹 졌어.

- 현: 응, 여기에도 갇혀 있었어? 사람들이?

- 정: 몰라, 난. 여기선 (나는) 검진만 하고 왔어. 어떤 언니들은 치약으로 닦지.
  그러면 자궁이 화 해가지고 그냥……. 치약으로 닦고 바로 가서 (검진해야) 되
  니까, 솜으로 해갗구서 치약으로 닦어.

- 현: 나올까봐? 균이?

⠐⠐ 논밭 가운데의 낮은 언덕 위에 형성돼 있는 군산 '아메리칸 타운'.

- 정: 응.
- 현: 아유…… 아휴…… 군산…….
- 정: 유명한 데지. 유명한 데야, 군산…… 군산 '타운'…….

　우리는 진입로를 걸어 나오다가 '아메리칸 타운'을 뒤돌아봤다. 논밭 한가운데 작은 언덕 위, 섬처럼 고립되어 있는 기지촌의 풍경이 기괴하기만 했다. 누가 뒤에서 쫓아오기라도 하는 듯, 그녀가 걸음을 재촉했다.

66 우리 언니들 목숨은 목숨도 아니냐! 99

동두천과 새움터

우리의 증언 여행은 파주 용주골에서 시작해 군산 아메리칸 타운에서 끝났다. 처음 계획을 세울 때에는 우리가 과연 끝까지 해낼 수 있을지 자신이 없었다. 김정자가 그 기지촌들에서 통곡을 하며 무너질 때, 그녀가 견딜 수 있는 것은 딱 여기까지다, 이제 그만하자, 이런 마음이 들기도 했다. 그랬던 우리의 증언 여행이 전국을 몇 바퀴 돌고 나서 이제 끝나가고 있었다.

김정자는 "우리가 증언 여행을 무사히 마치게 된다면 마지막에는 해운대에 가고 싶어"라고 했다. 아무도 없는 바닷가에서 크게 소리 지르며 엉엉 울 거라고 했다. 나도 그렇게 함께 눈물을 쏟아내고 나야 증언 여행을 마칠 수 있을 것 같았다. 그래서 우리는 부산 해운대로 향하고 있었다.

- 정: 아이구…… 아이구…… 기맥히게 살았어, 진짜 나도. 도망도 나는 가서 오래 못 있었어, (포주가) 잡으러 올까봐. 거기서 한 두석 달 있다가 도루 (그 포주

집으로) 왔지.

- 현: (포주가) 잡으러 올까봐 무서워서?

- 정: 응응. 동두천에 가서 제일 오래 있었던 거지, 지금까지……. 그래도 뭐 동
두천에서 딴 데로 또 갔다가, 딴 데서 오고, 갔다가 또 오고 그럴망정 동두천은
찾아오더라구, 꼭, 내가. 대구에 가서 한 3, 4개월 미군하고 동거생활하다가 또
도루 동두천으로 온 거 아냐.

- 현: 그래서 그랬을까? 양귀비 언니 평상에서…….

- 정: 응…….

- 현: 언니를 지나치고, 나 언니가 기억이 나는데도, 그때도 인연이 아니어가지
고, 결국은 우리가 동두천 바닥에서 만났잖아?

- 정: 맞어…… 응……. 부산에서 있다가도 동두천에 올라왔잖어, 그놈의 동두
천은 못 잊어서. 그놈의 동두천……. 도망갔다가도 오고, '포주집'에 땡겨서 갔
다가 또 도루, 또 오고 그래, 그 동네가 그렇게 뭐가 좋은지.

- 현: 왜 그래? 왜 언니들이 동두천을 또 오고 또 오고 그래?

- 정: 동두천에는 친구들이 그래도 많고, 동두천은 거 동네에서 막 돌아댕겨도 누
가 뭐라 할 사람이 없잖아, 지네들 그 (양)색시들 밑에서 돈 버는 사람들인데.

- 현: 쪼끔 커서?

- 정: 그렇지! 그리고 전부 다 기지촌이잖아, 가게니 뭐니 걸어댕겨도. 그러니까
쑥덕거리지가 않는데, 그 당시만 해도, 저 양갈보, 저 양색시, 저거 양공주, 아
이구, 저년도 엄마 속 썩이고 갈보로 나와서…… 이렇게 숭보잖어. 동두천으
로 도루 오고, 동두천으로 도루 오고, 죽어도 동두천을 안 잊는 거지. 동두천을
못 떠나겠더라구. 내 생각엔 지금 내가 동두천에 있는 게 새움터를 만날라고
거기서 그렇게 오래 있었구나…….

- 현: 마지막으로 언니가 만날 사람들이 있고, 할 일이 있어서, 우리를 동두천에

서……

- 정: 그러니까 내가 다른 데 갔다 또 왔다, 다른 데 갔다 또 왔다, 또 왔다, 또 왔다, 그래갖구 숙회 죽었을 때 내가 문 앞에 가다 (클럽 앞에) 왜 앉았으며, 왜 거기서 내가 (범인 꼭 잡으라고) 말해갖구, 잘못했으면 그 티 팔고 그러는 사람들, 막 달려들더라구, 나한테. 여기 오프레임 붙으면 당신 책임질 거냐고. 왜 책임지냐고 내가, 미군들 오프레임 붙는 게 문제냐? 우리 언니들 목숨은 목숨도 아니냐? 그러는 거를 이제 (니네가) 봤거든, 학생들하고 이렇게 쫙 얘기하고 가면서.

- 현: 나중에 옥경 언니한테, 그 언니 꼭 찾아야 된다고, 꼭 찾아야 된다고, 그 언니! 찾은 거지, 옥경 언니가.

- 정: 그래서 우리가 인연이 된 거야. 몰라, 이거를 하라구 만난 건지도. 내가 그런 거를 안 겪었으면은 내가 고생을 안 했기 때문에 모르잖아. 나를 데리고 댕겨봤자 아무것도 못 하잖아, 고생을 안 했으니까. 근데 내가 그런 거를 겪고 그런 고생을 했기 때문에 언니들이 (기지촌여성운동을 하라고) 날 (새움터에) 집

어넣은 거지. 언니들 (영혼이) 없다고 볼 수 없을 것 같애. 혼들이 다 따라다니는 것 같애, 난. 그 한들이 남아서 이렇게 이렇게 해주십시오, (우리를) 안내해주시는 거 같애…….

" 정부에서 나를 끌어가지 않게 해다오 "

유언

해운대에 도착했다. 증언 여행을 마친 우리를 만나러 신영숙도 부산으로 왔다. 함께 저녁을 먹다가 갑자기 김정자가 녹음기를 찾았다. 할 얘기가 있으니 녹음기를 꺼내라고 했다. 나는 녹음을 시작했다.

- 정: 내가 (두 번째 증언록이 나오는) 그때까지 살지, 안 살지, 몰라.
- 현: 무슨 말을 하는 거야?
- 정: 그럼 네가 내 후배들 데리고 2탄을 만들어줘. 사람 목숨은 내일 죽을지 몰라. 현선아, 언제 내가 갈지 몰라. 내가 너한테 부탁한다, 두 번째 증언록을 해다오…….
- 영: 안 돼! 오기로 살아야 돼!
- 정: 오기로 우리 언니들 살려고 했어……. 안 됐어…….
- 현: 언니, 영숙이 또 우긴다, 우겨.

- 정: 그게 맘대로 안 돼…….

- 현: 쟤 고집은 못 바꿔. 우긴다, 또, 하하.

- 정: 하하하. 그럼 저승사자한테 말해.

- 영: 내가 (저승사자) 돌려보낼 거야! 때가 아니라구!

- 정: 내가 현선이와 영숙이와 이렇게 먹는 것도, 언제 될지 몰라……. 울지 말고……. 나는 그래도 니네들이 우리를 위해서 뛰어주니까 행복해. 현선아, 울지 마……. 그걸로 난 만족하고, 다른 거 없어. 나는 그리고 언니들한테, 내가 나이는 먹었어도, 당신네들한테 내가 금전은 못 도와줬지만, 노력은 했다, 그거는 말해주고 싶어. 그거는 해주고 싶어. 내가 이만큼 했다는 것은 보이고 싶어. 왜? 내가 이렇게 유언하고 내일 어떻게 될지 몰라. 사람 목숨은 언제 어떻게 될지 몰라. 영숙아, 현선아, 내가 만약에 죽으면 화장해서 바다에 뿌려줘. 난 그거 소원이야, 난…… 우리 부모도 없어. 아무도 없어. 내 호적엔 나 혼자니까 니네들이 해줄 수 있어. 해줘…….

- 현: 네…….

- 영: 네…….

- 정: 내 호적이 가호적인데 정부가 끌어다가 해부를 하고 그럴지도 몰라. 두 번 죽기 싫다. 한 번에 화장하고 뿌려줘. 나 그거 녹음할 거야. 내가 비록 내 호적이 무호적이지만, 정부에서 나를 끌어갈 때 니네들 말 못 해. 정부에서 나를 끌어가지 말고, 새움터! 이름을 댈 거야, 내가. 걔네들이 날 화장해서 뿌려주는 게 소원이다. 그럼 니네들이 그거 갖고 싸움을 하겠지. 정부에서 타치 못 하게. 왜 내가 그걸 알았는지 알어? 어떤 언니가 죽었어. 가호적이야. 그리고 아무도 없어. 시청에서 경찰서에서 왔는데, 그 언니를 끌고 가갖구, 학교에서 이런 해부를 해서 다 조사를 한 다음에 묶어서 보냈는데, 한 보름을 넘게 걸렸어. 두 번 죽는 거드라구. 내가 죽어갖구 그런 사람한테 가지 않게, 니네들이 나를 해

달라는 거지. 그냥 화장해서 그냥 뿌려달라는 거지, 강에다가, 바다, 아무 데나 뿌려줘, 나 혼자 훨훨 날라다니게. 역마살이 낀 사람이니까 훨훨 댕기게. 산은 싫어…… 무서워……. 영숙이, 왜 울어? 하하. 녹음기 줘! 내가 녹음할 거야!

김정자가 내게서 녹음기를 뺏어들더니 큰 소리로 유언을 녹음하기 시작했다.

- 정: 현선아…… 영숙아……. 둘 중에 하나는 (새움터에) 있겠지. 나 죽으면 꼭 화장해서 묻어다오. 그냥 뿌려다오. 다른 단체에게 넘기지 말아다오. 내가 언제 죽을지는 몰라. 꼭 그렇게 해줘. 화장해서 그냥 뿌려줘. 누구한테 보내지 말고 니네들 손으로 해줘. 나는 아무도 없어. 부모 동기간도 없다. 나는 니네들밖에 없어. 부탁한다. 현선아, 영숙아, 사랑해. 내 부탁 꼭 들어줄지 알어……. 이거야! 알았지?
- 현: 응, 알았어, 언니.
- 정: 부탁해…….
- 현: 응…….
- 정: 나 외롭게 따른 사람한테 보내지 말아줘.
- 현: 응, 걱정하지 마.
- 정: 그러지 마.
- 현: 응, 그렇게 할게.
- 정: 난 니네들밖에 없어. 내가 따로 녹음테이프 할 거야. 내가 100만 원이고 얼마고 내 통장에 있으면, 다 그거 끄내서 나 (장례) 해달라고 하는 데 보태라고 그렇게 할 거야. 나 부지런히 돈 모으고 부지런히 살 거야. 영숙아 …….
- 영: 네…….
- 정: 그리고 돈을, 나 깨끗이 화장하고, 나머지 돈 남는 걸로, 나 같은 언니들 위

해서 써다오. 장례 치르고 이런 걸로 써달라고 (유언장) 공증을 받고 싶어. 내가 이렇게 힘들게 번 돈을 왜 정부가 가져가게 해? 왜 딴 데다 후원을 해? 후원을 하면 내, 내, 나의 살에다가 나는 후원하고 싶어. 나하고 같이 걸어왔던 애들, 그런 사람한테 쓰고 싶어. 나는 다른 사람한테는 쓰고 싶지 않어.

- 현: 웅……. 근데 언니, 부지런히 모아서 임대주택 해가지고, 일단 언니 집에 우리가 많이 모이고, 그것부터 하고…….

- 정: 웅! 내가 니네들하고 같이 더 모여서 밥도 해먹고, 같이 깔깔거리고 웃고! 난 더 이상 울고 싶지 않아.

- 현: 웅……. 아니, 그런데 영숙이 좀 봐.

- 정: 영숙아…….

- 현: 영숙아, 왜 그렇게 눈이 부었어? 어떡해…….

- 정: 울지 마…….

- 현: 달래줘야 돼? 어떡해?

- 정: 빈 몸으로 왔다가 빈 몸으로 가는 거야. 그동안 재미있게 살다 가자!

- 현: 그러자! 그러자, 언니!

- 정: 웅! 재미있게 살다 가자! 때에 따라선 주말에 같이 놀러도 가. 토요일에 가서 일요일에 오면 되잖아.

- 영: 네…….

- 정: 울지 말고……. 고마워……. 니네들이 있어서 나는 행복해.

- 현: 언니…… 고마워…….

우리는 해운대 바닷가에 섰다. 늦은 저녁이어서 그런지 다행히 바닷가에는 사람들이 별로 없었다. 김정자가 먼저 먼 바다를 향해 목청껏 외쳤다.

- 정: 엄마! 엄마는 알지? 나를……. 내가 누구 때문에 이렇게 된 거. 엄마, 미워! 원망도 했어! 싫구! 하지만 내 엄마라…… 내 고민 여기다 다 털어버리고 가고 싶은데, 남아서 갈지도 몰라, 아파서……. 너무 아파……. 우리 아들 땜에 너무 아프고, 내가 살아온 일도 너무 아프구. 그런데 많이 울지 않을 거야. 나 혼자 왔으면 통곡을 했을지 모르지만은, 안 울을게. 안 울을래. 될 수 있으면 (눈물을) 멎을 거야. 우는 거 그만 울고 싶어……. 너무나 허무하게 살았어…… 흑흑흑. 너무 허무하게 살아왔어……. 엄마…… 안 울을께요. (명자)언니 좀 잘 지내게 해주세요. 술도 그만 먹고, 인간답게 살다가 가겠시리 맨들어줘. 우리 여기 현선이가 엄마 뿌린 데 가서 꽃도 뿌려주고 다 해줬어, 얘가. 엄마는 강에다 뿌려줘서 왔다 갔다 하겠지? 그치?

   김정자가 말을 멈추고 잠시 흐느꼈다. 하지만 이내 힘을 내어 다시 목소리를 냈다.

- 정: 언니들! 와주셔서 고맙습니다. 언니들 영혼이 우리들을 도와줘서 고마워요. (증언 여행이) 무사히 끝나게 해줘서 고맙습니다. 고맙다는 말밖에 못 합니다. 언니들이 고생하고, 언니들이 고달프고, 언니들이 너무나 서러웠던 그런 거를, 우리가 밝혀낼 거예요. (도와주시기를) 부탁드립니다. 꼭 할 거예요. 다짐할게요. 언니들! 고마워요! 고맙습니다! 도와주셔서! 흑흑흑…… 고맙습니다……. 무사히 끝나게 해줘서 고맙습니다……. 우리 여기 있는 새움터 식구들 도와주세요…….
- 현: 어머니! 정자 언니, 명자 언니 어머니! 정자 언니 잘 살고 계시니까 걱정하지 마세요! 우리 정자 언니, 명자 언니, 건강하게 살게 해주세요!
- 정: (앞으로) 언니들한테 어떻게 해야지 될려나…….

- 현: 숙희 언니! 저 혼자서는 못하는데, 정자 언니가 용기 내주고 같이 함께 해 줘서, 여기까지 왔어요! 저 잘 할게요! 지켜봐주세요!

- 정: 언니들! 고마워요! 지켜줘서! 우리 열심히 할 거예요. 내년에는 (증언록이) 꼭 나올 거야. 언니들을 위해서 꼭 나올 거야. 고맙습니다! 영숙이, 다짐했어?

- 현: 걔도 하라 그래. 걔도 하라 그래야지. 하하.

- 정: 얜 맛이 갔어.

- 현: 하하하, 왜 맛이 갔어?

- 정: 계속 울고 있는데?

- 현: 언니, 잘 할게요, 한마디 해.

- 영: 크게는 못 해요⋯⋯.

- 정: 괜찮아. 쪼끄맣게 해도 (언니들이) 다 듣고 있어.

- 현: 그럼! 그리고 우리가 듣고 있잖아. 여기 언니와 여기 언니가 듣고 있잖아, 두 언니가.

- 영: 얼마 전에, 예전에 돌아가신 언니들 생각하면서 혼자 다짐했어요. 마지막 으로 단 한 명의 언니가 남으실 때까지 끝까지 함께 하겠다고⋯⋯.

- 정: 그래! 이거는 변하지 말자, 우리!

　　김정자가 갑자기 노래를 부르기 시작했다. 파도여, 슬퍼 말아라⋯⋯. 우리는 다 같이 노래를 불렀다. 아니, 악을 쓰고 있었다.

　　"파도여 춤을 추어라. 끝없는 몸부림에, 파도여, 파도여, 서러워 마라. 솟아라, 태양아. 어둠을 헤치고 찬란한 고독을 노래하라. 빛나라, 별들아. 캄캄한 밤에 도 영원한 침묵을 지켜다오. 불어라, 바람아. 드높아라, 파도여, 파도여."

- 정: 언니들! 일단은 슬퍼하지 마! 할 거야, 목숨 살아 있는 한까지는. 꼭 지킬 거야! 알았지? 나 김정자야! 가자! 우리!
- 현: 그래! 가자!

우린 서로의 손을 굳게 잡고 바닷가를 힘차게 걸었다.

❝나는 누구든지 한번은 좀 보여주고 싶었어❞

에필로그

- 정: 참, 좋다!

- 현: 날씨 너무 좋고…….

- 정: 맞아!

- 현: 나한테 많은 얘기를 해주셨는데, 나한테 뭐를 가르쳐주고 싶었어? 언니는?
  이렇게 같이 다니면서?

- 정: 이렇게 댕기면서 언니들이 살아온 거를, 우리 언니들이 이만큼을 살았다는
  거를 좀 알려주고 싶었고, 그전에는 언니들의 얘기를 말로만 들을 땐 그런가
  보다 하지만, 가서 현장을 보고 이렇게 해서 언니들이 이렇게 살아왔다는 거를
  나는 누구든지 한번은 좀 비여주고 싶었어, 이렇게. 다 없어졌으면 비여줬어
  도 그게 안 느꼈겠지(느껴졌겠지)?

- 현: 그렇지.

- 정: 응. 근데 내가 간 곳은, 내가 살아온 곳은, 유달리 많이 안 변했더라구. 다

있구, 그래……. 상처도 많이 받았지만, 내가…… 진짜 옛날부텀 그런 게 문득문득 이렇게 떠올라오면 나 혼자서, 나 혼자서 그냥 괴로워하고 그랬는데…… 이번에 곁이 가서 곁이 괴로워해주는 게 나는 너무 고마웠고, 현선이 니가 이런 거를 또 많이 배워갖고 니가 언니들 좀 더 따뜻하게 해줬으면 좋겠는데……. 그거 외에는 바라는 게 없어. 지금 현재로는 우리 (새움터) 선생님들이, 언니들, 지금 현재 있는 언니들, 돌아가시기 전에 더 좀 따뜻하게 해주는 거. 또 새로운 세대의 언니들이 나오겠지. 그랬을 때 이 언니도 먼저 언니들허고 똑같이 아픔을 가졌다는 거를 좀 알았으면 좋겠어. 책을 쓸 때도, 많이 닿지는 않지만은, 어느 정도 사람들이, 이 국민들이, 가슴에 와서 닿게시리 책 좀 써줬으면 좋겠어.

- 현: 아, 책임감이…… 확 무거워진다, 언니. 어떻게 쓰면, 책을 어떤 식으로 쓰면, 국민들의 가슴에 확 와서 닿을까?

- 정: 이게 내 자식들이다, 아니면 이게 내 동생이다, 이게 내 어머니다, 이러면은 닿겠지? 그러지 않구서는, 아유, 뭐 몰라, 이런 사람들은 닿지 않지만, 맞어! 내 딸이 있었다면 이랬을 수도 있어! 그러고. 또 한번 우리를 좀 생각해달라는 거지, 나는. 우리 아픔! 손가락으로 요렇게 (손가락질)하고 비웃지 말고, 아, 이 사람들이 이렇게 겪었구나, 이 사람들이 이렇게 아팠었구나, 얼마나 아팠을까…… 이런 거를 좀 우리 국민들이 좀 느꼈으면 좋겠어. 그중에서 열 명이면은 다섯 명이라도 느끼겠지? 반반은? 그래도 다섯 명이라도 알아주는 것만 해도, 언니들의 혼은 좋아하실 거야. 지금까지는 이런 거를 내지를 않았기 때문에 언니들도 떠돌아다니면서 외로워서 슬플 거야. 왜 우리를 몰르냐! 어, 그 양갈보들 죽었대, 이렇게 알고 있잖어? 어, 이 사람들이 그 생활에서 이렇게 힘이 들어서 자살을 했구나……. 또 내가 악착같이 살고 싶은데 돈이 없어서, 몸에 병이 들어서 죽는 언니도 있어. 난 그런 것들을 반의 반만 국민들이 알아줘

도 참 감사할 거 같애, 난. 우리한테 욕했던 사람들 몇 명은 어머! 이랬었구나!
이렇게. 우리가 지금까지 책도 안 내고, 아무것도 안 냈어. 그러면 이 사람들의
머리에 스쳐가는 건, 미군부대 앞에서 양색시한 여자들, 그렇게 인정하고 있을
거야. 그거 뭐, 부모 속 썩이고, 뭐 양갈보로 나왔는데, 이렇게 (생각)하고 있을
거야. 그게 아니거든. 가난해서 나왔지. 그래, 부모 동기간 먹여 살릴려고 나
온 사람도 있고, 팔려온 사람도 있고, 한국사람한테 버림을 받아서 나온 사람
도 있고, 신랑하고 잘 사는데 폭행으로 못 있어서 나온 사람도 있고, 많아. 다
(양)색시라고 아유, 저 여자 못된…… 아유, 저거? 바람이 나서 나왔어? 저거?
아이고…… 그럼 그렇지 뭐, 이렇게 인정하지 말아달라는 거지. 그럼 돌아가
신 언니들이 복통[통곡]을 할 거야. 돌아가신 사람들, 미군 손에 죽은 사람들도
있고, 그 사람 얼마나 미군 손에 안 죽을려고 발버둥을 쳤을 거야?

- 현: 아휴…….

- 정: 나는 그게…… (언니들도) 자기들 사는 날까지 떳떳하게 살다가 가고 싶었
겠지. 너무 불쌍하게 돌아가셨어. 다 알아달라 그러면은 알아주지도 않을 거
고…… 우리가 알아달라고 그런다고 그 사람들이 알아줄 것도 아니고…….
몰르지들……. 그렇게 살아왔다는 거를 인정을 해달라는 거지. 그리고 정부
와, 미국정부와 한국정부는 우리 언니들한테 그만큼 사과를 해야 돼! 틀림없이
해야 돼! 그리고 언니들 살아온 보상을 해줘야지. 난 그거야. 난 뭐 바라는 거
없어. 나는 우리 돌아가신 언니들, 지금 살아서 나보다 더 연세가 많은 언니들,
너무 불쌍해 죽겠어.

- 현: 하아…….

- 정: 쥐가 왔다 갔다 하는 데서 이사도 못 가고 사는 언니들, 아파도 병원 좀 가
게 해달라고 손도 못 내미는 언니들, 그 언니들만 생각하면은 내가 살아온 것
보다 더 가슴이 아파. 그리고 지금도, 기지촌 앞에 사는 사람들은 속으로는 뭐

라 해도 직접은 못 하겠지. 그러나 거기 안 사는 사람들은 하지, 우리한테. 저거? 갈보생활 해갖구, 저거 돈 못 벌고 정신 못 차려서 저 지랄하잖아? 이렇게. 거 봐! (양)색시생활 해갖구 진작 돈이나 많이 벌어놓지! 우리는 포주한테 전부 다 뺏기는 거 모르고…… 저거? 진작 돈 벌어서 모여놓으면 저렇게 몸뚱아리는 안 아프지, 좋은 집에서 살 걸? 이렇게 우리한테 욕을 한다는 거야, 지금까지도. 난 그게 싫어. 미워, 나는. 언니들은 주눅이 들려서 댕기시고…… 우리 언니들 어디 나가도 떳떳하지 못해요, 주눅 들려갖고. 누가 내 욕하나? 누가 날 어디서 봤다고 안 했나? 우리 언니들도 자기네들 못지않게, 우리도 잘 살고 싶고, 우리도 떳떳하고 싶거든. 자기네들은 뭐 그렇게 잘났어? 뭐 떳떳해? 이만큼 이 땅을 이렇게 해놓은 것도 솔직히 우리 피 팔은 돈으로 이렇게 해놓은 거여, 난 그렇게 생각해. 박정희 시대에 우리 피 팔은 돈으로 한 거여! 진짜야! 지금도 언니들이 분노를 하고 설움에 복받쳐서…… 서럽지, 자기가 살아온 게…… 이용당한 게……. 그러니까 현선아, 니가 책 잘 써야 돼, 우리는 니네들 믿으니까는.

- 현: 언니는 나 가르쳐주느라고 쭉 다니면서 어땠어? 다녀보니까?

- 정: 옛날에 밑바닥에서 여기까지 해서, 많이 잊고 살라고 했었는데…… 그거를 도루 밑바닥에서 꺼내서 너한테 보여주고 싶었는데…… 보여주고 싶었었지. 그래서 너를 데리고 댕기면서 얘기해주고 가르쳐주고 했지만…… 용주골…… 뭐, 여기 홍콩동네 갔다 올 적만 해도 진짜 마음이 무겁고, 너무 답답하고, 너무 가슴이 아프고, 밥 넘기기도 힘이 들더라구. 내가 왜 이렇게 살아야 되나? 내가…… 이렇게 내가 험한 길을 살아왔는데, 이거를 많이 잊었는데, 이거를 또 이렇게 저거해서…… 내가 이렇게 언니들을 위해서 해야 되는데, 내가 해야 되는데, 내가 쓰러지면 어떡하나…… 이런 맘도 들고…….

그녀가 잠시 울먹였다.

- 정: 나 굉장히 힘들었어, 현선아. 중간에서 관둘까? 이런 맘도 먹었었어. 그치
만 내가 관두면 누구든지 해야 돼. 그런데 누구든지 해야 할 사람은 나보다 더
연세가 많아. 그 사람들은 못 할 거 같애. 나도 이렇게 통곡을 하고, 내가 이렇
게 울고, 내가 매일 저거해. 저거해서 우는데, 그 언니들은…… 또 다짐을 했
지, 내가. 니가 마음이 약하면 일도 못 한다, 그러면은 앞으로 살아갈 거는 어
떡할 거냐, 나 혼자 다짐을 했어, 내가. 앞으로 내가 혼자 살아가야 되는데, 지
금 망거지면은 고치기가 힘이 들 거 같애, 내가. 안 되겠다, 내 마음 내가 잡아
야지, 여적까지도 그런 발판을 걸어서 이렇게 왔는데, 그까짓 거, 옛날 일을 끄
집어내갖구, 그거를 도루 기억하게시리 했다고 해서 무너지면 안 된다고 자꾸
만 다짐을 하는 거야. 내가 술을 먹고 다짐을 하고, 이렇게. 술도 요게 인제 끝
나는 거다! 요거 끝나면 술도 인제 자중해라! 나 혼자 지끔 자꾸자꾸 다짐을 하
는 거야. 내가 얘기는 안 하고 혼자서, 안 된다! 쪼끔 자중해야 된다! 자꾸만 지
끔 나 혼자서, 지끔 결단을 하는데, 글쎄 그게 될지 안 될지는 잘 모르겠어, 나
도. 근데 시간이 좀 걸릴 것 같애, 내가. 이 아픈 거를 좀 어느 정도 마무리가
될 때까지는 시간이 좀 걸릴 것 같애, 내 생각에. 왜냐하면 지금 이러고 인제
다 끝났다, 이러지만은, 어딘가 모르게 응어리가 있는 게 있어, 또, 나도. 다 잊
어버리고 살라 그랬는데…… 문득문득 이제 우리 아들도 생각이 날 거고, 문
득문득 용주골에서 당헌 것도 생각이 날 거고……. 기지촌 마다마다 가도 언
니들이 과연 얼루 갔을까? 난 그게 참 의심스러워. 한꺼번에 돌아가시지는 않
았을 건데……. 어서 또 자기가 걸어온 생활을 잊어버릴려고 애쓰면서 살라고
노력할 거야.
- 현: 응, 그러면서 얼마나 힘들게 살아가고 있겠어.

- 정: 그러겠지. 우리가 모르는 거를 힘들게…….

- 현: 응…… 언니…… 너무 수고 많았어.

- 정: 아니야. 난 너하고 댕기면서 비록 내가 밑바닥을 도루…… 그…… 그 바닥에 있었던 일을 도루 끄집어내면서도, 너하고 댕기면서, 이게 난 참 흐뭇한 거야. 괴롭고 그러면서…… 밥도 냉기기가 힘이 들더라……. 그랬는데 이렇게 하고 나니깐 홀가분해. 홀가분하고, 또 니가 모르는 거를 니가 알았잖아? 더 댕기면서?

- 현: 응.

- 정: 그러면 난중에 니 후배한테도 가르쳐줄 수도 있잖아, 니가. 니가 알았으니까. 그러면 그걸로 만족해. 이거를 영영 묻어두고 가는 것보담도, 내가 아프면서 니네들이 배우고, 니네들이 이랬다는 거를 다 아니까는……. 옛날에 그냥 얘기할 제는, 아, 그런가 보다, 언니가 저랬었나보구나, 이러지만, 막상 가서 눈으로 보고 이제는 느꼈잖아? 그걸 너한테 가르쳐준 게 난 참 뿌듯하다구. 비록 내가 아프지만은, 잘했다고 생각하고. 내가 언니들 위해서 할 수 있는 건 없어. 금전이 있어서 금전으로 언니들을 도와줄 거야? 내 맘만 언니들(한)테 해주는 건데……. 그래도 책이라도 낸대니깐, 힘은 들었지만은 보람 있는 일을 했어.

- 현: 그럼, 언니.

- 정: 만약에 책이 안 된다고 해도, 그래도 내가 너한테 얘기를 해서 니가 이거를 배웠잖어?

- 현: 응.

- 정: 난 그것만 해도 참 내가 보람이 있어. 너 무슨 일을 했었냐? 언니들을 위해서? 그러면, 나는 이런 일을 했었는데 책이 안 된 거를 어떡하냐? 이렇게 노력을 했다는 말 한마디는 할 수 있을 것 같애, 내가. 우리가 참 보람 있는 일을 한

거 같애. 언니들 위해서 잘했다고 생각을 하면서도…….

그녀가 갑자기 말을 멈추고 흐느끼기 시작했다.

- 정: 이게…… 이 아픔이 쪼끔 오래 갈 거야. 많이 내가 지금 짓눌르려고 하는
  데, 이 아픔이 문득문득 나오겠지. 잊어질 거야…… 걱정해지마…….
- 현: 뭐라고 대답을 하고 싶은데…… 언니…….
- 정: 응…….
- 현: 언니 말에 대답하면 내가 울 거 같아가지고 말을 못 하겠어, 지금.
- 정: 니가 얘기를 안 해도 내가 알어. 니가 무슨 말을 하려는지 알지. 난 참 니가
  나를 쫓아댕기면서, 내가 너한테 가르쳐준 데 니가 쫓아댕기면서 해준 거, 난
  너무 고마워, 진짜야. 다른 사람 같으면 못 한다고 했을 수도 있을 거야. 내가
  아플 제 니가 울어주고, 내가 괴로울 제 니가 날 달래주고, 난 참 고맙지. 만약
  에 혼자 내가 가서 그걸 더듬을 때는…… (혼자서는) 가지도 않고! 그래도 내가
  술을 먹고 울고불고, 니네들이 달려와주고, 그 바람에 내가 많이 견뎌. 고맙게
  항상 생각할 거야.
- 현: 우리가 너무 감사하지…… 언니한테 너무 감사하지…….

톨게이트에서 요금을 지불하느라 대화가 끊겼다.

- 정: 아니, 저 아줌마가 그러겠다.
- 현: 응?
- 정: 아니 왜 운전수는 울고불고 난리야? 히히.
- 현: 히히히히. 옆에 있는 사람이 엄마 같은데 엄마한테 혼났나보다, 그랬겠지.

졸지 말고 운전 똑바로 하라고 혼나면서 오나보다, 그러겠지.

- 정: 그래도 무사히 빨리 끝났어.

- 현: 응, 너무 고생했어. 어떻게 수십 년 전 일인데 그거를 다 기억을 하고…….

- 정: 응, 근데 그 자리에 딱 가면 그게 멈춰지더라구, 나도 모르게. 그러니까 나는 지금 이거 댕긴 게, 영혼인 언니가 댕기면서 나를 알려주는 것 같애. 그러니까 그 자리에 딱, 딱, 멈추는 거지. 비도 쏟아지다가 멈춰주고, 사진 찍으라고.

- 현: 맞아! 맞아!

- 정: 그래도 언니들이 많이 보살펴줘서 무사히 끝나는 거지…… 나는 또 그 생각을 했어.

- 현: 응?

- 정: 이게 또 책을 쓰면서 또 얼마나 울을까…….

- 현: 나 쓸 것만 생각하면 눈물이 나, 언니.

- 정: 그러니까…….

- 현: 지금부터 나.

- 정: 책을 쓸려면, 저랑 나랑 몸부림치면서 울고불고 한 거, 이것도 생각날 거고, 내가 하고 와서, 내가 막 못 견디게 집에서도 울고, 이런 것도 생각날 거고, 그려, 그 생각했지. 내가 겪었던 건데, 얘가 이거를 나하고 똑같이 겪으면서 이 책을 써야 하는데……. 착잡해…….

　　또 이렇게 김정자는 나를 걱정하고 있었다. 내내 그녀는 우리들 걱정, 다른 기지촌여성들 걱정이었다.

부록

국가폭력으로서 군위안부 제도의 역사

'위안부'라고 하면 많은 사람들은 일본군 성노예를 떠올린다. 그래서 '우리도 위안부였다'는 기지촌여성들의 주장을 듣고는 의아해하거나, 사회적 관심을 끌기 위해 지나친 주장을 한다는 의심의 눈초리로 바라보기도 한다. 기지촌여성들에 대해 알고 있는 사람들조차 착취의 심각성을 효과적으로 강조하기 위해 상징적인 의미로 '위안부' 용어를 사용하는 것이라고 이해하기도 한다. 즉, 국가폭력으로서의 '위안부'는 일제강점기에만 존재했다고 알고 있는 것이다.

그러나 증언자는 '기지촌여성들은 미군의 위안부였다'고 주장한다. 즉 '미군 위안부'가 상징적 표현이 아닌, 제도로써 실재했음을 주장하고 있다. 이를 입증하기 위해 기지촌여성들과 새움터는 그동안 많은 증언과 관련 자료들을 수집해왔다. 그 증언과 자료들은 '미군 위안부 제도'가 해방 후 역사에서 실재했음을 분명하게 입증하고 있다.

몇몇 중요한 연구를 통해 기지촌에 대한 한미 양국 정부의 개입 실태가 일부 밝혀지기는 했지만, 아직까지 해방 후 한미 양국 정부의 기지촌 통제, 즉 '미군 위안부 제도'에 대한 체계적인 연구가 진행된 바 없는 상황에서 증거 자료들을 직접 찾아내고 분석하는 일은 결코 쉽지 않았다. 한미 양국 정부 모두가 아직도 기지촌 관련 자료들을 제대로 공개하지 않는 상황에서 입증자료의 목록을 찾아내고 중요한 자료들을 입수하는 것은 오랜 기간 많은 사람의 노력을 필요로 했다. 이 노력의 결과들은 증언록 발간과 동시에 다양한 경로를 통해 발표될 것이며, 한국정부와 미국정부를 상대로 한 국가배상청구소송의 입증자료로도 사용될 것이다.

'미군 위안부 제도'의 역사에 대해 간략하게 살펴보면 다음과 같다.

군위안부 제도는 일본에서 만들어진 제도이자 관습이다. 일본은 2차 세계대전 이전의 전쟁에서도 병사를 동원할 때 위안소를 설치했다는 기록이 있다(吉田秀弘, 2000: 145). 위안부 제도는 '국가를 위해 싸우는 병사들에게 국가 대신 위로하고 휴식을 준다'라는 목적으로 만들어졌고, 그런 의미에서 위안소에서 '성적 위안'을 하도록 강요받는 여성들을 '위안부'라는 공식 명칭으로 불렀다. 따라서 일본은 군위안소에 있는 여성들 외의 성매매여성들에게는 '위안부'라는 명칭을 사용하지 않았고, 성매매업소의 유형에 따라 '예기', '창기', '작부', '접대부', '여급', '밀매음자' 등으로 다양하게 규정해왔다.

일본은 1932년경부터 2차 세계대전에서 패전할 때까지 일본 국내와 한반도, 중국, 대만 등에 군위안소를 설치하고 여성들을 강제로 동원해 성노예로 착취하고 관리했는데(이석태 외, 2009: 16), 현재 우리에게 많이 알려져 있는 '일본군 위안부'는 바로 이 시기에 벌어졌던 사건이다. 그러나 일본이 패망한 1945년 이후에도, 적어도 한국과 일본에서 군위안소는 존속되었다.

일본의 위안부 제도와 성매매 제도를 그대로 답습해온 한국정부는 관련 정책과 용어들도 대부분 그대로 사용해왔다. '위안부'라는 용어도 마찬가지다. 한국정부는 '위안부'라는 명칭을 '미군 및 유엔군, 한국군 병사들을 성적으로 위안하는 여성'들에게 사용했고, 이를 법률과 각종 조례 등에 규정했다(「전염병예방법」, 1973년 '의정부시 성병관리소 조례' 등). 정부문서 및 국회와 지방의회의 속기록에는 '기지촌여성'이 '위안부'로 규정돼 있다. 관련 언론보도들도 '기지촌여성'을 당연히 '위안부'로 표현하고 있었다.

현재까지의 문헌과 자료에서 확인할 수 있는 해방 이후 양국의 위안부 제도를 살펴보면 다음과 같다.

1) 일본의 위안부 제도(吉田秀弘, 2000: 156~157)

1945년 8월 26일 일본정부는 주식회사 R.A.A.[Recreation and Amusement Association: 특수위안시설협회]를 설립해, 미 점령군 주둔예정지에 위안소 설치를 계획한다. 당시 도쿄도 내에만 25개소의 위안소가 설치되었고, 일본 전국 각지에 위안소들이 설치된다.

연합군 병사들에게 성병이 확산되자 GHQ[연합군 총사령부]로부터 오프리미트가 내려지면서 위안소들이 잇달아 폐쇄 조치되었고, 1948년 모든 위안소가 폐쇄되었다. 이것으로 일본 내에서 정부에 의해 공인되고 관리되는 위안소의 역사는 끝났지만, 이 위안부 제도는 일본 내 성매매 문제의 대량 확산을 초래했다.

2) 한국의 위안부 제도

해방 이후 한국의 위안부 제도는 크게 세 시기로 나눌 수 있다.

첫 번째 시기는 한국전쟁 기간의 위안부 제도다. 이 시기 위안부 제도의 특징은 한국정부가 한국군 위안소와 UN군 위안소를 모두 운영하고 있었고, 위안소 관리뿐만 아니라 위안부 모집에도 직접 개입했다는 점이다.

우리 부대가 진주하고 보니 낙산사의 대문이 남쪽을 향한 언덕 배밭을 다 내려가 지면과 접하는 곳에 세 개의 굴이 있었다. 인공시대의 방공호이다. 입구는 허리를 굽혀야 들어갈 수 있었으나 속은 7~8미터의 깊이에 머리를 들고 다닐

수 있을 만큼 높고 넓었다. 낙산사 주변 주민의 반공호로 쓰인 굴들이다. 연대 (제9연대)는 설악산 소탕작전을 교대하고 휴식하는 사병들을 위해서 이 굴 속에 후방에서 여자를 데려다놓고 사병들의 동물적 욕구를 해소케 하는 은전을 베풀었다. 원하는 병사는 자기 월급에서 표를 사가지고 들어가면 되었다. 굴 속은 가마니를 깔고, 그 위에 비닐우비의 베드시트를 덮은 침대이다. 가마니를 드리운 굴 문 앞에는 언제나 병사들의 줄이 끊이지 않았다.(리영희, 1988: 198)

한국군 위안부의 실체가 드러난 것은 육군본부가 1956년에 편찬한 '후방전사(인사편)'에 의해서다. 지금까지의 자료와 증언, 회고록 등에 따르면 군위안소는 일정한 장소에 군인들이 찾아가거나, 위안대가 군부대로 출장 나가는 두 가지 운영방식을 갖고 있었다. 설치 시기는 불명확하지만 1951년 여름 경 전선이 현재의 휴전선 부근으로 고착된 이후라고 추정된다. 폐쇄된 것은 1954년 3월경이다. 위안대 설치 장소는 서울지구(제1소대:서울특별시 중구 충무로 4가 148번지, 제2소대: 서울특별시 중구 초동 105번지, 제3소대: 서울특별시 성동구 신당동 236번지), 강릉지구(제1소대: 강릉군 성덕면 노암리), 춘천, 원주, 속초 등지이다. 예비역 장군, 채명신의 증언에 따르면, "당시 우리 육군은 사기 진작을 위해 60여 명을 1개 중대로 하는 위안부대를 서너 개 운용하고 있었다"고 했다.(김귀옥, 2011: 124~126)

한국전에 투입된 외국 군인은 1951년, 약 20만 명에서 1953년에는 32만 5,000명으로 증가했고, 한국정부는 특정 장소에 이들 외국 군인들을 위한 위안소를 설치했다(1951년 부산 위안소 74개소). 위안소는 한국군이 직접 개입하여 설치하고 민간업자가 감독하는 형식과 민간업자들이 처음부터 주도적으로 관계 당국에 신청하고 이를 정부가 허가하는 방식 등 두 가지 형태로 구분된다.(이나영, 2010: 181)

두 번째 시기는 한국전쟁 이후부터 1950년대 말까지다. 이 시기 위안부 제도의 특징은 전후 한국군 위안소는 폐지했지만 UN군 위안소는 법률로서 제도화했다는 점이다. 대표적인 것이 1957년 제정한 '전염병예방법 시행령'인데, 성병건강진단을 규정하고 있는 제4조의 조항 중 '위안부'가 규정되어 있다. 즉, 한국군 상대의 위안소는 폐지하는 상황에서 오히려 외국군 상대의 위안부 제도는 더 강화되었던 것이다.

그러나 이 시기 한국정부의 '위안부 제도'는 미군 당국의 지속적인 요청에도 불구하고 강력하게 집행되지 못했다. 전쟁 직후 관련 정책을 효과적으로 집행할 수 있는 한국정부의 능력, 즉, 행정력과 예산이 절대적으로 부족했기 때문이다. 따라서 한국정부에 기대하기 어려웠던 미군은 미군 기지촌의 통제와 관리에 직접 개입하고 있었다.

세 번째 시기는 1960년대 초반부터 1970년대 후반까지다. 이 시기 한국정부는 청와대를 중심으로 '미군 위안부 제도'를 강력하게 시행한다. 막대한 예산을 투입하여 '미군 위안부 제도'를 전국적으로 체계화했다. 이에 따라 이 시기 '미군 위안부'들에 대한 정부의 동원과 관리, 인권침해는 극에 달했다.

미국대사관이 국무부장관에게 보낸 1963년 10월 16일과 11월 12일의 전문을 보면 '쿠데타 세력'[1961년에 군사쿠데타를 일으켜 집권한 박정희 군사정권]이 흔들리는 지위를 강화시키기 위해 미국의 지지를 갈구하고 있고(행정자치부 국가기록원, 2006b: 287), 박정희의 정치적 반대파가 박정희가 당선되었기 때문에 미국은 한국을 지원하지 않을 것이라고 공언하고 있기 때문에, 국민들로 하여금 현재 미국과 우호적인 관계가 지속되고 있으며 앞으로도 그럴 것이라는 점을 알게 하는 것이 필수적이라고 박정희는 생각하고 있다(행정자치부 국가기록원, 2006b: 303)고 기록하고 있다.

즉, 쿠데타로 집권한 박정희에게 불안정한 정권을 유지하기 위해 미국의 지지와 미군의 주둔은 핵심적인 것이었다. '국가재건최고회의'는 미군 주둔 지구에 대한 실태조사를 실시하고 관계부처에 '위안부의 교양 향상과 보건진료소 확대 설치'를 포함하는 주요 조치사항을 지시한다. 쿠데타 직후인 1961년 9월에는 '미군 위안부'의 집단수용시설(위안소) 건설까지 고려했다는 것을 알 수 있는 기록도 존재한다.

성병감염 방지 및 풍기유지 면과 현지 주둔유엔군에 대한 위안 또는 사기앙양 면을 고려하여 위안부들의 집단수용시설이 시급하나 막대한 예산이 소요되므로 실현 가능성이 희박함(1961년 9월 14일, '유엔군간이특수음식점 영업허가 사무 취급 세부기준 수립').

박정희 군사정부의 '미군 위안부' 정책의 주요 내용은 첫째, 위안부에 대한 공식적 허용, 둘째, 위안부의 등록, 셋째, 애국교육을 통한 위안부들의 동원, 넷째, 성병 관리의 강화, 다섯째, 성병에 감염된 위안부들을 격리 수용할 성병관리소(낙검자수용소) 설치 등이었다.

1969년 '닉슨독트린'과 이에 따라 1970년대 초반까지 이루어진 주한미군의 2만 명 감축은 박정희 정권을 또다시 위기에 빠뜨린다. 철수하는 미군을 붙잡기 위해 박정희 정권은 '기지촌 정화사업'을 벌인다. 막대한 예산을 쏟아부어 각 기지촌에 성병진료소를 설치하고 미군의 '위안시설'들을 재정비했다.

1971년경 (미)육군성 장관이 한국을 방문했다. 그는 미국의 성병 비율이 허용치를 능가한다고 생각하여 사령부에서 이를 심각하게 받아들이고 줄이기 위한 조치를 취하도록 했다. 그래서 그것이 사령부의 최우선사항이 되었다.(〈이제는 말할 수 있다〉 61회, 2003년 2월 9일 방송, 제임스 해서웨이 당시 미 8군 예방의학 장

교의 인터뷰)

(당시 한미 1군단 사령관이었던 에드워드 라우니 장군은 이재전 장군에게 기지촌의
불결함에 대해 자주 불만을 토로했다.) 이 장군! 대통령 이하 이 정부가 미군의 한
국 주둔을 절실히 바라고 있는데 현재와 같은 기지 주변의 상황 가지고는 힘들
다. 박 대통령이 이런 사소한 문제를 가지고 일을 그르치면 안 된다. 그러니깐
잘하라고…….(〈이제는 말할 수 있다〉 61회, 2003년 2월 9일 방송, 이재전 당시 한미
제1군단 부사령관의 인터뷰)

1977년 '전염병예방법 시행령'이 개정되면서 법률상으로는 '위안부' 명칭이
사라진다. 그러나 박정희 정부에 의해 극단화된 '미군 위안부' 제도는 1980년대
전두환 군사정부에 의해 계승된다. 박정희 정부의 '기지촌 정화사업'에 이어 전
두환 정부도 '기지촌 주변 종합개발사업'(1984~1986)을 실시했다.
박정희 정권에 의해 강력하게 시행되었던 '미군 위안부 정책'을 좀 더 구체적
으로 살펴보면 다음과 같다.

(1) 위안부에 대한 공식적 허용
박정희 군사정권이 가장 먼저 실시한 여성 관련 법안의 처리는 제2공화국에
서부터 만들어진 「윤락행위 등 방지법」의 제정(1961년 11월)과 '인신매매금지
및 타인의 성매매의 착취금지에 관한 협약'에 서명하는 일이었고, 이것은 군사
정권의 정당성 확보 차원에서 이루어졌다(이나영, 2007: 24). 「윤락행위 등 방지
법」에 따르면 '미군 위안부들의 행위'는 불법이었고, '윤락행위를 한 자' 및 '윤락
행위의 상대자가 된 자'를 모두 처벌하도록 되어 있는 규정에 따라 '미군 위안부'
의 '상대자가 된 자'인 미군도 처벌을 받을 상황에 처해졌다.

박정희 정부와 미군당국은 이 문제를 해결하기 위해 1962년 9월 7일 한미친
선위원회를 개최한다. 이 회의에는 당시 대부분의 미군이 주둔해 있었던 경기
도를 대표해 박창원 경기도지사와 관계 공무원들, 미군 측에서 미1군단장 휴.P.
페리스 중장과 관계 참모들까지 총 30여 명이 참여했다. 여기에서 한국정부와
미군당국은 '성병에 대한 법정 검진을 철저히 하고 (성병)검진을 필한 자에 한하
여 위안부 행위를 허용한다'라고 결정했다. 이 결정에 따라 한국정부는 '미군 위
안부 제도'를 공식적으로 허용하게 되었고, 미군 기지촌에서 「윤락행위 등 방지
법」은 철저하게 사문화되었다.

(2) 위안부등록

5·16 군사쿠데타 이전에도 전국의 '미군 위안부'들은 보건소에 신상신고를 하
고 보건증을 발급받아 소지하도록 되어 있었지만, 실제로는 등록조치가 철저하
지 못해 성병 관리의 실효성이 없다는 미군 측의 지속적인 문제제기가 있었다.
이에 박정희 군사정권은 군사쿠데타 직후, 우선 서울에 거주하는 미군 위안
부들에 대해 강력한 등록조치를 실시했다.

서울 시경은 13일부터 '유엔'군을 상대로 하는 위안부에 대해 각 경찰서 여경
반에서 등록을 접수하고 있다고 말했다. 서울시 사회국의 '유엔'군 상대위안부
성병관리사업 계획에 의해 실시되는 등록의 대상자는 법적 혼인 관계가 없이
외국인과 동거하는 여성, 그리고 '유엔'군 상대 위안부 전원이다. 경찰에서 파악
하고 있는 서울 거주 유엔군 상대 위안부 수는 819명이다.(≪경향신문≫, 1961년
9월 14일자, 3면)

그 후 군사정부는 '미군 위안부'들에 대한 강력한 등록제를 전국으로 확대한

다. 1962년 10월 23일, 모든 '미군 위안부'들을 지역재건부녀회에 가입시켜 등록하도록 조치한 것이다.

5·16 군사쿠데타 직후인 1961년 6월 11일, 군사정부는 「재건국민운동에 관한 법률」을 공포하고 국가재건최고회의의 직속 기관으로 '재건국민운동본부'를 설치하여 용공사상의 배격, 내핍[耐乏: 물자가 없는 것을 참고 견딤] 생활의 여행[勵行: 행하기를 장려함], 근면정신의 고취, 생산 및 건설 의식의 증진, 국민도의 앙양, 정서관념의 순화, 국민체위 향상 등 7개 항을 내걸고 관주도의 '재건국민운동'을 벌인다. 군사정부는 새로운 사회를 건설하고 국민복지를 이룩하기 위해 재건국민운동을 벌인다고 홍보했지만, 실제 목적은 군사쿠데타를 합리화하고 지지세력을 조직하기 위한 것이었다. 그리고 6월 30일, 재건국민운동의 시·군·구·읍·면 촉진회 회칙이 시달됨으로써 재건국민운동본부의 지부 산하에는 각급 행정구역 단위마다 촉진회가 조직되었고 이후 각급 촉진회에 부녀부도 신설되었다.

군사정부는 이 지역재건부녀회가 직접 '미군 위안부'들을 등록시키고 관리하도록 조치했다. 그뿐만 아니라 군사정부는 '미군 위안부'들을 효과적으로 등록시키기 위해 보건증을 일원화된 카드제인 검진증으로 갱신한다고 발표했고, 검진증 갱신을 위한 '미군 위안부'들의 지역재건부녀회 등록은 필수절차가 되었다.

(3) 미군 위안부들에 대한 교육

1962년 11월 군사정부는 지역재건부녀회에 등록한 미군 위안부 1만 640명을 대상으로 정신, 미용, 위생, 간단한 영어회화 등의 교육을 실시했다. 각 시군별 촉진회장이 책임자가 되었고, 초중고 교장 및 각 기관장들이 교육을 담당했으며, 위안부 1인당 28시간의 단기 교육이 실시되었다.

1966년 한미행정협정이 체결되면서 한미 양국 정부의 비공식적 채널이었던 한미친선협의회가 국가공식기구로 승인되고 정착된다. 한미친선협의회의 주요 기능은 기지촌에서 일어나는 미군 관련 '문제'를 효과적으로 해결하고 관리하는 것이었고, 이 중 '미군 위안부'에 대한 관리 강화는 언제나 주요 안건으로 논의되었다. 한미친선협의회에 의해 위안부 교육도 정례화되고 체계화된다.

한국정부와 미군당국은 지역에 따라 매월 또는 격월로 '미군 위안부'들에게 교육을 실시했는데, 기지촌의 모든 '미군 위안부'들은 의무적으로 이 교육에 참여해야 했다. 이 자리에는 항상 미군장교와 군수(또는 시장), 경찰서장, 보건소장, 특수관광협회장, 자매회장 등이 참석했다.

이 교육에서 미군과 보건소 관계자들은 '성병의 피해와 예방, 관리'에 대해 교육했고, 경찰은 성병 검진을 강조했으며, 군수와 특수관광협회장은 '미군 위안부'들의 '위안 행위'와 '외화 달러 수입'이 국가를 살리는 애국행위라고 교육하면서 '미군들에 대한 서비스를 잘 해달라'고 당부했다. '미군에 대한 서비스를 잘하기 위해' 간단한 영어회화 교육이 이루어지기도 했다. 이 자리에 참석한 공무원들은 '당신들의 노후는 정부에서 모두 책임질 테니 지금은 애국행위에만 신경을 써달라'고 말했다.

이러한 교육은 1996년 초까지 지속되었고, 국가 간 인신매매를 통해 기지촌으로 외국인 여성들이 유입된 1996년 가을 이후 폐지되었다. 일부 기지촌에서는 2000년대 초까지 포주들에 의한 교육이 이루어지기도 했는데, 외국인 여성들의 유입 이후 공무원들에 의한 교육은 완전히 폐지되었다.

성적 착취의 피해자들을 구조하고 지원하기는커녕 오히려 국가가 나서서 '미군 위안부'들을 애국자로 칭송하고 '위안행위'를 장려했다는 역사적 사실, 즉 한미 양국 정부가 '미군 위안부'들을 직접 동원했다는 역사적 사실은 반드시 규명되어야 한다.

오산 기지촌에 있는 송탄 직업부녀회 회관 벽에는 이런 슬로건이 달려 있다. "명심하자! 지금 우리의 마음씨·몸차림·행동이 그대로 3천만 민족의 흥망과 직결되어 있음을!"

비록 몸은 위안부라는 명예롭지 못한 칭호를 달고 있지만 우리를 도우러, 우리나라를 지켜주러 멀리 타국에서 온 군인들을 국가를 대신해서 위안해주는 데 대한 자부심을 갖고 국가의 위신을 지키자는 뜻일 게다.(≪매일경제≫, 1969년 4월 24일자, 6면)

(4) 낙검자수용소 설치

박정희 정부는 '미군 위안부'들에 대한 효과적인 성병 관리를 위해 성병에 걸린 '미군 위안부'들을 격리 수용하여 강제 치료하기로 결정한다. 그리고 1963년 격리 수용 대상자에 성병 환자가 포함되도록 「전염병예방법」을 개정한다.

이에 따라 경기도는 1965년 고양군(현 고양시), 의정부시, 양주군(현 동두천시), 파주군(현 파주시), 포천군(현 포천시) 총 5개 군에 해당 조례를 만들어 성병관리소(낙검자수용소)를 설치했고, 1968년에는 평택군(현 평택시)에도 해당 조례를 만들어 성병관리소를 설치했다. 보건사회부와 경기도지사의 지시에 의해 제정된 각 시군의 성병관리소 조례들은 공표 시기의 차이에도 불구하고 내용은 모두 동일하다. 당시 제정된 조례의 관련 조항들을 살펴보면 다음과 같다.

제3조(관장기능) 이 보건소 지소(이하 성병관리소라 칭한다)는 관내 유엔군 주둔 지역의 특수업태부들 중 성병보균자를 격리 수용하여 완치시킴과 동시에 그들에 대하여 보건 및 교양 교육을 실시하기 위하여 다음 사항을 관장한다.

1. 성병의 예방 및 진료

2. 성병환자에 대한 공중보건 및 교양교육

제7조(수용대상자) ① 성병관리소는 관리 지역의 성병진료소에서 검진한 결과 낙검된 다음 성병보균자를 격리 수용하여 치료한다.

- 임균 보균자

- 매독 보균자

- WBC4(+) 이상으로서 세포가 구라무 음성쌍구균의 존재가 확인된 자

제8조(수용) ① 성병진료소장은 검진 결과 낙검자가 있을 때에는 지체 없이 성병관리소장에게 수용 요구를 하여야 한다.

② 성병관리소장이 전항의 요구를 받았을 때에는 낙검증 소지자에게 수용 명령을 발하고 지체 없이 수용하여야 한다.

③ 수용명령을 받은 낙검증 소지자가 수용을 거부하거나 도피할 경우에는 시장 또는 경찰서장의 협조하에 수용 치료하여야 한다.

제9조(수용해제) ① 성병관리소장은 세균학적 및 임상학적으로 완치된 환자에 한하여 퇴소시켜야 한다.

② 전항의 경우에는 성병관리소장은 퇴소자에게 별지2호서식에 대한 건강증을 발급하여야 한다.

③ 전항의 경우에 성병관리소장은 퇴소자의 건강증을 보관하고 있는 성병진료소장에게 건강증 발급 사실을 통보하여야 한다.

위의 조례에서 '위안부' 대신 '특수업태부'라는 용어를 사용하고 있는 이유는 1962년 10월 정부가 '위안부의 인격을 존중하고 열등의식을 지양케 하는 방침에서 앞으로 위안부를 특수업태부로 변경 호칭한다'고 발표했기 때문이다. 그러나 새로운 용어의 사용에 혼란이 생겨 1973년 의정부시는 조례를 개정해 '특수업태부'를 '위안부'로 다시 바꾼다. 관련 조항은 다음과 같다.

제1조(목적) 이 조례는 위안부를 검진하여 낙검자를 격리 수용 치료하기 위한 성병관리소의 설치 및 관리에 관하여 필요한 시행을 규정함을 목적으로 한다.

제3조(기능) 이 성병관리소는 관내 유엔군 주둔 지역의 위안부들 중 성병보균자를 검진 색출하여 수용 치료와 보건 및 교양 교육을 실시한다.

이렇게 총 6개소의 낙검자수용소에는 성병에 걸린 '미군 위안부'들이 강제 수용되었는데, 성병진료소의 정기적인 주2회 성병 검진에서 낙검되거나(성병보균자로 진단을 받거나) '위안부'로 등록하지 않고 미군을 상대하다가 미군에게 적발되면 그 자리에서 낙검자수용소로 실려갔다. 그리고 성병이 완치될 때까지 페니실린을 맞아야 했다. 통원치료로도 완치가 가능했던 성병보균자들은 물론이고 성병보균자인지 확인하지도 않은 채 검진증이 없다는 이유로, 혹은 성병에 걸린 미군에 의해 지명될 경우, 무조건 낙검자수용소로 끌려가 페니실린을 맞아야 했다.

낙검자수용소의 성병 치료에 쓰이는 약품은 모두 미군 측에서 제공했다. 페니실린 부작용에도 불구하고 수용된 모든 여성들은 강제 치료를 받아야 했는데, 이러한 강제 치료 과정에서 페니실린 쇼크로 사망하는 여성도 있었고 수용소에서 도망치다가 중상을 입거나 사망하는 경우도 발생했다.

주한미군은 한국 보건 당국자들이 성병에 감염된 기지촌여성에게 투약과 격리 등 적절한 치료를 행할 것을 강조했다. 많은 주한 미군부대들이 지역 성병진료소와 치료센터에 진단 재료와 함께 약물을 제공했다. 미 군대는 한국인 여성들에 대한 페니실린의 효능과 부작용을 충분히 조사하지도 않은 채, 한국인 의사들이 처방하는 투약량과 비교해 더 많은 4.8~6.0백만 단위의 페니실린을 요구한 것으로 밝혀졌다. 그러나 많은 한국인 의사들은, 정화운동 기간에도, 그렇게 많은 투약량을 처방하기를 계속 꺼려했는데, 페니실린에 알레르기가 있는 이에게 그러한 양을 투약했을 때 환자가 죽을 수도 있기 때문이었다. 주한미군과 한국 의료 관계자들은 약 5퍼센트의 기지촌여성이 페니실린에 알레르기 반응을 보였다는 사실을 인정했다. 합동 감독팀의 한 보고는 "(대구의 캠프 핸리와 월커 근방의) 성병진료소의 의사가 한 소녀가 페니실린 주사로 인한 과민 반응으로 죽었을 것이라는 편집증적인 두려움을 가지고 있는 것으로 보였다"고 지적했다. (캐서린 H.S. 문, 2002: 152, 200~201)

낙검자수용소의 총 운영 기간은 미군부대의 철수나 이동에 따라 지역별로 차이가 있지만, 대부분 30여 년간 운영되었다. 포천군의 낙검자수용소는 1970년 제7사단 캠프 카이저가 철수하면서 폐쇄되었고, 고양시는 1992년, 동두천시는 1996년, 평택시는 1997년, 파주시는 1999년, 의정부시는 2001년에 각각 폐쇄 조치되었다.

참고문헌

1) 한국어 문헌

김귀옥. 2011. 「한국전쟁과 한국군위안부문제를 돌아본다」. ≪구술사연구≫ 제2
　　권 1호.

리영희. 1988. 『역정, 나의 청년시대』. 창작과비평사.

새움터. 1997. 『기지촌 실태조사』. 새움터.

새움터. 2001. 『경기도 지역 성매매 실태조사 및 정책대안 연구』. 새움터.

이나영. 2007. 「기지촌의 공고화 과정에 관한 연구(1950~60)」. ≪한국여성학≫ 제
　　23권.

_____. 2010. 「기지촌 형성 과정과 여성들의 저항」, ≪여성과평화≫ 5호.

이석태 외. 2009. 『일본군 위안부 문제』. 민족문제연구소.

이임화. 2004. 『여성, 전쟁을 넘어 일어서다』. 서해문집.

행정자치부 국가기록원. 2006a. 『1960년대 초반 한미관계(상)』. 행정자치부.

_____. 2006b. 『1960년대 초반 한미관계(하)』. 행정자치부.

_____. 2008a. 『1970년대 한미관계(상)』. 행정자치부.

_____. 2008b. 『1970년대 한미관계(하)』. 행정자치부.

캐서린 H.S. 문. 2002. 『동맹속의 섹스』. 이정주 옮김. 삼인.

2) 일본 문헌

池田恵理子 外. 1997. 『慰安婦問題Q&A』. アジア女性資料センター. 名石書店.

吉田秀弘. 2000. 『日本売買春史·考』. 自由社.

高里鈴代. 2003. 『沖縄の女たち』. 明石書店.

奥田暁子 外. 2007. 『占領と性』. インパクト出版会.

3) 보고서/발표문

김현선. 2001. 「주한미군과 여성인권」. 제주도 학술회의 발표문.

4) 신문

≪경향신문≫

≪동아일보≫

≪매일경제≫

≪The Stars and Stripes Newspaper≫

또 하나의 역사: 미군 위안부

김귀옥(한성대학교 교수)

1.

흔히 기억되지 않는 역사는 반복된다고 한다. 한번 뜨거운 불에 데었더라도 그 사실을 기억하여 주의하지 않으면 다시 불에 델 수 있는 것과 같은 이치일까? 인간은 문제를 해결하기 위해 어떤 방법을 동원한다. 비슷한 문제가 생겼을 때 특별한 대안을 마련하기 위해 의식적으로 노력하지 않는 한, 과거의 문제 해결책 과 유사한 방식을 택하기 마련이다. 그러한 문제 중 하나가 군위안부 문제다.

이제 일본군 위안부, 또는 일본군 성노예 문제는 한국과 중국, 동아시아를 넘 어 세계적인 문제다. 그러나 한국군 위안부나 미군 위안부 문제는 대부분의 사 람들이 낯설어한다. 일본군 위안부야 일본군과 일본제국주의에 의해 강제로 끌 려갔으니 잘못된 문제고, 그에 대해 사과하지 않고 해결하지 않은 일본정부가 잘못된 것이다. 그러나 한국군 위안부는 아직도 많은 사람들에게 생경하다. 미 군 기지촌의 미군 위안부에 대해서는 사람들이 알고 있지만 그들을 정조관념이 없거나 부족한 여성들로 취급하고, 미군 위안부 문제는 그들이 자발적으로 몸을 팔아서 생긴 문제이므로 관심을 가질 필요가 없다는 것이 일반인들의 인식이 아 닐까 싶다.

김정자라는 미군 위안부 출신의 한 여성 노인이 『미군 위안부 기지촌의 숨겨진 진실』에서 고통에 찬 기억과 정면으로 마주하며 기지촌과의 긴 인연을 밝히고 있다. 또한 이 책은 1990년 대학생 시절부터 20여 년간 기지촌여성운동을 해온 미군 위안부들의 영원한 '동생' 김현선과 김정자의 깊은 신뢰를 바탕으로 한 증언 여행을 통해 구술, 집필되었다. 그들은 기존의 미군 기지촌 관련 연구서들을 모두 읽고 나서도 해소되지 않는 문제를 짚어나가기 위해 증언 여행을 떠났고, 책을 쓰기로 결심했다.

이 책을 쓰게 된 첫째 이유는 미군 위안부의 제대로 된 실상을 알리기 위해서다. 다음 이유는 기지촌여성의 입장에서 미군 위안부의 역사를 알리겠다는 발로이다. 기지촌여성의 문제는 계급, 성별, 권력에 대한 문제이자, 차별에 대한 저항의 문제이다. 셋째 이유는 이를 제대로 알려 세상을 바꾸겠다는 것이다. 넷째 이유는 기지촌여성들이 연대해야만 이 문제를 해결할 수 있고, 이를 위해서는 정확한 실상을 기지촌여성의 입장에서 알려야 하기 때문이다.

그렇다면 왜 미군 위안부란 말인가? 일반인에게는 기지촌여성이라고 알려진 미군 위안부는 언제부터, 왜, 누구에 의해 만들어진 것인가? 선행했던 일본군 위안부나 한국군 위안부와는 어떤 관계인가? 과연 한국현대사에서 전쟁 및 군대와 관련지어 등장한 '군위안부(Army's Comfort Women, Sexual Slaves)'라는 개념의 실체는 무엇인가?

단적으로 말해 군위안부는 국가폭력의 피해자다. 군대, 즉 군인을 위안(慰安)하는 여성은 국가 이데올로기와 가부장제 이데올로기에 의해 만들어진 개념이자, 허위의식이다. 이 말은 한국현대사에서 군위안부가 등장하는 것은 국가 문제와 떼려야 뗄 수 없는 맥락에 있음을 의미한다. 본래 여성의 몸이 전시(戰時)라고 하여 군대를 위안하기 위해 존재한 적은 없다. 고대로부터 전시 성폭력이 횡행(한스 페터 뒤르, 2003[1992])했더라도 국가에 의해 군위안부 조직이 만들어진 것은 역사에서 흔한 일이 아니다. 군위안부가 만들어지고 여성이 군대를 위안하도록 강제 당했던 것은 잘못된 국가적 관념, 가부장적 관념의 발로일 수밖에 없다.

2.

일본정부는 일본군 위안부 문제를 아직도 해결하지 않고 있다. 그럼에도 불구하고 유엔이나 국제노동기구(ILO), 유럽연합(EU)을 비롯하여 당사국인 한국, 북한, 중국, 네덜란드, 필리핀 등은 말할 것도 없고 미국, 독일, 호주, 캐나다 등의 정부에서도 일본군 위안부 문제에 대해 일본정부가 사과하도록 하는 결의안을 채택했다. 돌아보면 독일이 유럽연합을 주도하게 된 배경에 독일의 과거청산을 위한 행보가 있었음은 이미 잘 알려진 바 있다. 1970년 당시 서독 총리였던 빌리 브란트는 폴란드 바르샤바 유대인 위령탑 앞에 무릎 꿇고 헌화하며 역사적 과오에 대한 진정성이 담긴 사죄를 통해 역사 화해의 물꼬를 열었다. 역사적 잘못을 이해하고 사죄하고 배상함으로써 독일은 유럽 사회, 나아가 세계 사회로부터 신뢰를 얻을 수 있었다.

그렇다면 한국군 위안부나 미군 위안부는 어떠한가? 우선 한국군 위안부에 대해서는 필자가 2002년 공개 발표를 하고 난 후 사회에서 조금씩 관심을 갖기 시작했다. 그러나 이 문제에 동력이 붙지 않았던 가장 큰 이유는 한국군 위안부 자신이 세상에 목소리를 내지 않기 때문이다. 그럼에도 불구하고 한국전쟁 관련 조사에서 한국군 위안부의 실체와 만나게 되었고, 육군 측의 생생한 보고서를 접하게 됨으로써 빼도 박도 못하는 사실이 된 것이었다. 이와 관련된 진상의 한 부분을 보자.

표면화한 이유만을 가지고 간단히 국가시책에 역행하는 모순된 활동이라고 단안하면 별문제이겠지만 실질적으로 사기앙양은 물론 전쟁 사실에 따르는 피할 수 없는 폐단을 미연에 방지할 수 있을 뿐 아니라 장기간 대가 없는 전투로 인하여 후방 래왕이 없으니만치 이성에 대한 동경에서 야기되는 생리작용으로 인한 성격의 변화 등으로 우울증 및 기타 지장을 초래함을 예방하기 위하여 본 특수위안대를 설치하게 되었다.

이 문단은 1956년 육군본부가 펴낸『후방전사』제3장 1절 3항 특수위안활동 사항에서 인용한 것이다. 소위 '특수위안대'는 1951년 여름경에 설치되어 1954년 3월에 해산되었다. 즉, 만 4년 가까이 육군본부가 서울, 강릉, 춘천, 원주, 속초 등지에 이 군위안소를 운영한 것이다. 그리고 그 뒤 페이지에는 위안 실적을 밝혀두었다.

〈표〉에 따르면 한 여성이 하루에 위안하도록 되어 있던 군인의 수는 평균 6.15명이었다. 그러한 세세한 기록은 국가기관의 하나인 육군에 의해 이루어졌다. 육군본부는『후방전사』에 한국군 위안부에 대해 좀 더 많은 기록을 남겨두고 있다.

필자가 2002년 한국군 위안부 문제를 처음 공개 발표했을 때 정부가 했던 첫 조치는 다음과 같았다. 이 문제가 확산되지 않도록 학교 당국에 연락을 취하여 연구자인 필자의 활동을 자제시키고, 국방부 군사편찬연구소가 소장하고 있던『후방전사』를 금서화했다. 한국정부도 군위안부를 운영한 처지에 일본군 위안부 문제에 대해 왈가왈부할 자격이 없다고 일본 극우 세력이 비난할 것이라는 생각했기 때문이었을 것이다.

그럴 듯한 말이지만, 현실적으로 또 논리적으로 모순에 가득 찬 말이다. 첫째, 논리적으로 한국정부가 과거 정부가 전시에 한 행위에 대해 사과하고 군위안부에게 끼친 잘못을 인정한 후 그들에게 용서를 구하고 화해를 청하면, 한국정부

<表> 1952년 특수 위안대 실적 통계표

부대별		서울 제1	서울 제2	서울 제3	강릉 제1	계
위안부 수		19	27	13	30	89
월별 피위 안자 수	1월	3,500	4,580	2,180	6,000	16,260
	2월	4,110	4,900	1,920	6,500	17,480[1]
	3월	3,360	5,600	2,280	7,800	19,010[2]
	4월	2,760	4,400	1,700	8,000	16,860
	5월	2,900	6,800	2,180	5,950	17,830
	6월	3,780	5,680	2,400	4,760	16,620
	7월	3,780	6,000	2,170	7,970	19,920
	8월	4,000	7,280	2,800	8,000	22,080
	9월	4,350	4,850	1,680	4,880	15,760
	10월	3,850	2,160	1,850	3,900	11,760
	11월	4,100	4,950	1,990	4,200	15,240
	12월	3,650	4,150	2,140	5,700	15,640
	계	44,240	61,350	25,310	73,660	204,560[3]
위안부 1인당 하루 평균 피위안자 수[4]		6.4	6.2	5.3	6.7	6.15

자료: 육군본부, 1956, 『후방전사(인사편)』, 150쪽.
비고: 틀린 계산으로서 실제는 다음과 같다.
    1)=17,430   2)=19,040   3)=204,440
    4) 1인당 하루 평균 피위안자 수는 필자의 계산임.

는 당당하게 일본정부에 태평양전쟁기에 일본제국주의가 행한 잘못에 대해 진상을 규명하고 사죄할 것을 요구할 수 있다. 한국정부가 과거의 잘못에 눈감기 때문에 일본의 잘못에 대해서도 제대로 비판할 수 없는 것이다.

둘째, 현실적으로 일본군 위안부가 없었다면 한국군 위안부도 없었다. 1948년 대한민국이 수립되고 국군이 창설되는 과정에서 친일파 세력이 정권을 주도한 것은 주지의 사실이다. 한국군 내의 친일파 세력들은 한국전쟁이 일어나면서 일제 때 배운 일본군 위안부 제도를 답습하게 된 것으로 보인다. 따라서 일본군 위안부 문제이건 한국군 위안부 문제이건 미군 위안부 문제이건 이 문제가 해결되지 않은 배경에는 일본이나 미군정부뿐 아니라, 한국정부가 있다. 최근 한국정부가 일본군 위안부 문제를 제기하는 이유는 위안부 할머니들의 애절한 호소, 세계 최장의 수요시위, 시민단체의 과거청산운동 때문이라기보다는 미국을 비롯한 국제사회에서 일본군 위안부 문제를 주목하고 있기 때문이다.

3.

우리는 아직도 해결하지 못한 일본군 위안부 문제나 한국군 위안부 문제와 함께 미군 위안부 문제를 안고 있다. 이들은 각각 차이점이 있다.

우선 일본군 위안부는 나라를 잃어버린 상황 아래 일본제국주의 통치 과정에서 만들어졌다. 식민강점기 국가로서의 일제는 10대 중·후반에서 20대 초반의 여성들을 전장에 동원해 군수품으로 사용했고, 일제의 패망 후 어떠한 책임도 지지 않은 채 미군에 넘겨버리거나 전쟁터에 버렸다. 일본군 위안부 중 한반도로 돌아올 수 있었던 여성들은 다행이라고나 할까. 일본 오키나와에 있던 배봉기 할머니의 경우, 일제 패망 뒤에도 고국에 돌아오는 방법을 몰라 오키나와를 헤맸고 남의 집 허드렛일을 하면서 이곳저곳 전전하며 살아야 했다.

둘째, 세 군위안부는 상대 군인이 각각 달랐다. 즉 세 종류의 군위안부에 동원 당한 것은 모두 한국 여성들이었으나, 상대는 각각 일본군, 한국군, 미군이었다. 1990년대부터는 위안부의 국적이 달라지고 있다. 노동력 개방 조치에 따라 외국인 여성들이 예술흥행비자인 E-6비자로 입국하여 기지촌 클럽에서 사실상의 위안부로 일을 하고 있다(안태윤, 2012).

그렇다면 세 위안부의 공통성은 무엇인가?

첫째, 군위안부의 설립 주체가 사실상 국가라는 점이다. 일본군 위안부는 일제 당국에 의해 설립되었으나(송연옥·김영, 2012: 23) 최근까지 일본 당국은 설립 문제의 책임을 기업에 전가하고 있다. 육군본부의 기록에 따르면 한국군 위안부를 창설한 자는 명백히 육군, 또는 광의의 국가다. 미군 위안부의 경우는 어떤가? 한국정부는 현재까지 전혀 시인하지 않고 있지만, 아직 살아 있는 미군 위안부여성들은 생생하게 기억하고 있다. 1960년대 이래 미군 위안부여성들을 대상으로 하는 정부의 교육행사가 시행되었으며, 정부는 한미동맹 강화를 위해 군기지촌을 허용했고, 특수관광업으로서 군기지촌 성매매업을 활용했다. 이러한 점들이 김정자의 증언 속에 구체적이고 여실하게 드러난다.

둘째, 구조적인 관점에서 세 군위안부의 처지가 같다. 흔히 일본군 위안부는 일제라는 국가권력에 의해 강제 동원되었지만, 한국군 위안부나 미군 위안부는 자원의 성격을 가진다고 지적된다. 과연 그런가? 일본군 위안부의 경우 식민지기 전시 상황하에, 어린 여성에게 자율성이 있을 수 없는 상황에서 동원된 것임은 명백하다. 또한 한국군 위안부 역시 한국전쟁 중에 빨갱이로 낙인 찍혔거나 좌익부역자의 딸이라는 혐의가 있던 여성, 전쟁고아 여성, 군인에 의해 성폭력 당한 여성들이 국가에 의해 군위안부로 동원되었으므로 자유라는 것이 있을 수 없었다. 그렇다면 미군 위안부는 어떤가? 미군 위안부를 일본군 위안부와 다르다고 주장하는 이들은 아마도 미군 위안부가 식민지기 및 전쟁과 같은 극한 환경이 아닌 상황에서 다른 삶의 기회가 있었음에도 미군 위안부가 된 것이므로 국가의 책임이 아니라고 말할 것 같다. 정말 그런 것일까? 이에 대한 해답을 바로 미군 위안부 김정자로부터 찾을 수 있다.

4.

김정자는 미군 위안부다. 2001년 당시 73만 1,176명(추정치) 전국 성매매 피해여성(새움터, 2001)의 한 명이면서 1960년대 후반 동두천에 있던 7,000여 명, 의정부에 있던 3,200여 명(안태윤, 2012)의 미군 위안부 중 한 명이었다.

그녀는 1950년 한국전쟁 시기에 태어났다. 중간층조차도 세 끼 밥을 다 챙겨

먹기 어렵던 시절, 가난한 사람들의 삶은 어떠했으랴. 특히 도시빈민층에게 가난은 실업 문제와 결부되었고, 가정폭력과 가정해체로 이어졌다. 지금도 도시빈민층의 문제는 다를 바 없으나, 과거와 달리 가정폭력과 가정해체의 상황에서 국가가 피해 가족을 일정 기간 임시적이나마 보호해줄 수는 있다. 그러나 1990년대 이전까지만 해도 전통적인 공동체마저 해체된 한국사회에서 가정폭력과 가정해체에 대한 최소한의 사회적 안전망은 없었다.

그녀 가족의 불행은 한국전쟁과 관련된다. 한국전쟁 당시 탈영한 아버지가 군대에서 모진 구타를 당해 죽게 되자, 어머니는 가난을 이길 수 없어 어린 두 딸을 데리고 역시 가난한 남자를 만나 다시 결혼했다. 불행은 거기서 멈추지 않았다. 거듭되는 새아버지의 폭력을 이겨내지 못해 그녀는 가출하고 말았다. 16살의 그녀에게 키다리아저씨 같은 자비로운 손길은 없었다. 아버지의 폭력을 피해 친구에게 팔려간 곳은 폭력과 강제가 난무하는 미군 기지촌이었다.

군기지촌의 생활은 빚과 마약류와 함께 시작되었다. 적수공권에 의식주를 해결하려면 포주로부터 모든 것을 소위 달러 빚으로 빌리지 않으면 안 되었다. 고통스러운 성착취를 벗어나는 길은 누군가가 대신 빚을 갚아주거나, 죽는 방법밖에는 없었다. 빚으로 시작된 인생에서 자기 손으로 빚을 갚고 기지촌을 벗어나는 사례는 있다고 하더라도 드물었다. 설령 미군이 대신 빚을 갚아주더라도 자활할 준비가 되어 있지 않으면 그 소굴을 벗어나는 것은 거의 불가능하다. 심신의 고통을 잊고 그 생활을 받아들이는 방법 중 하나는 마약류에 중독되는 것이었다. 신체 위해성 여부도 판별되지 않은 싸구려 각성제를 먹고 몽롱한 상태에서 성매매를 해야 했다. 그것은 김정자 한 사람만의 모습이 아니었다. 마약에 중독된 채 군인의 폭력으로 사망한 여성들이 적지 않았다.

그녀는 동두천, 의정부, 파주, 군산, 부산, 평택, 대구, 서울 등 전국의 주요 미군 기지촌 중 거치지 않은 곳이 없을 정도로 인신매매를 당했다. 인신매매의 고리를 끊기 위해 탈출하면 마치 도망친 노예가 추노꾼에게 추격당하듯 업주의 똘마니들에게 쫓겼다. 잡혀 돌아오게 되면 그 과정에서 소요된 비용은 고스란히 그녀의 빚이 되었다. 그녀들은 다만 업주의 재산일 뿐이었다.

50여년의 기지촌 생활에서 그녀가 발견한 것은 자신이 '업주만의' 것이 아니라는 사실이었다. 의무적으로 출석해야 했던 기지촌여성 교육을 통해 자신이 철저하게 한미 양국으로부터 체계적인 관리를 받고 있음을 알게 되었다. 기지촌여성 교육에 대한 출석률이 낮은 업소는 소위 '토벌'을 통해 징계를 당하므로 업소 주인들은 여성들을 교육장에 내보내지 않을 수 없었다.

미군 위안부는 주한미군에는 한미동맹 및 한국 주둔을 위한 '위안'으로 이용되었고, 한국정부에는 소위 '외화 벌이'로 이용되었다. 1970년대 경기도 내에서 이들이 벌어들인 외화가 연간 800만 달러가 되었다고 한다. 한국정부는 기지촌여성 교육에서 그들을 '산업 역군', '외화 벌이 역군'으로 칭하며 노후 보장을 약속했다고 한다. 그들은 자신의 빚도 못 갚는 처지에 정부와 업주가 만든 '자매회(일종의 어용조합)'에 일종의 연금조의 회비를 내야 했다. 회비의 명목은 노후보장이었는데도 자매회는 기지촌여성들이 낸 기금을 착복·유용했고, 1990년 자매회가 해체했지만 그 많던 기금을 전혀 청산하지 않았다.

한편 한국정부가 미군 위안부를 주한미군에게 제대로 '진상'하기 위해서는 하나의 조건이 필요했다. '깨끗한 몸'이어야 했다. 다시 말해 성병 없는 몸이어야 했다. 이를 위해 모든 기지촌여성에게 성병검진패스를 만들어주었다. 여성들은 경찰의 검문, 소위 '컨택'에서 통과하지 못하면 경찰서 유치장 신세를 져야 했고, 성병관리소(지역별로 1990년대 중반부터 2000년대 초반에 걸쳐 폐지되었음) 또는 보건소로 이송돼 강력한 페니실린 주사를 맞았다. 그러한 과정에서 수많은 이들이 죽거나, 고통에 겨워 자살했다.

김정자에게는 소원이 있다. 미군 위안부가 국가폭력의 피해자임을 인정받는 것, 그들도 인간으로서 죽을 권리가 있음을 인정받는 것이다. 그녀가 남긴 유언은 '죽으면 화장해서 바다에 뿌려달라'는 것이다. 정부가 자신을 또 한 번 더 죽이지 않도록 해달라는 것이다. 기지촌여성들 가운데에는 가호적을 가진 사람들이 많은데, 정부는 이들이 죽었을 경우, 일부 시체는 병원으로 보내 임의로 해부하고 일부는 임의로 매장 처리하도록 하고 있다. 살아서는 업주와 한미동맹의 덫에서 빠져나갈 수 없고, 죽어서도 자유를 찾을 수 없는 것이다.

5.

김정자와 김현선의 눈물과 통곡으로 얼룩진 이 책은 일종의 로드무비처럼 전개된다. 김정자의 기억을 쫓아 두 사람은 증언 여행을 떠나고 그것을 기록한다. 이 과정에서 두 사람은 김정자를 포함한 한국의 가난한 여성의 삶과 마주하게 된다. 또한 1960~1970년대에서 멈춘 듯한, 현재까지 재개발되지 않은 채 남아 있는 미군 기지촌지역을 목격하게 된다. 김정자에게 그것은 마치 40~50년 전의 시간이 고정된 듯, 고장난 시계처럼 여겨졌다. 이 책은 또한 전국 각지에 편만해 있던(있는) 미군 기지촌의 생활사를 담고 있다. 기지촌 업소의 생태사회학, 기지촌자본가의 자본 증식 방법, 기지촌여성의 생활방식, 사회구조, 경제구조, 정치적 역학 관계, 보건소의 역사 등을 상세히 담고 있다.

김정자가 결코 되돌아보기 싫었던 50년의 세월을 거슬러 증언 여행을 한 이유는 이 책의 목적에서 밝혔듯이 미군 위안부도 인간으로 기록되어야 하기 때문이다. 그녀는 그들의 가난과 질병이 자신들의 운명 또는 개인적인 원인에서 온 것이 아니라 국가 때문임을 밝히고자 했다. 또, 다시는 이런 일이 반복되지 않게 하기 위해 진실을 밝히고 있는 것이다.

이제 김정자의 증언은 그녀 자신만의 몫이 아니다. 마치 1991년 김학순 일본군 위안부의 증언이 그녀 자신만의 것이 아니듯, 그것은 우리의 고통에 찬 또 하나의 역사이며 외면하거나 잊을 수 없는 트라우마다. 21세기, 우리가 낡은 고통의 끈을 끊고 현재와 미래의 시간을 제대로 살기 위해서는 이 트라우마를 치유하고 현재도 계속되고 있는 미군 위안부 문제를 해결하기 위한 개인적, 사회적인 노력을 기울여야 할 것이다. 선행되어야 할 것은 국가가 미군 위안부를 창설하게 된 배경과 한미동맹 및 산업화를 위해 이용했던 미군 기지촌의 역사적 실체를 규명하고, 미군 위안부의 피해에 사과하고 용서를 구하며 잘못된 과거를 청산하는 길이다. 이제는 국가가 말해야 한다.

참고문헌

김귀옥. 2011. 「한국전쟁과 한국군위안부문제를 돌아본다」, ≪구술사연구≫ 제2권 1호, 117~140쪽.

새움터. 2001. 『경기도 지역 성매매 실태조사 및 정책대안 연구』(2001년 경기도 여성발전기금 지원 사업).

송연옥·김영 편저. 2012. 『군대와 성폭력』. 박해순 옮김. 선인.

안태윤. 2012. 『경기도 기지촌 외국인 여성 성매매 피해 실태분석』. (재)경기도가족여성연구원.

한스 페터 뒤르(Hans Peter Duerr). 2003[1992]. 『음란과 폭력: 성을 통해 본 인간 본능과 충동의 역사』. 최상안 옮김. 한길.

이 책을 만든 사람들

증언자 _ **김정자**

나는 기지촌여성이다. 서울에서 태어나 열여섯 살에 기지촌으로 인신매매되었고 평생을 기지촌에서 벗어나지 못했다. 기지촌에서 만들어진 이름으로 지금껏 살아왔지만, 증언만큼은 부모가 내게 주었던 이름으로 하고 싶었다. 이 일을 통해 나는 비로소 내 이름을 찾을 수 있었다. 나는 김정자다. 나는 나 자신을 위해서, 내 동료들을 위해서, 그리고 나와 같은 고통을 겪고 있을 이름 모를 어떤 이들을 위해서 기지촌여성운동을 하는 새움터의 활동가다. 작은 힘이지만, 이런 나의 노력이 다른 기지촌언니들에게 조금이나마 도움이 되기를 바란다.

엮은이 _ **김현선**

서울에서 태어나 이화여자대학교 수학과와 성공회대학교 시민사회복지대학원을 졸업했다. 스물한 살에 기지촌여성들을 처음 만났고, 기지촌에서 그 여성들과 20여 년을 함께 보냈다. 처음에는 기지촌여성들을 돕는 일인 줄 알고 시작했지만, 살다 보니 나를 돕는 길이었다는 것을 깨달았다. 지금도 지속되고 있는 기지촌여성들의 고통을 목격할 때마다 이런 일들이 누구에 의해서 왜 일어났는지 밝혀내고 싶다는 생각은 더욱더 간절해졌다. 우리들의 힘만으로는 어려울 수도 있지만, 기지촌여성들의 삶을 반드시 역사에 남겨 나중에 누군가는 이 문제를 해결해낼 수 있도록 하는 것이 나의 꿈이다.

기획 _ **새움터**

새움터는 1990년대의 기지촌에서 기지촌활동을 하던 대학생들과 기지촌여성들이 함께 설립한 여성단체로서 동두천 및 평택, 의정부, 군산 등 전국의 기지촌에서 기지촌여성들을 만나왔다. 기지촌여성들의 고통을 사회에 알리기 위해 노력하고, 이 문제를 해결하기 위한 새로운 정책을 고민하며, 기지촌여성들이 기지촌에서 벗어나 자립할 수 있도록 지원하고 있다. 최근 노환으로 힘들어 하는 고령의 기지촌여성들이 늘어나면서 이 여성들과 함께 남은 삶과 곧 맞이할 죽음을 어떻게 준비할 것인지가 새움터의 새로운 화두다.

한울아카데미 1556

미군 위안부 기지촌의 숨겨진 진실

ⓒ 김현선, 2013

증언자 김정자 ㅣ **엮은이** 김현선 ㅣ **기획** 새움터
펴낸이 김종수 ㅣ **펴낸곳** 한울엠플러스(주)

초판 1쇄 발행 2013년 6월 30일
초판 3쇄 발행 2020년 11월 20일

주소 10881 경기도 파주시 광인사길 153 한울시소빌딩 3층
전화 031-955-0655 ㅣ **팩스** 031-955-0656 ㅣ **홈페이지** www.hanulmplus.kr
등록번호 제406-2015-000143호

ISBN 978-89-460-6990-9 93330